Marie Monville mit Cindy Lambert

Gottes Gnade trägt

Die Witwe eines Amokläufers erzählt ihre Geschichte

Marie Monville mit Cindy Lambert

Gottes Gnade trägt

Die Witwe eines Amokläufers
erzählt ihre Geschichte

Aus dem amerikanischen Englisch
von Herta Martinache

SCM
Hänssler

SCM

Stiftung Christliche Medien

Der SCM-Verlag ist eine Gesellschaft der Stiftung Christliche Medien, einer gemeinnützigen Stiftung, die sich für die Förderung und Verbreitung christlicher Bücher, Zeitschriften, Filme und Musik einsetzt.

Übersetzung: Herta Martinache
Umschlaggestaltung: Kathrin Spiegelberg, Weil im Schönbuch
Titelbild: Getty Images®
Autorenbild: Used by permission of Zondervan
Satz: typoscript GmbH, Walddorfhäslach
Druck und Bindung: CPI – Ebner & Spiegel, Ulm
Gedruckt in Deutschland
ISBN 978-3-7751-5578-6
Bestell-Nr. 395.578

Inhalt

Für Dan, Abigail, Bryce, Carson, DJ und Nicole —
ich liebe euch.
Ihr seid der leibhaftige Beweis für Gottes große Liebe zu mir,
und in schweren Tagen
weiß ich dank euch, warum ich lebe.

Vorwort: Das Geheimnis

Ich möchte eine Liebesgeschichte erzählen.

Eigentlich könnte ich eine ganz andere Geschichte erzählen: Ich könnte über einen grauenhaften, vorsätzlichen Mord berichten und entsetzliche Taten beschreiben. Ich könnte Sie hinter die Kulissen, in den abgeschirmten privaten Bereich meiner Nachbarn, einer kleinen Amisch-Gemeinde, blicken lassen, die den schrecklichen Verlust ihrer Töchter, Enkelinnen, Nichten, Schwestern und Freundinnen beweinten. Ich könnte über die Geheimnisse spekulieren, die in den Abgründen eines aufgewühlten Herzens verborgen lagen. Ich könnte versuchen, Anhaltspunkte für die Zerrissenheit und das abwegige, verwirrte Denken des Mannes zu finden, den ich liebte, den ich zu kennen glaubte und der in einen fassungslosen Wahnsinn hineinschlitterte.

Immer wieder wurde ich gebeten, diese Geschichte zu erzählen. Doch das kann ich nicht.

Ich war nicht am Tatort. Ich wurde nicht in die Mordpläne eingeweiht. Ich will nicht die Privatsphäre meiner lieben Amisch-Nachbarn verletzen, die mir mit Güte und Liebe begegnet sind, als sie selbst zutiefst erschüttert waren. Ich wusste weder, dass Charlie, mein Mann, dunkle Geheimnisse hatte, noch, dass es Anhaltspunkte gab, nach denen ich hätte Ausschau halten können. Und ich kann ganz einfach nicht die Dunkelheit begreifen, die von Charlie Besitz ergriffen hatte.

Ich kann nur meine eigene Geschichte erzählen. Obwohl eine unsagbare Tragödie völlig unerwartet wie ein Unwetter über mich hereinbrach und mich in tiefste Finsternis stürzte, geht es in meiner Geschichte immer auch um das Wunder der Liebe.

Erst nach Jahren konnte ich mich aufraffen, diese Geschichte zu schreiben. Nicht, weil es mir die Sprache verschlagen hatte –

an Worten fehlte es mir nie. Aber bis vor Kurzem sah ich keinen *Grund*, meine Geschichte aufzuschreiben. Mir war nicht klar, warum sich jemand dafür interessieren könnte – außer meinen Angehörigen, engsten Freunden und ein paar kirchlichen Gruppen vor Ort, die immer noch versuchen, mit den Folgen der Tragödie klarzukommen.

Wenn Außenstehende etwas über den Amoklauf an der Amisch-Schule erfahren wollen, finden sie im Internet mehr, als ich selber weiß. Und abgesehen von diesem Blutbad, gibt es über mich nichts Besonderes zu berichten. Mein Leben war völlig unspektakulär, und danach, nach dem Amoklauf, habe ich versucht, den Medien möglichst aus dem Weg zu gehen. Wenn Berichte über »die Frau des Amokläufers« noch zwei, drei oder vier Jahre nach dem Ereignis Schlagzeilen machten, zuckte ich innerlich über diese Bezeichnung, die mir meinen Namen genommen hatte, zusammen und konnte kaum glauben, dass noch irgendjemand ein Interesse an der Frau im Hintergrund haben konnte.

Erst, als sich der 2. Oktober 2006, der Tag des Blutbads in der Amisch-Schule von Nickel Mines, zum fünften Mal jährte, wurde mir bewusst, wie wichtig es ist, mit meiner Geschichte an die Öffentlichkeit zu gehen. Anstatt allmählich in Vergessenheit zu geraten, stand meine Familie wieder im Mittelpunkt des Interesses, und ich erhielt erneut Einladungen, von damals zu erzählen. Man stellte mir Fragen zu Einzelheiten des Geschehens bis hin zu den Gründen, wie ich aus einer solchen Tragödie fröhlich und heil hervorgehen konnte: Wie ich nach Charlies abscheulichen Taten fähig war, einem Mann nochmals so zu vertrauen, dass ich wieder heiraten konnte? Woher nahm ich die Kraft, meine alte Familie mit einer neuen zu vereinen? Wie hatte mein Glaube eine solch entsetzliche Prüfung überlebt? Wie hatte die Tragödie mich verändert?

Zum ersten Mal verstand ich, dass das Interesse an meiner Geschichte nicht wirklich mir persönlich galt, sondern dem Umgang mit Verlust, Leid, Schwierigkeiten oder Unverständlichem. Auch im Leben meiner Zuhörer gab es unerwartete Stürme und Dunkelheit. In meiner Geschichte suchten sie nach dem Geheimnis, das ihnen helfen konnte, sich in ihrer eigenen Finsternis zurechtzufinden.

Sie sehnten sich nach einer Geschichte der Hoffnung. Was sie von meinem Erleben wussten, war so abscheulich, so unfassbar schockierend und erschütternd, dass sie unbedingt verstehen wollten, wie ich weiteratmen, geschweige denn weiterleben oder gar wieder lieben konnte.

Das war eine Geschichte, die ich erzählen konnte, nicht, weil ich so außergewöhnlich bin, sondern, weil das Geheimnis, weiterzuleben – ja, das Leben zu umarmen, zu lachen, zu singen und zu lieben, auch wenn die äußeren Umstände einen für immer in die Dunkelheit hinabziehen wollen –, etwas so Außergewöhnliches ist, dass ich andere daran teilhaben lassen musste. In meinen dunkelsten Augenblicken erhielt ich ein wertvolles Geschenk, und das will ich nicht für mich behalten.

Sobald ich wusste, warum ich meine Geschichte erzählen sollte, formten sich die Gedanken dazu, die ich weitergeben möchte.

Ich werde Sie nicht länger auf die Folter spannen. Ich sage Ihnen das Geheimnis, noch bevor Sie umblättern. Es lautet:

Ihr Leben ist keine Tragödie, auch wenn Ihre Lebensumstände noch so tragisch sind. Es ist eine Liebesgeschichte. Und wenn Sie glauben, dass in Ihrer Liebesgeschichte alle Lichter erloschen sind: Ein Licht scheint immer noch.

Tauchen Sie mit hinein in diese Geschichte, und ich zeige ich Ihnen, wie Sie dieses Licht entdecken.

Teil 1

Einbruch der Dunkelheit

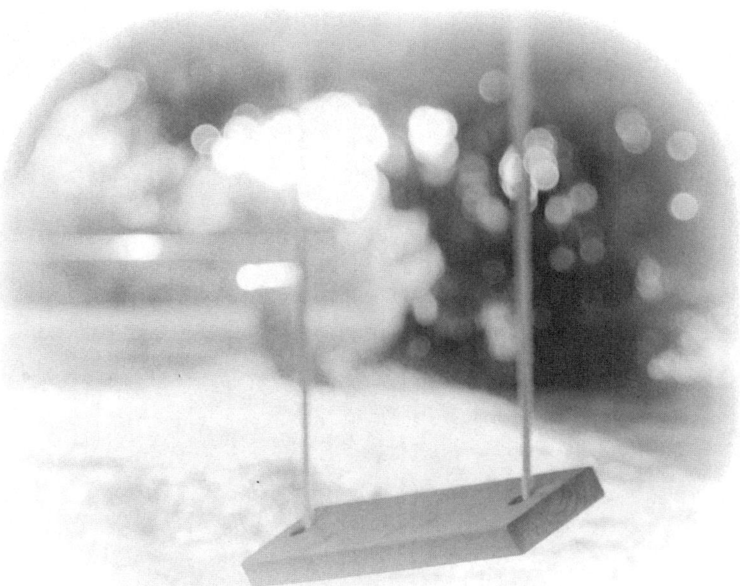

Der Anruf

Als kleines Mädchen schaukelte ich für mein Leben gern. Was für ein Gefühl der Freiheit, an einem sonnigen Tag hoch in die Luft hinaufzufliegen und mir vorzustellen, ich könnte die Wolken berühren. Was war da oben, hinter dem blauen Himmel, der sich über meiner kleinen Welt wölbte? Manchmal, wenn sich die Sonne versteckte und ihre blendenden Strahlen durch die Wolken traten, dachte ich, dass ich fast in den Himmel schauen konnte. Wenn ich dann sicher war, dass ich höher hinauffliegen würde als je zuvor, zogen mich die unsichtbaren Arme der Erde wieder nach unten.

Vielleicht komme ich das nächste Mal etwas näher, dachte ich und schwang den Kopf nach hinten, während mein dunkles Haar im Wind flatterte und ich meine Beine wie einen Bogen vor mir ausstreckte, als ich nach oben flog. Ich strengte mich an, um für den nächsten Aufstieg in Schwung zu kommen. Wie das Pendel der alten Standuhr meiner Tante schwang ich von der Erde in Richtung Himmel, aber immer wieder zurück.

Natürlich hatte ich damals keine Ahnung, dass ich mich als Erwachsene noch mehr danach sehnen würde, einen Blick nach oben, in unsere himmlische Heimat, zu werfen, wo einige der Menschen, die ich am meisten liebte, jetzt leben. Ich war nur ein kleines Mädchen, das in dem friedlichen 600-Seelen-Dorf Georgetown in Pennsylvania in der Nähe einer Amisch-Gemeinde lebte. Wenn dieser Name irgendwelche Assoziationen mit dem gleichlautenden Universitäts-Stadtteil in Washington D. C. auslöst, dann versuchen Sie, sich stattdessen das komplette Gegenteil vorzustellen: Tauschen Sie das Scheppern der schließenden U-Bahn-Türen gegen das Klappern von Pferdehufen – dann haben Sie den passenderen Soundtrack für meinen idyllischen Heimatort.

Mein Vater war der Milchwagenfahrer der Gegend, wie mein Großvater und Urgroßvater vor ihm. Wenn ich im Garten unseres kleinen gelben Hauses schaukelte, sah ich um mich herum nichts als sanft geschwungene Hügel, auf denen Bauerhöfe, Ställe, Scheunen und Silos lagen. Vielleicht wäre diese Beschreibung meiner Kinderjahre nichts Besonderes, wenn ich Anfang des 20. Jahrhunderts aufgewachsen wäre, als das bäuerliche Leben in unserem Land noch die Norm war. Doch ich wurde 1977 geboren und war ein Kind der 80er-Jahre. Ziemlich schnell wurde auch mir klar, dass es nicht selbstverständlich war, dass in der Nachbarschaft Mädchen wohnten, die Hauben trugen und in Pferdekutschen fuhren, die abends im Licht von Laternen lasen und deren Väter und Brüder ihre Felder mit Pferden pflügten.

Es ist gar nicht so leicht, Georgetown auf einer Landkarte zu finden, wenn man nicht in der Gegend wohnt. Georgetown hat vier verschiedene Postleitzahlen, die den Bezirken Bart, Christiana, Paradise und Quarryville zugeteilt sind. Als Kind wohnte ich in Quarryville, und meine Großeltern lebten am Ende der Straße in Paradise. Doch sie wohnten nur fünfhundert Meter von uns entfernt, und wenn wir sie besuchten, kamen wir am Postamt von Bart vorbei. Für Außenstehende klingt das alles ziemlich verwirrend, doch für uns im Kreis Lancaster ist das völlig normal.

In der Gegend leben so viele Amisch wie »Englische« (*Englisch* wird von den Amisch jeder genannt, der nicht Amisch ist). Das bedeutet, dass Autos oft den Pferdekutschen ausweichen müssen und dass unsere einzige lokale Berühmtheit Antique John ist, der amische Bischof der Gegend, der so bekannt ist, dass viele ihn als Bürgermeister bezeichnen.

Mein ganzes Leben lang, bis zum heutigen Tag, war Georgetown der Inbegriff ländlicher Idylle gewesen. Jeden Morgen und jeden Abend hört man das Tuckern der Dieselmotoren, die die Kühlaggregate für die Milchtanks antreiben. (Ja, meine amischen Nachbarn benutzen hierfür Dieselmotoren.)* Zweimal am Tag werden die Kühe gemolken, die warme Milch wird in großen Milchkannen mit Rädern gesammelt oder in die Milchsammelstellen gepumpt. Sie wird in einem Milchtank aufbewahrt, wo sie auf etwa zwei Grad Celsius herunter gekühlt wird. Ein Rührwerk (ein langer Arm mit Flügeln) rührt die Milch ständig durch, um den Kühlprozess zu beschleunigen, und für mich als Kind wurde dieses Geräusch zu einer vertrauten, immer gleichen Melodie. Wie ein Wiegenlied versicherte es mir, dass alles in der Welt in Ordnung war.

Achtundzwanzig Jahre lang dachte ich, dass alles in Ordnung ist, bis der Anruf kam, der meine Welt in Stücke schlug.

~

Wie hätte ich an jenem wunderbaren, herbstlich bunten Morgen des 2. Oktober 2006 ahnen können, dass meine Welt in wenigen Augenblicken einstürzen würde?

Sonnenlicht durchflutete unser Wohnzimmer, und die Glastür zu unserer Veranda bildete einen perfekten Rahmen für den strahlend blauen Himmel. Der Baum in unserem Garten leuchtete in feurigen Rot- und Orangetönen; in diesem Jahr waren die Blätter besonders schön. Ich hatte die Fenster etwas geöffnet und genoss die leichte Brise, die mich umwehte, während ich die Küche aufräumte. Der achtzehn Monate alte Carson, der jüngste meiner drei Kinder, machte sein morgendliches Schläfchen, pünktlich

* Normalerweise sind die Amisch bekannt dafür, keinen Strom zu benutzen.

wie immer. Er und ich waren kurz zuvor von dem Gebetskreis zurückgekommen, den ich in einer nahe gelegenen Kirche leitete. Dort hatte unsere Gruppe von Müttern für unsere Kinder und die Lehrer der Grundschule unseres Bezirks gebetet.

An jenem Morgen gegen halb neun hatten Charlie und ich unsere beiden Ältesten, die siebenjährige Abigail und den fünfjährigen Bryce, zur Bushaltestelle begleitet. Danach war Charlie mit dem blauen Chevrolet-Pick-up meines Großvaters zur Arbeit gefahren, da sein eigener Jeep kaputt war.

Ich hatte mir gerade eine Tasse Kaffee eingegossen, als das Telefon klingelte. Ich nahm in der Küche ab. Es war genau elf Uhr.

»Marie, ich bin's.«

Allein dieser Satz löste bei mir das Gefühl aus, dass etwas unergründlich Böses in unmittelbarer Nähe lauerte. Nie zuvor hatte Charlies Stimme so geklungen, nie in den fast zehn Jahren unserer Ehe. Irgendetwas entsetzlich Schlimmes ging da vor sich.

»Charlie, was ist los?« Mein ganzer Körper war plötzlich in Alarmbereitschaft, mein Herz raste, meine Hände zitterten. War meinem Vater etwas zugestoßen? Den Kindern? Ein Unfall? Seine Stimme klang verkrampft, erfüllt von … von was? Kummer? Schmerz? Angst?

»Ich komme nicht nach Hause.«

Haben Sie je verspürt, wie eine Eiseskälte von Ihnen Besitz ergreift und Ihnen das Blut in den Adern erstarren lässt, dass Ihre Seele wie betäubt ist und Ihr Körper vor Verwirrung schlottert? In einem solchen Augenblick hat man keine Zeit, nachzudenken oder Fragen zu stellen; man versucht nur verzweifelt, das Ausmaß der Katastrophe zu erfassen. Ich hatte den Eindruck, dass alles Leben aus meinem Körper wich. Mir stockte der Atem, dann rang ich mit wenig effektiven Atemzügen nach Luft. Meine Sinne waren überwach, jeder Nerv zum Zerreißen gespannt.

»Was willst du damit sagen?«, fragte ich. »Was soll das heißen: Du kommst nicht nach Hause?«

Er müsse etwas tun, antwortete er. Etwas, das er schon vor Langem hätte erledigen müssen und das er heute tun werde.

Es war fast unmöglich, auf seine Worte oder ihre drohende Tragweite zu reagieren. Unsere gemeinsamen Jahre, unsere Erinnerungen und gegenseitigen Versprechen schossen mir durch den Kopf, und mir zerriss es das Herz. Konnte das wahr sein?

Das meiste, was er während unseres kurzen Gesprächs sagte, ergab keinen Sinn. *Warum* kam er nicht nach Hause? Dann erzählte er mir, dass die Polizei schon da sei, aber ich hatte natürlich keine Ahnung, wo *da* war. Mein Puls raste vor Angst – Angst, dass unser Leben im Begriff war, sich für immer zu verändern. Ich strengte alle Sinne an, um zu verstehen, was vor sich ging, um Worte zu finden, die eine Katastrophe abwenden konnten, die ich nicht begriff.

»Ich habe dir einen Brief geschrieben«, sagte er. »Er liegt auf der Kommode, unter einer Zeitschrift. Es tut mir leid, dass es so sein muss, Marie.« Charlies Stimme klang so merkwürdig, so monoton und leblos.

»Charlie, egal, was ist, komm nach Hause. Wir sprechen darüber und finden eine Lösung.«

Meine Bitte blieb unbeantwortet. Die letzten Worte, die ich von ihm hörte, waren Beteuerungen seiner Liebe für unsere Familie und mich. Dann, ganz plötzlich, legte er auf.

Ich rannte ins Schlafzimmer, hob die Zeitschrift hoch und griff nach dem Brief, den Charlie mit seiner kleinen, engen Handschrift auf drei Seiten geschrieben hatte. Meine Hände zitterten.

Marie,
ich weiß nicht, wie du mich all die Jahre ertragen hast. Ich bin deiner nicht wert. Du bist die vollkommene Frau. Wir haben so viel Schönes miteinander erlebt, aber auch die Tragödie mit Elise.

Das Herz schlug mir bis zum Hals. Elise war unser erstes Kind. Nur zwanzig Minuten nach ihrer Geburt war sie in unseren Armen gestorben. Das war vor neun Jahren gewesen, gerade ein Jahr nach unserer Hochzeit.

Das hat mein Leben für immer verändert. Seither bin ich nicht mehr derselbe. Ich hätte nie gedacht, dass mir das so nahegehen würde. Ich bin voller Hass, Hass gegen mich und gegen Gott, und in mir ist eine unvorstellbare Leere. Jedes Mal, wenn wir etwas Schönes zusammen unternommen haben, dachte ich daran, dass Elise das nicht mit uns erleben konnte, und das machte mich richtig wütend.

Ich kam zur zweiten Seite, die mir weitschweifig und verwirrend vorkam: zuerst zärtliche, liebevolle Worte über mich, dann schmerzhafte Worte, die Charlies Verwirrung, Wut und Scham zum Ausdruck brachten. Bei jedem Satz, den ich las, graute mir vor dem nächsten.

Dann kam ich zur dritten und letzten Seite – ich fürchtete mich vor dem Weiterlesen und konnte es doch nicht lassen. Schließlich rannte ich zum Telefon und wählte den Polizeinotruf.

»Hallo, ich heiße Marie Roberts. Mein Mann hat mich gerade von seinem Handy aus angerufen und mir gesagt, dass er nicht nach Hause kommt und dass die Polizei da ist und dass ich mir keine Sorgen machen soll. Ich habe keine Ahnung, was das bedeuten soll, aber ich habe Angst. Ich glaube, dass er wirklich nicht mehr nach Hause kommt.«

»Warum glauben Sie, dass er nicht nach Hause kommt?«

»Weil er mir einen Brief hinterlassen hat, und ich glaube, das ist ein Abschiedsbrief.«

Aufgrund der Fragen, die der Einsatzsachbearbeiter stellte, vermutete ich, dass er mehr wusste als ich, dass er Informationen hatte, die er mir nicht mitteilte. Er bat mich, ihm den Brief am Telefon vorzulesen. Ich konzentrierte mich darauf, ruhig und gefasst zu bleiben, als ich den letzten Absatz laut vorlas.

Es tut mir so leid, Marie, ich wollte nie, dass es so weit kommt ... Es tut mir leid, dass ich dich und die Kinder in solch eine Lage bringe, aber ich glaube, das ist der beste, ja, der einzige Weg. Ich liebe euch alle und deshalb tue ich das. Ohne mich wird euer Leben besser sein. Bitte sage meinen Eltern und meinen Brüdern, dass ich sie lieb habe. Danke.

Irgendwann leitete der Einsatzsachbearbeiter das Gespräch an die staatliche Polizei weiter. Dort bat man mich, Charlies Pick-up zu beschreiben, und man stellte mir noch mehr Fragen. Unser Gespräch dauerte einige Minuten, aber mir kam es wie Stunden vor. Ich hätte am liebsten aufgelegt, für den Fall, dass Charlie versuchen würde, noch einmal anzurufen. Ich wollte mir nicht die Gelegenheit entgehen lassen, seine Stimme zu hören und Einfluss auf das zu nehmen, was auch immer geschah. Doch der Einsatzsachbearbeiter wiederholte immer wieder, dass ich am Telefon bleiben müsse.

Endlich ließ er mich auflegen. Ich starrte auf das stumme Telefon, bis ich meinte, zu ersticken. Dann trat ich auf die Veranda. Martinshörner heulten in der Ferne, Hubschrauber flogen über unser Haus. Sie flogen niedrig, und ich wusste, dass sie nicht weit weg von uns landen würden. Ich ahnte Schlimmes, und instinktiv fühlte ich, dass es mit Charlie zu tun hatte. Doch das war alles, was ich wusste. Ein überwältigendes Angstgefühl stieg in mir hoch. Ich war so angespannt wie nie zuvor, als ob jedes Molekül in mir unter einer Zerreißprobe stand und darauf wartete, dass ich in Stücke zersprang.

Ich begann, zu beten. Die Bitten, auf die Charlie nicht geantwortet hatte, wurden jetzt an den gerichtet, der jedes Wort hört. Ich bat Gott einfach um Hilfe; das war alles, was mir einfiel.

Dies war ein Wendepunkt in meinem Leben. Mein ruhiges, »normales« Dasein endete, und ich stand vor einer Wahl – vor einer Glaubenskrise. Würde ich mich in die Arme meines Retters werfen und glauben, dass alles, was ich gehört, in der Bibel gelesen und bisher mit ihm erlebt hatte, stimmt? Oder würde ich der Angst erliegen, glauben, dass mein Leben vorbei sei, und dies als das Ende akzeptieren?

Mir ging auf, dass dies für mich der richtige Moment war, um »über das Wasser zu gehen«. Obwohl ich nichts sah, wo mein Fuß hätte Halt finden können, wollte ich vertrauen, dass Gott mitten in diesem äußeren Sturm und innerem Versinken zu mir kam. Ich ging ins Haus zurück. Alles sah so normal aus. *Hier wohnt eine Familie: Kinder, ein Mann, eine Frau*, versuchte ich, mich selbst zu beruhigen. Doch zwei Welten prallten aufeinander, und eine davon kämpfte gegen alles, was ich kannte, woran ich glaubte und worauf ich vertraute. Als ich versuchte, in der Einsamkeit meines Wohnzimmers mit diesem Widerspruch zurechtzukommen, streckte ich die Arme weit offen zum Himmel aus und stellte meine Familie und mich unter den Schutz Gottes.

»Oh, Gott, nimm du diese Situation in die Hand, du kannst aus Bösem etwas Gutes entstehen lassen. Mach du einen Sieg für dich daraus.«

Ich wusste, dass der Feind glaubte, dass er mit dem Unglück, auf das die Einsatzfahrzeuge zueilten – was immer es auch war –, den Sieg errungen hatte. Aber ich beschloss, dass dies *nicht* das Ende für mich oder meine Familie sein würde. Satan würde nicht triumphieren. Wir würden uns nicht geschlagen geben.

Plötzlich fühlte ich mich von solchem Mut und Vertrauen erfüllt, wie ich es nie zuvor erlebt hatte. Ich begann, Bibelverse über Gottes Zusagen der Fürsorge und des Schutzes über meine Familie auszusprechen. Ich flehte Gott an, für uns zu sorgen, und erklärte ihm mein Vertrauen darauf, dass er aus jeder Lage etwas Gutes machen konnte. Ich kam mir wie die junge Maria vor, die sich einer ungewissen Zukunft hingab, als sie sagte: »Möge alles, was du gesagt hast, wahr werden und mir geschehen« (Lukas 1,38).

Ich hatte keine Ahnung, was mit Charlie geschah. Aber als die Welt um mich herum tobte, gelobte ich in einem Augenblick heiliger Ruhe, dass dies nicht der Tag werden würde, von dem meine Kinder sagen würden, er habe ihr Leben für immer zerstört. Das war nicht das Ende. Wir würden keine Opfer sein. Ich wusste nicht, wie Gott es bewerkstelligen wollte, aber er erfüllte mich mit der festen Zuversicht, dass wir den Sieg davontragen würden.

Die Invasion

Der Moment, in dem ich auf dem Wasser ging, steht mir immer noch kristallklar vor Augen. Mit einer mir bisher unbekannten Kühnheit betete ich für meine Familie und mein Zuhause. Bibelverse, die seit Langem in meinem Herzen wie ein Schatz vergraben lagen, flossen jetzt mühelos über meine Lippen. Mir war bewusst, dass ich in diesem Augenblick von einer wahrhaft übernatürlichen Tapferkeit durchströmt wurde. Jeder, der mich kannte, hätte mich als schüchtern und zurückhaltend beschrieben – bis zu diesem Augenblick.

Wenn man Selbstvertrauen mit einem Schrei vergleicht, dann war ich immer ein Flüstern gewesen. Meine innere Verwandlung seit dem hingehauchten Gebet um Hilfe auf der Veranda hin zu den kühnen Erklärungen von Gottes Gegenwart und Sieg für meine Kinder, unser Leben und unsere Zukunft war so dramatisch, so plötzlich und entsprach so gar nicht meinem Wesen, dass ich wusste, dass Gottes mächtige Gegenwart buchstäblich in mein Wohnzimmer eingedrungen war. Es war eine Invasion, die ich dringend brauchte, um jene andere Invasion zu überleben, jenes Hereinbrechen der Dunkelheit in mein friedliches Leben.

Ich hatte das getan, was jetzt am wichtigsten war: Ich hatte Gott, den Allmächtigen, angerufen.

Dann rief ich meine Mutter an. Wer liebevolle Eltern hat, wer seit seiner Geburt offene Arme, Zuverlässigkeit und selbstlose Fürsorge erfahren hat, wendet sich ganz natürlich an diesen sicheren, ruhenden Pol. Ich erzählte meiner Mutter das wenige, was ich wusste, und sie machte sich auf den Weg.

Meine Mutter kam. Das ist ein einfacher Satz, der ganze Bände spricht über das Vertrauensverhältnis zwischen Eltern und Kind, das immer zwischen uns bestanden hatte. Meine Eltern waren immer für mich da gewesen. Als ich anrief, hatte ich mich gar nicht gefragt, ob sie kommen würde. Das war selbstverständlich. So, wie mein Ruf zu Gott an jenem Morgen kein in den Wind gesprochener Wunsch war, sondern der Ruf einer Tochter zu ihrem Vater im Himmel. Ich wusste, dass Gott kommen würde, so, wie ich wusste, dass meine Eltern kommen würden, auch wenn ich nicht wusste, wie er sich zeigen würde. Und er kam so schnell, so eindrücklich, dass mein Vertrauen auf seine Macht gestärkt wurde.

Meine Mutter arbeitete in einem Laden in Quarryville, etwa zehn Kilometer von unserem Haus entfernt, und im Nu war sie an meiner Seite. Gemeinsam horchten wir auf das Dröhnen der Hubschrauber über uns und die Sirene des Feuerwehrhauses des Bezirks Bart, die kilometerweit zu hören war, wenn freiwillige Feuerwehrmänner zu einem unbekannten Notfall gerufen wurden. Als Kind hatte ich oft gesehen, was geschieht, wenn die Sirene des Feuerwehrhauses ertönt. In diesem Augenblick kamen Freiwillige der Amisch auf ihren Tretrollern, ihrem schnellsten Transportmittel, am Feuerwehrhaus an, während die »englischen« Freiwilligen mit Autos oder Lkws eintrafen. Die Amisch und die »Englischen« arbeiteten hier in Georgetown Seite an Seite, um ihren Nachbarn in Not zu helfen. Doch als die Sirene immer weiter heulte, starrten meine Mutter und ich uns fragend an. Wie viele Einsatzfahrzeuge waren noch erforderlich? Uns beide quälte das unausgesprochene Wissen, dass sich eine Tragödie, an der Charlie beteiligt war, ereignete, aber wir hatten keine Ahnung, worum es gehen könnte.

Mein Großvater, der mit meiner Großmutter im Haus nebenan wohnte, kam herein. Opa hatte in der Küche einen Polizeifunkempfänger. »Da war eine Schießerei in der Nähe der White Oak Road«, berichtete er. Er hatte nicht die leiseste Ahnung, dass Charlie irgendwie etwas damit zu tun hatte. Er erklärte uns nur den Grund für die Notfall-Sirene und die Hubschrauber. Meine Mutter und ich schauten uns an und vereinbarten stillschweigend, meine alten Großeltern noch nicht mit der Angst, die wir ausstanden, zu belasten. Wir dankten ihm für die Auskunft, hörten ihm noch etwas zu, als er spekulierte, was wohl passiert sein könnte, und seufzten erleichtert auf, als er durch den Garten wieder in sein Haus zurückkehrte.

»Mama, ich kann nicht einfach hier herumsitzen«, erklärte ich. »Ich muss hochfahren und schauen, was los ist.«

»Nein, Marie«, antwortete meine Mutter. »Du musst hierbleiben, falls die Polizei zurückruft. Und wenn Carson von der Sirene wach wird und du nicht da bist, bekommt er Angst. Bleib du hier. Ich fahre zur White Oak Road hoch und schaue, ob ich jemanden finde, der mir sagen kann, was los ist.«

Meine Mutter fuhr weg, und sofort fehlte mir ihre Anwesenheit. Doch als sie fort war, spürte ich die Gegenwart Gottes. Ich war nicht allein. Ich schaute nach Carson, der immer noch tief schlummerte und sich nicht von den Hubschraubern und Martinshörnern stören ließ. Er sah so friedlich aus. Wenn er aufwachte, würde seine Welt ganz anders sein als heute Morgen. *Wird er dann immer noch einen Vater haben?* Ich erschauerte bei dem Gedanken.

Meine Mutter kam schnell wieder zurück. »Die Straßen sind abgesperrt, und überall sind Einsatzfahrzeuge. Man kommt nicht durch.« Ich hätte das Radio einschalten und auf diese Weise wahrscheinlich einige Informationen bekommen können, aber ich tat es nicht. Die Ungewissheit schien leichter zu ertragen als die Nachrichten, die ich vielleicht hören würde.

Und dann sah ich sie durchs Fenster. Drei Autos fuhren in meinen Hof. Eines war ein Polizeiauto, die beiden anderen Zivilfahrzeuge. Aber es lag auf der Hand, dass sie alle dienstlich kamen. Ein Teil von mir wollte zur Tür eilen, sie aufreißen und alles erfahren. Doch der andere Teil war dazu nicht fähig. Ich blieb wie angewurzelt im Wohnzimmer stehen, hörte, wie Autotüren aufgingen und zugeschlagen wurden, hörte Schritte auf der Veranda, bewegte mich aber immer noch nicht. Ich wollte nicht, dass die Nachrichten, die sie brachten, was immer es auch war, in unser Leben eindrangen. Dann klopfte es. Ich hatte keine Wahl. Die Invasion hatte begonnen.

Ich öffnete die Tür und blickte in düstere Gesichter.

»Es ist Charlie, nicht wahr?«, hörte ich mich fragen.

»Ja.«

»Er ist tot, oder?«

»Ja.«

Ich hielt die Tür auf, ging einen Schritt zur Seite und ließ sie eintreten. Eine seltsame Ruhe überkam mich. Ein paar Ermittler in Zivil und einige uniformierte Beamte betraten mein Haus, während ein paar andere draußen blieben.

»Das ist meine Mutter, Nadine Welk«, sagte ich, als meine Mutter und ich uns nebeneinander auf die Wohnzimmercouch setzten. Zwei der Ermittler in Zivil setzten sich auf die Stühle vor uns. Sie begannen, Fragen zu stellen, kamen aber schnell zu dem Schluss, dass meine Mutter nichts über das Geschehen wusste und dass ich, abgesehen von dem Brief, den Charlie hinterlassen hatte, und seinem rätselhaften Anruf, ebenso von nichts eine Ahnung hatte; über beides hatte ich ja schon der Polizeinotrufzentrale berichtet. Gott war so freundlich, mir einfühlsame Ermittler zu schicken. Ich erinnere mich immer noch an die Güte und das Mitgefühl in ihrer Stimme und in ihren Augen, als sie Dinge berichteten, die niemand je hören möchte. Die Einzelheiten über Tod und Zerstörung, die sie schilderten, drehten mir den Magen um. Das konnte nicht wahr sein. Und doch stimmte es.

Einer der Ermittler erklärte, dass Charlie an jenem Morgen gegen 10.25 Uhr die kleine Ein-Klassenzimmer-Amisch-Schule in Nickel Mines, die nur drei Kilometer von unserem Haus entfernt ist, betreten hatte. Er hatte zehn Mädchen im Alter zwischen sieben und zwölf Jahren als Geiseln genommen und die Jungen nach Hause geschickt. Er ließ auch die Lehrerin und ihre schwangere Schwester frei. Dann verbarrikadierte er sich mit den Mädchen und verrammelte Türen und Fenster mit Holz, um jede Hoffnung auf Entkommen oder Rettung zunichtezumachen. Entsetzt und wie benommen lauschte ich den Worten des Beamten, die Bilder waren zu entsetzlich, um sie sich vorzustellen. Charlie, mein Charlie, der Papa, der mit Abigail schmuste und mit Bryce und Carson herumtollte, hatte den Mädchen befohlen, sich in einer Reihe aufzustellen, hatte dann diese kostbaren kleinen Amisch-Mädchen an den Füßen gefesselt und eine nach der anderen niedergeschossen, ja, regelrecht hingerichtet. Dann hatte Charlie die Waffe gegen sich selbst gerichtet. Mein Mann war tot. Mindestens drei kleine Mädchen waren tot, die anderen waren schwer verletzt in die umliegenden Krankenhäuser gebracht worden. Über ihren Zustand war noch nichts bekannt.

Die Beamten in meinem Haus kamen direkt von der Schule. Ich wollte nicht glauben, dass so etwas geschehen war, geschweige denn, dass mein Mann es getan hatte. Aber der Ausdruck auf den Gesichtern dieser Männer ließ mir keine Wahl. Sie waren Zeugen der Folgen des Blutbads, und jetzt trugen sie diese Bilder mit sich herum. Ich konnte die Bürde fühlen, die auf ihren Schultern lastete – so drückend wie das Gewicht, das meinen Brustkorb zusammenpresste. Man konnte kaum atmen, eine Schwere drang in das Zimmer, und ich hatte den Eindruck, dass sogar die Zeit ins Stocken geriet.

Mir das Grauen und das Leiden vorzustellen, das diese unschuldigen Mädchen erduldet haben, stach mich ins Herz. Es schmerzt mich immer noch. Wenn ich daran denke, werde ich manchmal von einer hilflosen Schwäche überwältigt. In dieser Schule ist etwas wie ein zerstörerischer Vulkan aus Charlie hervorgebrochen und hat unsägliches Leid über die Amisch-Gemeinde, die ich kannte, achtete und liebte, gebracht. Sie waren unsere freundlichen, gütigen Nachbarn. Wir waren schon immer von ihren Bauernhöfen umgeben gewesen und genossen ihre landwirtschaftlichen Erzeugnisse. Charlie, mein Vater, mein Großvater, mein Urgroßvater – vier Generationen meiner Familie – hatten die Milch dieser Amisch-Bauern abgeholt und zu den örtlichen Molkereien gefahren. Wir kannten ihre Namen, ihre Gesichter, ihr Winken und Nicken.

Normalerweise hörte ich nie Nachrichten und schaute keine Filme an, wenn es um Gewalt und Grausamkeit ging. So weit wie möglich hatte ich mein Herz vor dem Bösen abgeschottet und für mich und meine Kinder eine Haltung der Reinheit bewahrt. Der Gedanke, dass im Herzen von Menschen große Sünde wohnen konnte, hatte mich immer bedrückt. Doch jetzt drang das umfassende Wissen über das Böse – genau das, wovor ich mein sensibles Gemüt immer hatte behüten wollen – in den privatesten Bereich meines Lebens ein. Mein eigener Mann? Der sanftmütige Mann, in dessen Armen ich schlief? Es war unfassbar. Ich saß auf unserer dunkelgrünen Couch im Wohnzimmer – auf derselben Couch, auf der ich immer von Charlies Liebe umgeben gesessen hatte – und hörte zu, wie der Beamte das entsetzlich Böse beschrieb, das Charlie begangen hatte.

Ich hatte vorher nie etwas in der Art gehabt, was manche eine Vision nennen, doch ich weiß, dass Gott selbst mir diese Bilder geschenkt hat, die vor mir auftauchten, als ich schweigend den quälenden Worten des Ermittlers lauschte. Vor meinem inneren Auge sah ich mich als Blütenblatt einer Tulpe, das abfällt – noch voller Farbe, aber sterbend. Und während das Blütenblatt nach unten fiel, sah ich die Hand Gottes, die es auffing, kurz bevor es auf dem Boden aufschlug, und es dann anschließend ganz behutsam festhielt. Gott war hier; er war bei mir. Ich wusste nicht, wie es geschehen würde, aber ich spürte seine Zusagen, dass er mir durch das alles hindurchhelfen würde. Durch meine Schwäche hindurch würde ich in seine Kraft hineingetragen werden.

Ich hatte keine Zeit für die Phase des Nicht-Wahrhaben-Wollens in meinem Trauerprozess oder für den Versuch, mein Leben zurückzuspulen zu einem heilen, von dieser Dunkelheit unberührten Ort. »Ich habe noch ein paar Fragen an Marie persönlich«, erklärte der Ermittler. Also verließ meine Mutter das Zimmer und beschäftigte sich in der Küche. Die Fragen gingen weiter, sehr persönliche Fragen über unsere Ehe, Charlies Gemütszustand, seine Kindheit, sein Erziehungsverhalten, seinen Tagesablauf, seine Freundschaften, seine Interessen und Gewohnheiten. Im Lichte dieser Tragödie kamen mir meine Antworten nichtssagend vor. Charlie war ruhig, arbeitete hart, sorgte gut für seine Familie, war ein treuer, zärtlicher Ehemann, ein liebevoller Vater, der gerne mit seinen Kindern spielte, ein Christ, der regelmäßig zur Kirche ging, ein fürsorglicher Sohn und Schwiegersohn.

Ich zeigte dem Ermittler den Brief, den Charlie hinterlassen hatte, und wir gingen ihn Wort für Wort durch, versuchten, daraus klug zu werden, forschten nach verborgenen Bedeutungen, nach Anhaltspunkten, die irgendwie eine solch abscheuliche Tat erklären könnten. Der Ermittler stellte Fragen zu Elise, die Charlie in seinem Brief erwähnt hatte, unsere Tochter, die vor neun Jahren als Frühchen auf die Welt gekommen war und nur zwanzig Minuten lang gelebt hatte. Ich sprach über unsere Trauer und erklärte, dass Charlie unter diesem Verlust sehr gelitten, aber seinen Schmerz mit sich selbst ausgemacht hatte.

»Wie die meisten Männer hat Charlie nicht über seine Gefühle gesprochen«, erklärte ich.

Aber Wut? Nein, das hatte ich nie erlebt. Gewalt? Nie. Aggressivität? In keiner Weise. Nichts hatte auf einen Mann kurz vor einem Massenmord hingedeutet.

»Heute Morgen haben wir unsere Kinder zur Bushaltestelle begleitet, wie schon oft zuvor«, erklärte ich. »Wie immer hat er sich mit einer Umarmung von ihnen verabschiedet. Dies war in jeder Hinsicht ein ganz normaler Tag, bis sein Anruf kam.«

»Wo sind Ihre Kinder?«, fragte der Ermittler.

»Abigail ist sieben Jahre alt und in der Schule. Bryce ist fünf und vormittags im Kindergarten. Bald wird der Bus ihn am Ende unserer Auffahrt absetzen.«

»Es wäre besser, wenn ein Psychologe oder Seelsorger da ist, wenn Sie es den Kindern sagen.«

Mein Magen krampfte sich zusammen und ich geriet in Panik. Inzwischen saß meine Mutter wieder neben mir, und ihre Gegenwart beruhigte mich. Wir mussten sofort einen Plan für Abigail und Bryce ausarbeiten, damit sie die Nachricht nicht von jemand anderem hörten. Wir baten eine Tante, Bryce am Bus abzuholen und ihn zunächst ins Haus meiner Großeltern zu bringen. Wir wollten nicht, dass er einen Schrecken bekam, wenn er das Haus voller Polizisten sah. Meine Mutter erklärte sich bereit, zu Abigails Grundschule zu fahren, sie aus dem Unterricht zu holen und dann beide Kinder zu sich nach Hause zu nehmen und dort auf sie aufzupassen, bis ich nachkommen konnte. Sie und mein Vater wohnten nur zwei Minuten von uns entfernt, in derselben Straße wie das Bart-Feuerwehrhaus, in demselben Haus, in das wir gezogen waren, als ich neun Jahre alt gewesen war. Für Bryce und Abigail war es nichts Außergewöhnliches, nachmittags bei ihren Großeltern zu spielen, sie gingen gern dorthin, und ich wollte alles tun, damit ihr Leben so lange wie möglich normal blieb. Meine Mutter wollte zwei Freundinnen anrufen, die Seelsorgerinnen waren, und sie bitten, zu kommen, damit sie da wären, wenn ich meinen Kindern erzählen musste, dass sie keinen Vater mehr hatten. Ich verdrängte diesen Gedanken, denn er kam mir in diesem Moment zu entsetzlich vor.

Dann rief meine Mutter meinen Vater an, der mit seinem Milchtankwagen unterwegs war. Man konnte ihn nur erreichen, indem man seine Abfertigungsstelle anrief und dort bat, ihm per

Funk mitzuteilen, er solle bei mir anrufen. Meine Mutter und ich dachten, es wäre besser, wenn er Charlies Taten nicht übers Radio erfuhr, sondern von uns selbst. Wir wussten, dass er wohl kaum vor einer Stunde hier sein konnte.

Nur wenige Minuten später rief er zurück. Meine Mutter nahm ab und erklärte ihm, dass es einen Notfall gab, der Charlie betraf. »Ken, schalte das Radio nicht ein, und mach keinen Zwischenhalt«, wies sie ihn an. »Stell den Lkw ab, und komm so schnell wie möglich zu Marie.«

Es war Zeit, Charlies Eltern anzurufen. Meine Aufgabe war es, ihnen die Nachricht zu überbringen, die keine Mutter und kein Vater je hören sollten. Nie vergesse ich ihr schockiertes Weinen und den Schmerz, der ihre Herzen zerriss.

Man kann tatsächlich spüren, wenn ein Herz zerreißt. Das menschliche Ohr kann es nicht hören, aber man fühlt es im eigenen Körper. Das Leben und der Atem stocken, und ein paar Augenblicke lang ist man sich der Wirklichkeit bewusst, fühlt sich aber in einer anderen Welt, es ist, als ob alle Lebensäußerungen zum Stillstand gekommen seien.

Als ich auflegte, war ich innerlich wie erstarrt. Aber wieder schenkte Gott mir eine unbeschreibliche Kraft, die ich nicht erwartet hatte. Er zog mich in die irdische Wirklichkeit zurück und machte mich gleichzeitig auf seine Fürsorge aufmerksam. Ich spürte ganz konkret seine Liebe, er gab mir die geistige Klarheit und die Energie, die ich brauchte, um vorwärtszugehen, zu kämpfen, zu leben. In den folgenden Stunden, Tagen und Wochen schöpfte ich immer wieder aus diesem Brunnen. Er war die Quelle des Friedens für mein Herz.

Ich schaute meine Mutter an und sah ihre Kraft. Dank ihr erhielt ich die Zuversicht, dies durchzustehen, weil sie rein äußerlich nicht erschüttert, verzweifelt oder fassungslos wirkte. Sie war ruhig. Sie hatte einen Plan und handelte danach. Sie lebte mir vor, was Gott in mir angelegt hatte, bevor diese Nachricht kam. Wie ich mich an Gottes Gegenwart geklammert hatte, bevor meine Mutter gekommen war, so hielt ich mich jetzt an der Kraft fest, die sie ausstrahlte, und das stärkte den Mut, den ich in meinem Herzen spürte.

Die Polizei wollte unser Haus durchsuchen. Während meine Mutter und ich unsere Vorkehrungen trafen und Anrufe tätigten, wühlten sie in meinen Schränken und Schubladen herum und schauten unter und hinter alle Möbel. Das Geräusch von Türen und Schubladen, die geöffnet und wieder geschlossen wurden, von schweren Tritten und Möbeln, die über den Boden geschoben wurden, hallte durch das Haus. Ich sah, wie unser Computer aus dem Haus getragen und in dem Auto eines Ermittlers verstaut wurde. Ich wusste, dass ich unsere Habseligkeiten zusammenpacken und das Haus verlassen musste, sobald die Polizei mit der Durchsuchung des Hauses und meiner Befragung fertig war.

»Wie lange dauert es wohl, bis die Reporter kommen?«, fragte ich einen Beamten.

»Es wundert mich, dass sie noch nicht hier sind«, lautete seine Antwort. Er riet mir, schnell zu packen, und bot an, dazubleiben, bis ich abfahrbereit sei. Meine Mutter war losgefahren, um Abigail abzuholen, als die anderen Beamten das Haus verlassen hatten, aber dieser eine Beamte blieb, still und ruhig. Unter seinem Schutz, der mich stark bewegte, fühlte ich mich behütet und sicher. Er wurde für mich ein äußeres Zeichen von Gottes unerschütterlicher Kraft, die mich vor Schaden bewahrte.

In meiner irdischen Welt war ich gerade verlassen worden und musste für die Taten eines anderen geradestehen. Gleichzeitig war ich wie von einer undurchdringlichen Schutzmauer umgeben. Das lag nicht nur an der Polizei, sondern auch an der geistlichen Wirklichkeit, die größer war als meine natürlichen Lebensverhältnisse.

Dann kam mein Vater. Er trat durch die Tür. Fragen und Sorgen standen ihm ins Gesicht geschrieben, aber seine Augen drückten Güte und Kraft aus. Er wusste immer noch nicht, was sich zugetragen hatte, aber er hatte neben dem Polizeiauto geparkt und nickte dem Beamten zu, der jetzt am Fenster stand. Ich weiß nicht, was ich von mir erwartet hatte, aber ich war über die Ruhe in meiner Stimme schockiert, als ich ihm durch das Zimmer zurief: »Papa, Charlie ist tot. Er hat in der Amisch-Schule Geiseln genommen, zehn Mädchen niedergeschossen und sich dann das Leben genommen. Die Presse kann jederzeit hier auftauchen. Wir müssen weg von hier zu euch. Wir müssen jetzt packen. Schnell.«

Das Aussehen meines Vaters änderte sich auf einen Schlag. Die Farbe wich ihm aus dem Gesicht, er riss die Augen weit auf und starrte mich an, sein Körper zuckte, als hätte er einen Schlag bekommen, und einen Augenblick lang stand er wie erstarrt da. Nie vergesse ich sein fassungsloses Schweigen, nachdem ich ihm die vernichtende Nachricht maschinengewehrartig mitgeteilt hatte.

Ich atmete tief durch und sagte dann mit sanfterer Stimme: »Papa, wir müssen weg von hier. Du musst mir helfen.« In diesem Abgrund des Schocks klang meine Stimme jetzt schwach.

Mein lieber Papa – immer unerschütterlich, zuverlässig und stark. Er schien vor meinen Augen größer zu werden und machte sich an die Arbeit, ohne eine einzige Frage zu stellen. Wir sprachen kaum, als ich durch das Haus eilte, Kleidungsstücke und das Allernotwendigste zusammensuchte und es ihm in die Hand drückte. Immer wieder ging er zu meinem Auto, packte die Sachen ein und kam dann zurück und holte mehr. Ich wusste nicht, wie lange wir weg sein oder wo wir enden würden, aber wie durch ein Wunder hatten wir bald alles, was wir brauchten, in meinem Auto verstaut. Ich schnallte den kleinen Carson, der etwas benommen war, weil ich ihn geweckt hatte, im Kindersitz fest und sprang hinter das Steuerrad. Mein Vater setzte sich auf den Beifahrersitz, wir nickten dem Polizeibeamten zu, der mein Haus bewachte, und fuhren zum Haus meiner Eltern.

Ich glaube, nicht einmal drei Stunden waren seit Charlies Anruf vergangen. In dieser kurzen Zeit wurde ich Witwe und meine Kinder Halbwaisen, mein Dorf wurde angegriffen, mein Haus durchsucht, Schande über den Namen meines Mannes gebracht und meine naive Unschuld zerschmettert. Fast alles, was heute Morgen noch gewiss gewesen war, wurde jetzt infrage gestellt.

Fast alles.

Eines war jetzt felsenfester als je zuvor: mein Glaube an einen liebenden Vater im Himmel. In dieser kurzen Zeit wurde mein Glaube nicht nur gestärkt, sondern er wuchs um ein Vielfaches. Gott war mir nie so greifbar, so wunderbar gegenwärtig erschienen wie jetzt.

Diese Gabe, die Glaube genannt wird, ist ein Geheimnis. Ich habe ihn nicht von mir aus aufgebracht, er wurde mir einfach geschenkt. Die Kühnheit, zu beten, die Bibelverse voller Zusagen und Sieg, das Bild des Blütenblatts der Tulpe, das aufgefangen und in der liebenden Hand Gottes gehalten wird, die übernatürliche innere Kraft, die mich durchströmte, das alles sind Geschenke, die so echt sind wie der Polizist, der mein Haus bewachte, mein schläfriger Sohn in seinem Kindersitz, die Kraft meiner Mutter zum Planen und Handeln und die zuverlässige Gegenwart meines Vaters neben mir im Auto.

Das ist der Stoff, aus dem meine Liebesgeschichte besteht. Gottes Gaben werden leicht übersehen, wenn der Teufel los ist, wenn die Dunkelheit des Bösen in unser Leben hereinbricht. Es ist verlockend, ja, natürlich, nur das Hässliche zu sehen, das drohend das Gute verschlingen will und das Leben, das wir kennen, auf den Kopf stellt. Aber die Finsternis hat nicht die Macht, diese guten Gaben zu rauben. Doch sie führt dazu, dass wir sie schlechter erkennen. Die Reichtümer, die Gott uns in unserem Leben schenkt, sind noch da. Aber wir müssen um sein Licht bitten, das die Schatten durchdringt, damit wir seine Liebesgaben um uns herum sehen können. An diesem schwarzen Tag hat Gott die Dunkelheit gerade genug durchbrochen, dass ich seine Gegenwart erkennen konnte.

Doch jetzt galt es, zu fliehen. In diesem Augenblick war es meine Aufgabe, die Hände fest am Steuerrad und den Fuß auf dem Gaspedal zu halten und zu einem Versteck für meine Familie zu eilen, weg von den Teleskopkameras, die bald versuchen würden, meine Kinder, meine Familie und meine Freunde und jede Einzelheit unseres Lebens ausfindig zu machen.

Die Invasion hatte begonnen. Ein brutales Massaker hatte die Schleusentore geöffnet, und ein Albtraum jagte auf mich zu. Das wusste ich so sicher, wie ich wusste, dass Gott bei mir war. Doch das Wissen um die eine Wahrheit hob die andere Wahrheit nicht auf. Irgendwie mussten die zwei Wahrheiten nebeneinander bestehen.

Ich hatte keine Ahnung, wie das gehen sollte. Ich wusste nur, dass es so war.

Die Schwelle

Ich saß im Wohnzimmer meiner Eltern und hörte, wie Abigail, Bryce und Carson im Garten hinter dem Haus spielten und den wunderschönen Herbstnachmittag genossen. Sie hatten noch keine Ahnung davon, dass sich ihr Leben vor wenigen Stunden für immer verändert hatte und dass sie ihren Papa nie wiedersehen würden. Wie lange würde es wohl dauern, bis ich ihr Lachen wieder hörte, wenn ich ihnen die niederschmetternde Nachricht mitgeteilt hatte? Wann würden sie wieder so sorglos spielen wie jetzt?

Mir graute davor, es ihnen zu sagen. Wie konnte ich ihnen verständlich machen, dass der Papa, der sie so liebte und der sie noch am Morgen zur Bushaltestelle begleitet und ihnen einen Abschiedskuss gegeben hatte, etwas so Böses getan hatte? Schon für mich war es schwer zu ertragen, wie für jeden Erwachsenen. Wie sollten sie nur mit dieser hässlichen Wahrheit umgehen?

Ich beobachtete durch die Panoramafenster des Wohnzimmers, wie sie mit meinen Eltern einen großen Wasserball hin und her warfen, und ihr Lachen drang mit dem leichten Windhauch bis ins Haus. Dadurch gewann ich etwas Zeit, zur Besinnung zu kommen und mit den beiden psychologischen Beraterinnen, den Freundinnen meiner Mutter, zu sprechen, die mir gegenübersaßen. Ich wusste, dass es keinen Weg daran vorbei gab. Meine Kinder mussten die Wahrheit erfahren, und jetzt war der Augenblick dafür gekommen, hier an diesem geschützten, vertrauten Ort bei ihrer liebevollen Familie.

»Folgendermaßen habe ich es mir überlegt«, begann ich. Gespannt schaute ich die beiden Beraterinnen an und suchte nach Zeichen der Zustimmung oder einem Hinweis. »Ich möchte den Kindern zunächst nur einen Teil berichten und dann allmählich im Lauf der Woche alles erzählen. Abigail und Bryce müssen umfassend informiert sein, bevor sie wieder in die Schule und in den Kindergarten gehen. Es wäre kaum erträglich, wenn sie auf dem Spielplatz etwas über ihren Vater hören und nicht wissen würden, ob es stimmt.«

Mir blieb keine Wahl, sie mussten es von mir hören.

»Ich glaube nicht, dass sie sofort alle Einzelheiten erfahren sollten. Carson ist zu klein für einige dieser Dinge. Aber Abigail und Bryce müssen im Lauf der Woche die ganze Wahrheit wissen.«

Die Seelsorgerinnen stimmten mir zu. Wir sprachen über die Worte, die ich wählen sollte, und die eventuellen Reaktionen der Kinder.

Egal, was ich selbst durchstehen muss, sagte ich mir, *ich will auf jeden Fall alles tun, um meine Kinder zu schützen. Ich werde für sie kämpfen, sie behüten und sie da hindurch lieben.* Dieser Vorsatz gab mir die Kraft, aufzustehen und den ersten Schritt zu tun.

Ich ging zur Tür und rief den Kindern und meinen Eltern im Garten zu: »Könnt ihr mal reinkommen? Ich muss euch etwas sagen.« Ich tat mein Bestes, warm und freundlich zu klingen, obwohl ich innerlich genau das Gegenteil empfand. Alles in mir sträubte sich. *Wenn ich es den Kindern sage, werden wir in eine Zukunft gestoßen, aus der es kein Entrinnen gibt.* Doch sofort erkannte ich mein falsches Denken. Es gab schon jetzt kein Entrinnen mehr, und es nützte nichts, wenn ich diesen Schwebezustand verlängerte, in dem mein Leben bereits in die Brüche gegangen war und ihres zumindest dem Anschein nach noch intakt war.

Ich stand an der Schwelle zwischen zwei Welten, kurz davor, meinen Kindern zu sagen, dass eine dieser Welten zerstört war.

Sie kamen zu mir, ließen das unschuldige, sorglose Spielen, den warmen Sonnenschein auf ihrem Gesicht und die im Windhauch tanzenden Blätter zurück und traten hinüber in meine Welt. Ich schloss die Tür hinter ihnen. Es gab keinen Weg zurück.

Ich dachte daran, wie oft ich in den Jahren mit Charlie innerlich über die Wäscheberge und den Abwasch, finanzielle Engpässe und mangelnde tiefe Kommunikation geklagt hatte. Das alles kam mir jetzt belanglos vor. Ich dachte an meine Hoffnungen und Träume für die Zukunft meiner Kinder und fragte mich, wie ihr pulsierendes Leben wohl das Chaos des Todes überleben konnte. Mir wurde meine Verantwortung als Mutter tiefer bewusst als je zuvor. Charlies Entscheidung war vernichtend. Ich konnte sie nicht ungeschehen machen, doch ich konnte meine eigenen Entscheidungen treffen. Ich beschloss, dass unsere Familie sich dieser neuen Wirklichkeit gemeinsam stellen würde, dass wir uns aneinander festhalten und einen gemeinsamen Weg durch dieses Unheil finden würden – mit all dem Vertrauen, der Stärke und der Liebe, die uns verband.

Als die Kinder ins Zimmer hüpften, wehte ein sanfter Windhauch durch die offenen Fenster, und ich fühlte, wie der Friede von Jesus mich umfing. An diesem Herbsttag schien er mir zuzuflüstern: *Vertraust du mir? Vertraust du mir wirklich? Vertraust du sie mir an?*

Ich vertraute ihm, aber gleichzeitig vertraute ich ihm nicht oder jedenfalls nicht genug, denn ich nahm das Gewicht dieses Augenblicks nicht von meinen Schultern, legte es ihm nicht vor seine Füße. Ich wusste nicht, wie ich das fertigbringen konnte. Mein Herz wollte voll und ganz vertrauen. Zwar merkte ich, dass Gott mich ermutigte, seine Kraft, seine Fürsorge und seinen Schutz anzunehmen, aber ich hatte trotzdem entsetzliche Angst. Was ich jetzt und in den folgenden Wochen sagen oder tun würde, würde entweder das Leid, das Charlie angerichtet hatte, vergrößern oder dazu beitragen, meine Kinder von der Last zu befreien, die uns niederdrückte. Immer wieder schrie ich innerlich zu Gott: *Gib* du *mir die richtigen Worte.*

Dieser Augenblick war ähnlich wie die letzten Sekunden vor dem Wiedereintritt einer Raumfähre in die Erdatmosphäre, wenn der sie schützende Hitzeschild exakt ausgerichtet und alles abgedeckt sein muss, damit sie nicht in Flammen aufgeht. Gott musste jetzt jeden Zentimeter von uns schützen, sonst würde es unser Ende bedeuten.

Meine Mutter saß auf einem Stuhl neben dem Fenster. Neben ihr stand mein Vater. Ihre Nähe war tröstlich, als würden sie mir Kraft einflößen. Ich war mir sicher, dass sie in diesem Augenblick für mich und meine Kinder beteten. Mein Vater und ich schauten uns an. Seine Augen waren traurig, aber voller Liebe. Ich wusste, wenn er könnte, würde er all unseren Schmerz auf sich nehmen, um uns das Schwere, das vor uns lag, zu ersparen.

Ich führte die Kinder zum Sofa, und alle vier sanken wir in die weichen blauen Polster. Die Seelsorgerinnen saßen auf einem anderen Sofa an der gegenüberliegenden Seite des Zimmers. Carson kroch auf meinen Schoß; Abigail und Bryce schmiegten sich rechts und links an mich. Ich beugte mich nach unten und rieb meine Wange an Carsons weichem Haar. Er kuschelte sich an mich und ich nahm diesen letzten Augenblick vor unserem Eintritt in die andere Welt bewusst in mich auf. Dann holte ich tief Luft und räusperte mich.

»Ich muss euch etwas sehr Trauriges sagen.«

Sofort schaute Abigail mich an und erkannte augenblicklich meinen Schmerz. Ihr Körper spannte sich an, als ob sie sich auf einen Schlag gefasst machte. Bryce sah mich erst fragend an, dann verdunkelte der Schatten der Angst seine Augen. Carson spielte mit seinem Schnuller herum. Jetzt war der Augenblick gekommen. Es gab kein Zurück mehr.

»Heute hat Papa etwas sehr Schlimmes gemacht, einige Menschen wurden verletzt, andere sind gestorben, und auch er ist tot.« Ein einziger Satz. Mehr bedurfte es nicht.

»Es tut mir so leid.« Ich versuchte mit aller Kraft, meine Stimme sanft und warm klingen zu lassen, denn ich wollte, dass sie sich von Liebe umgeben fühlten. Doch ich merkte, wie sich meine Kehle zusammenschnürte. »Ihr werdet euren Papa nicht mehr sehen.« Frische heiße Tränen rannen mir übers Gesicht, fielen auf Carsons Kopf und auf die feinen Haare, die ich eben noch gestreichelt hatte.

Abigail und Bryce bekamen große, runde Augen voll unaussprechlichem Schmerz. Während ich weinte, gaben meine Kinder keinen Ton von sich. In uns und um uns herum schien die Zeit stillzustehen. Jetzt war dieser Tag für meine Kinder wie für mich zu einem Wendepunkt in unserem Leben geworden.

Niemand bewegte sich. Es schien, als ob jeder der Erwachsenen den Atem anhielt, sich fragte, wie wohl der Rest dieses Lebens sein würde, und wartete, wie die Kinder reagieren würden. Schweigen erfüllte das Zimmer.

Dann brach Carson die Stille. Er lächelte seine Geschwister an, erst Bryce, dann Abigail und dann wieder Bryce, als ob er ihre plötzliche Traurigkeit bemerkt hätte und wollte, dass sie wieder glücklich waren. Er war mein Strahlekind. Mein achtzehn Monate alter Sohn verstand die Situation natürlich nicht so wie die siebenjährige Abigail und der fünfjährige Bryce. Doch das, was er begriff, veranlasste ihn, mit seinem Bruder und seiner Schwester Verbindung aufzunehmen. Er beugte sich herüber und lehnte seinen Kopf an Abigail.

Ich hatte die Worte gesagt, die Eltern ihren Kindern nie sagen wollen. Und wir hatten es überlebt.

Dann wurde mir plötzlich klar, dass uns das Schlimmste noch bevorstand. In den vergangenen Stunden hatte ich mich vor diesem Gespräch gefürchtet, hatte gedacht, es wäre das Schlimmste. Doch jetzt verstand ich, dass die Gefahr nicht vorüber war, nur, weil wir diesen Augenblick überstanden hatten. Ich hatte keine Ahnung, was in diesen ersten wenigen Minuten in meinen Kindern vorging, und ich wusste auch nicht, was geschehen würde, wenn ich ihnen in den nächsten Tagen nähere Einzelheiten beibringen musste. Es bestand kein Zweifel daran, dass es in den folgenden Tagen, Wochen, Monaten, ja, vielleicht sogar Jahren Zeiten geben würde, die noch schwerer sein würden. Unter der Last dieser Erkenntnis drohte ich zu zerbrechen.

Ich wollte allen Schmerz, den sie empfanden, auf mich nehmen. Meine Schultern waren breiter als ihre, ich liebte sie, und wieder zerriss es mir das Herz, dieses Mal wegen des Ausmaßes ihres Verlustes.

Äußerlich saß ich immer noch auf einem blauen Sofa in einem sonnendurchfluteten Wohnzimmer, umgeben von meiner trauernden Familie. Aber innerlich stand ich plötzlich über einem lodernden Feuer, dessen Flammen meine Füße umzingelten, während ich verzweifelt versuchte, meine Kinder sicher über die Glut zu tragen.

Still schrie meine Seele in Todesangst: *Gott, das musst du in Ordnung bringen! So soll ihr Leben nicht aussehen. Ich will nicht, dass sie solchen Schmerz erleben oder von solchem Leid erdrückt werden.*

Was dann kam, war so unerwartet wie mein Bild von dem Blütenblatt der Tulpe, genauso greifbar, und es veränderte ebenso meine Erwartungen an die Zukunft.

Ich schaute hoch, und mein Blick fiel auf das offene Fenster. Draußen schien die Sonne immer noch hell und warm. Ich fühlte, wie mich ein Windhauch umgab. Jesus war da und flüsterte mir zu:

Ich werde es nicht in Ordnung bringen. Ich werde es wiedergutmachen.

Als diese Worte in meinem Herzen ertönten, wusste ich, dass ich mich auf heiligem Boden befand, in der Gegenwart des Allmächtigen. Sofort wich der Druck von meinen Schultern – ich hatte gar nicht gemerkt, wie verkrampft ich mich an dem Sofa festgeklammert hatte. Allmählich entspannte ich mich; ich rang nach Luft, doch der nächste Atemzug fiel schon leichter. Es tat gut, diese reine Luft tief einzuatmen. Bewusst atmete ich ein und aus. Beim Einatmen meinte ich, etwas mehr von Jesus aufzunehmen, und beim Ausatmen verließ mich die Schwere.

All das geschah innerhalb weniger Sekunden. Meine Eltern und die Seelsorgerinnen hatten sich weder bewegt noch gesprochen. Sie hatten nichts gesehen und nichts gehört, und doch war alles anders geworden. Ich hielt mich an dem stillen Trost dieses Augenblicks fest, meine Kinder drückten sich an mich, und ich wusste, dass sich bald ein Gewitter entladen würde. Doch in diesem kostbaren Augenblick befanden wir uns im Auge des Wirbelsturms, dem windstillen Zentrum, und das war ein sicherer Ort. Jesus hatte uns nicht verlassen. Er würde uns nie verlassen. Er war nahe und greifbar. Ich wollte mir einprägen, wie ich mich in diesem Augenblick fühlte, damit ich daran denken würde, wenn das Auge des Sturms weiterwandern und der Wirbelwind toben und ich nach etwas suchen würde, an dem ich mich festhalten konnte. Ich wollte nicht vergessen, dass er dann immer noch da sein würde.

Dann kroch Carson von meinem Schoß und fragte: »Bryce, spielen?« Bryce schaute mich an, als ob er fragen wollte, ob das erlaubt sei, und im selben Moment öffnete sich die Schiebetür, und eine Schar Verwandter strömte ins Haus. Ich wurde umarmt, hörte mitfühlende Worte, und alle wollten uns helfen, unterstützen und Gutes tun.

Der Wind wurde stärker, der Sturm war noch lange nicht vorüber. Ein Wirbelsturm bedrohte mein Innerstes. Ich wusste, dass ich in den nächsten Tagen noch mehrere Gespräche mit meinen Kindern führen musste. Es gab noch viel zu sagen. Ich musste mit jedem persönlich sprechen und die Einzelheiten von Charlies Taten altersgemäß erklären. Ich wusste, dass es jedes Mal schwer sein würde, dass die Worte, die ich sprechen, und der Schaden, den diese Worte anrichten würden, mein Herz zerreißen würden. Doch in diesem Augenblick, als meine Kinder sich an mich kuschelten, erfüllte Hoffnung mein Mutterherz. Jesus hatte zu mir gesprochen. Er hatte zugesagt, diesen Horror wiedergutzumachen. Und er würde es ganz bestimmt tun.

~

Den restlichen Nachmittag und den Abend verbrachten wir bei meinen Eltern, umgeben von Tanten und Onkeln, Großeltern und engen Freunden. Ein grauer Schleier bedeckt meine Erinnerungen an den Rest dieses Tages, aber ich erinnere mich lebhaft an manche Einzelheiten. Es dauerte nicht lange, bis die Journalisten entdeckten, wo ich mich befand. Oft klingelte das Telefon, die Presse verlangte vor allem nach Antworten. Ich wollte nicht interviewt werden. Deshalb schrieb ich einen kurzen Absatz, den mein Pastor den Medienvertretern vorlas. Wir schalteten den Fernseher und das Radio nicht an; meine Familie wollte mir nicht zumuten, das Verbrechen und seine Folgen immer wieder vorgespielt zu bekommen.

Mein Bruder Ken fand einen Reporter, der mit der Kamera in der Hand durch die Büsche im Garten meiner Eltern schlich. Als Ken ihn zur Rede stellte, wurde er mit Fragen bombardiert. Doch der finstere Blick meines Bruders schlug den Reporter in die Flucht. Ein paar Fotografen trieben sich auf dem Acker hinter dem Anwesen meiner Eltern herum. Aufgrund ihrer Entfernung nahmen wir an, dass sie mit Teleobjektiven ausgerüstet waren. Aber die Männer meiner Familie schützten unsere Privatsphäre.

Meine Angehörigen nannten mir die Namen der drei Mädchen, die ums Leben gekommen waren: Naomi Rose Ebersol, sieben Jahre, Marian Stoltzfus Fisher, dreizehn Jahre, und Anna Mae Stoltzfus, zwölf Jahre alt. Am folgenden Tag erfuhr ich, dass Lena Zook Miller, acht Jahre, und Mary Liz Miller, sieben Jahre, ebenfalls ihren Verletzungen erlegen waren, während fünf andere verletzte Mädchen immer noch im Krankenhaus lagen: Rachel Ann Stoltzfus, acht Jahre, Barbie Fisher, elf Jahre, Sarah Ann Stoltzfus, zwölf Jahre, Esther King, dreizehn Jahre, und Rosanna King, sechs Jahre alt.

Bei jedem Namen zuckte ich zusammen. Diese Familien, die ihre Töchter verloren hatten oder jetzt am Bett dieser Mädchen saßen, die mit dem Tod rangen, waren keine Fremden. Als Kind war ich mit dem Fahrrad an ihren Bauernhöfen vorbeigefahren. Wir kauften ihre landwirtschaftlichen Erzeugnisse an ihren Straßenständen. Charlie hatte seit sieben Jahren als Milchfahrer Beziehungen zu diesen Familien, und mein Vater, mein Großvater und mein Urgroßvater hatten diese Familien ebenfalls durch ihre Arbeit als Milchfahrer gekannt. Im Frühling ging ich immer ins Gewächshaus der Fishers und kaufte Pflanzen für unsere Blumenbeete und Gemüsesamen für unseren Garten. Es handelte sich um friedliche, freundliche Nachbarn, Menschen, die wir achteten und wertschätzten. Wir kannten ihre Gesichter und Namen, wie sie unsere kannten. Bis heute finde ich keine Worte, um dem Kummer darüber Ausdruck zu geben, dass mein Mann diesen lieben Familien so brutal solches Leid zugefügt hat.

Als ich mit meinen Verwandten und Freunden dasaß und wir gemeinsam den unverständlichen Verlust beweinten, wusste ich, dass die Familien der Opfer genau das Gleiche taten. Vor meinem inneren Auge sah ich, wie sich Tanten und Onkel, Großeltern und Cousinen, Brüder, Schwestern und Freunde in den Küchen und auf den Veranden versammelten – ein Meer von Schwarz, Grau, Grün und Blau, von weißen Hauben und schwarzen Hüten, der Tracht, die Horden von Touristen anzieht. Für mich waren diese Menschen viel mehr als eine eigenartige Gesellschaft, die ein einfaches und schlichtes Leben führt. Für mich waren sie Persönlichkeiten, die seit meiner Geburt Teil meines Wohnorts und meines Lebens waren.

Mein Charlie hatte ihre Kinder umgebracht?

Mein Charlie hatte ihre Kinder *umgebracht*!

Wie würden sie es ertragen können, mich wiederzusehen? Würden wir umziehen müssen? Würde der Anblick meiner Kinder sie mit Abscheu erfüllen, weil sie dadurch an den Mann erinnert wurden, der ihnen ihre Kinder geraubt hatte? Würden sie es mir verübeln, dass ich meine Kinder noch hatte, während sie ihre verloren hatten? Würden sie mir Vorwürfe machen, weil sie glaubten, ich hätte gewusst, dass ihre Kinder in Gefahr waren, sie aber nicht geschützt hätte? Würden sie denken, dass ich passiv dagesessen und die Zeichen und Hinweise auf Charlies Wut nicht beachtet hatte?

Ich stellte mir selbst dieselben Fragen. War ich blind gewesen? Hatte es Hinweise gegeben, die mir, ja, meiner ganzen Familie entgangen waren? An jenem Tag wurde in jedem Zimmer des Hauses meiner Eltern diese Frage von allen Seiten durchleuchtet. Wir alle sprachen von Charlie, tauschten uns aus und versuchten, irgendwelche Zeichen zu erkennen. Doch nichts kam dabei heraus. Jede Begegnung, jede Geschichte, jede Erinnerung zeichnete das Bild genau jenes Mannes, den ich zehn Jahre lang gekannt und geliebt hatte. Ruhig und freundlich, verantwortungsbewusst und fleißig, ein sanftmütiger Mann, der gerne mit seinen Kindern und kleinen Cousins spielte.

Diejenigen, die ihn am besten kannten, wussten, dass ihn auch manchmal Traurigkeit übermannt hatte, vor allem nach dem Tod von Elise, unserem ersten Kind. Aber das war schon neun Jahre her. Ich machte mir bisweilen Sorgen, weil Charlie keine engen Freunde hatte, doch mein Vater berichtete, dass Charlie bei den anderen Lkw-Fahrern und bei seinen Kunden beliebt war, dass sie gerne mit ihm herumalberten und lachten und sich immer freuten, wenn sie ihn sahen. Uns allen war klar, dass keiner von uns gemerkt hatte, was in Charlie vor sich ging. Etwas tröstlich für mich war, dass alle anderen, die ihn kannten und gernhatten, die jahrelang tagein, tagaus mit ihm gearbeitet hatten, genauso blind gewesen waren wie ich. Doch dieser Trost hielt nicht lange an. Was war mir entgangen?

Schuld- und Schamgefühle drohten, wie Riesenwellen über mir zusammenzustürzen. Doch Gottes Gegenwart, die an jenem Tag so greifbar war, stand irgendwie zwischen diesen Wellen und mir. Er war wie ein Schutzwall, der nicht zuließ, dass sie mich trafen. Ich wusste, dass das ein Wunder war. Hätte er mich nicht beschützt, wäre ich zweifellos in diese gewaltige, stürmische See hinausgefegt und hilflos von den Wasserstrudeln hin- und hergeworfen worden. *Sein Name ist Immanuel, Gott mit uns.* Unzählige Male habe ich gehört, wie diese Botschaft von der Kanzel herunter verkündigt wurde. Jetzt wurde sie für mich zur Wirklichkeit.

Im Laufe des Nachmittags fielen die Medien immer mehr über uns her. Die Anrufe wurden immer häufiger, und ein paar Reporter klopften sogar an die Tür. Mein Bruder Ken bezog auf den Eingangsstufen Stellung. *Das wird sie verscheuchen*, dachte ich. Ken war eine imposante Erscheinung. Er war einunddreißig Jahre alt, kräftig und muskulös und behauptete seinen Platz wie ein bedrohlicher Türsteher, bereit, jeden wegzustoßen, der sich in den Hof wagte. Schon von Natur aus wirkte er einschüchternd. Im Spaß hatte ich immer gesagt, dass er der Typ sei, dem ich auf keinem erleuchteten Weg, geschweige denn in einer dunklen Gasse begegnen möchte. Vor einigen Jahren hatte er begonnen, sich den Schädel zu rasieren, was ihn noch Furcht einflößender aussehen ließ. Ich fühlte mich sicher, wenn mein Bruder Wache stand, und da ich Kenny (ein Spitzname, mit dem nur ich und meine Schwester unseren großen Bruder rufen durften) gut kannte, wusste ich, dass er irgendeine Aufgabe finden musste, denn nur dasitzen und sprechen war nicht seine Sache. Später erfuhr ich, dass die Polizisten in Sorge um unsere Privatsphäre bald unsere Straße absperrten und nur unsere Nachbarn einfahren ließen. Dadurch mussten wir den Ansturm der Übertragungswagen von Rundfunk und Fernsehen nicht miterleben. Ich bin ihnen ewig dankbar dafür.

Bald merkte ich, dass ich für Gespräche keine Kraft hatte. Ich suchte die Einsamkeit und zog mich in die Küche zurück. Die Kinder waren wieder im Garten und spielten mit meinem Vater Ball. Mein Vater kümmerte sich um meine Kinder. Er lebte vor, was Gott, mein Vater im Himmel, für uns alle tut.

In meiner Einsamkeit wandte ich mich an Gott und legte ihm meine gequälten Gedanken hin. *Ich habe mir nichts zuschulden kommen lassen,* versuchte ich, mich zu beschwichtigen, *aber ich war die wichtigste Bezugsperson von Charlie. Was für ein Mann richtet kleine Mädchen hin? Wie war es möglich, dass mein Charlie so etwas tut? Gott, was ist mir entgangen? Hätte ich es verhindern können? Wie kann ich diese Tat erklären?*

Ich kam mir verlassen, ja, im Stich gelassen vor, musste das Urteil und die Fragen der Welt alleine tragen und empfand dies als erdrückende Last. Doch auch in meiner Schwachheit wusste ich, dass der Herr mit Macht kommen würde. Es war meine Pflicht, mich ihm bereitwillig und gehorsam hinzugeben, ihm zu vertrauen und in zuversichtlicher Erwartung seiner Fürsorge zu leben. Dann fiel mir 2. Korinther 12,9 ein: »Meine Gnade ist alles, was du brauchst. Meine Kraft zeigt sich in deiner Schwäche.« In all meiner Unzulänglichkeit war er alles, was ich brauchte. Ich musste es Gott überlassen, für meine Heilung und die Heilung meiner Kinder zu sorgen. Es war nicht meine Aufgabe, diese schwere Last zu tragen.

Ich wusste nicht, wie, war aber sicher, dass Gott am Werk war.

~

Ich saß allein am Küchentisch und beobachtete, wie der Wind mit den tiefroten Ahornblättern spielte, als ich sie erblickte: Eine kleine Gruppe von fünf oder sechs amischen Männern kam die Straße herunter. Schwarze Hüte, schwarze Hosen mit Hosenträgern, die sich über ihre einfarbigen blauen, grauen und grünen Hemden spannten. Einen Augenblick lang dachte ich, mir würde übel werden; mein Magen krampfte sich zusammen, Angst überkam mich. Ich stand auf und trat an das Fenster, versteckte mich halb hinter dem Vorhang. Ich geriet in Panik. Sie kamen zu uns!

Ich rannte aus der Küche, suchte nach meinem Vater und fand ihn im Garten bei den Kindern.

»Papa, ein paar amische Männer kommen die Straße herunter. Was sollen wir tun?« Ich konnte keinen klaren Gedanken fassen. Ich hatte Angst, diesen Männern entgegenzutreten, den Schmerz auf ihren Gesichtern zu lesen, fürchtete mich vor der Wut, die sie empfinden mussten, vor den Fragen, die sie mir stellen würden.

»Schon gut, Marie«, erwiderte mein Vater. »Ich gehe raus und spreche mit ihnen. Bleib du drinnen.«

Ich ging in die Küche zurück und versteckte mich wieder halb hinter dem Vorhang.

Einen Augenblick lang standen die Amisch-Männer auf der Straße vor dem Haus meiner Eltern, dann betraten sie die Einfahrt. Mein Mund war wie ausgetrocknet. Mein Vater ging ihnen entgegen, um mit ihnen zu sprechen, mit diesen Männern, die keine Fremden, sondern Nachbarn waren, die wir seit Langem kannten. Zweifellos waren sie kurz zuvor von ihren weinenden Familien weggegangen. Ich konnte mir vorstellen, was im Kopf meines Vaters vorging, als er auf die Menschen zuging, die durch die Hand seines Schwiegersohnes Unglück und Leid erfahren hatten.

Jetzt standen diese Männer meinem Vater gegenüber. Mir stockte der Atem.

Dann geschah das Unvorstellbare.

Ein Amisch mit einem langen grauen Bart trat auf meinen Vater zu und öffnete die Arme weit. Mein Vater fiel in diese Arme, seine Schultern zuckten, und er wurde von einem Freund gehalten und getröstet.

Schmerz traf auf Schmerz.

Im Innersten wusste ich, dass diese Umarmung auch mir galt. Ein Schluchzen brach aus mir hervor, ich weinte verblüfft und erleichtert, in geteiltem Leid, in enger Verbundenheit mit Gott, der mir ein Meisterwerk der Gnade vor Augen führte.

Die Welt wurde still, und ich vernahm nur mein eigenes Schluchzen, als ich dieses Geschehen durch die Fensterscheibe beobachtete. Die Worte, die gesprochen wurden, konnte ich nicht hören. Doch das war gar nicht nötig, denn die Gesten sprachen für sich. Köpfe nickten, Hände wurden gedrückt, die Männer umarmten sich, traten näher aufeinander zu. Mein Vater legte seine Hand auf die Schulter einer der Männer, sie schauten sich in die Augen, als sie sprachen und einander zuhörten. Mein Vater war unter Brüdern, teilte mit ihnen Leid und Trost.

Ich weiß nicht, wie lange die Männer miteinander sprachen und weinten. Es dauerte wohl nicht sehr lange, aber ich konnte meinen Blick nicht losreißen. Ich wurde Zeuge eines Austausches gegenseitiger Liebe und Sorge, einer Umarmung meiner ganzen Familie seitens der ganzen Amisch-Gemeinde.

Schließlich verabschiedeten sich die Männer mit einem Händedruck und nickten sich ein Lebewohl zu. Langsam gingen sie die Einfahrt hinunter zur Straße: eine Gruppe von Amisch-Männern, Schulter an Schulter, eine Truppe der Gnade, die von roten Ahornbäumen eingerahmt war. Mein Vater stand unbeweglich da und schaute ihnen nach, dann drehte er sich um und betrat das Haus. Ich trocknete meine Tränen mit ein paar Papiertaschentüchern, atmete tief durch und eilte ins Wohnzimmer, gerade, als mein Vater die Tür hinter sich schloss.

Meine ganze Familie drängte sich um meinen Vater, wir warteten auf seinen Bericht, waren gespannt auf die Worte, die er gehört hatte. Meine Mutter trat auf ihn zu, sie umarmten sich kurz. Dann schaute mein Vater mich an. Zu meiner Überraschung erhellte sich sein Gesicht, trotz seiner geröteten Augen.

»Marie.« Mein Vater sprach so leise, dass ich einen Schritt auf ihn zumachte. »Sie sind aus Sorge um dich, um die Kinder, um uns alle gekommen. Sie haben gefragt, wie es dir geht, ob es den

Kindern gut geht. Sie wollten wissen, was sie für dich tun können. Sie haben gefragt, ob sie helfen können.« Papa ließ seinen Blick im Wohnzimmer umherschweifen. Jetzt sprach er mit erstickter Stimme zur ganzen Familie. »Jeder dieser Männer hatte heute Morgen einen Angehörigen im Schulgebäude. Könnt ihr glauben, dass sie gekommen sind, weil sie sich Sorgen um *uns* machen? Sie haben uns gesagt, dass sie Charlie vergeben haben und dass diese Vergebung auch uns gilt. Sie haben nichts im Zorn gesagt, es gab nicht den leisesten Hinweis auf Groll, nur Worte der Ermutigung, Besorgtheit und des Trostes.«

Wie kann ich die Atmosphäre im Wohnzimmer meiner Eltern in diesem Augenblick beschreiben? Es war, als sei das ganze Zimmer in Erstaunen versetzt worden, als atmeten alle erleichtert auf. Mir schlug das Herz bis zum Hals. Sprachlos stand ich da, zu benommen, um irgendetwas zu sagen. Diese Männer, deren Familien von meinem Charlie zerstört worden waren, machten sich Sorgen um *mich*? Ihr Herz schlug für *meine* Kinder, während ihre eigenen kleinen Mädchen tot oder verletzt dalagen? Sie wollten wissen, wie sie *uns* helfen konnten?

Wie nimmt ein gebrochenes Herz ein solches Geschenk an?

Meine Seele nahm es begierig auf, konnte es aber nicht fassen. Es floss durch meine Adern, quoll über, füllte die Luft, die ich atmete, und füllte mich mit dem hellen Licht von Gottes Gegenwart. Jetzt verstand ich, warum sich das Gesicht meines Vaters erhellt hatte.

Die Amisch hätten mir Hass und Schuldzuweisungen entgegenbringen können, doch sie erwiesen mir Liebe. Sie schenkten diese Liebe in ihrer reinsten Form – sie überschütteten uns mit der unvorstellbaren Gnade und Barmherzigkeit Gottes. Vor meinen Augen wurde das Evangelium sichtbar gelebt. Sie waren gekommen, um mir die Hand über die Schwelle entgegenzustrecken und bedingungslos Liebe zu üben.

Teil 2

Visionen in der Nacht

Die Tochter des Milchfahrers

Das Bild der Amisch, die meinen Vater umarmten, weckte meine frühesten Erinnerungen an meine Besuche mit meinem Vater auf den Höfen und bei den Familien der Amisch. Wie passend, dass Gott mir dieses Bild schenkte, um mich in meinem Albtraum zu trösten.

Ich war noch so klein, dass ich mich nicht mehr daran erinnere, wann ich zum ersten Mal in die Kabine des riesigen Milchtankwagens meines Vaters gehoben wurde. Meine Eltern haben mir erzählt, dass ich noch ein Kleinkind war, vor Aufregung übersprudelte und von all den leuchtenden Anzeigen und Hebeln so fasziniert war, dass ich sie alle anfassen wollte. Doch schon in diesem Alter wollte ich es immer allen recht machen und gehorchte und fasste nichts an. Im Alter von fünf Jahren saß ich oft den ganzen Tag neben meinem Vater auf seiner Tour, und ich tat es auch noch als Teenager. Doch dann war ich nicht mehr nur ein staunender Beifahrer, sondern verdiente etwas Taschengeld dabei.

Mein Urgroßvater, Lloyd C. Welk, begann das Geschäft 1963, indem er Milch in den Bauerhöfen abholte und in die Molkerei transportierte. Er fuhr mit seinem Lkw über die kurvenreichen Landstraßen des Kreises Lancaster in Pennsylvania, hielt an den Bauernhöfen der Amisch und der »Englischen« an, holte die

Milchkannen ab und fuhr sie zu der örtlichen Abfüllanlage in Lancaster. Sein Sohn, mein Großvater Lloyd W. Welk, übernahm das Geschäft von seinem Vater, genauso wie Ken, mein eigener Vater, es später tat. Noch bevor mein Vater ein bezahlter Fahrer wurde, hatte mein Großvater den Fahrzeugpark auf einundzwanzig Lkws vergrößert: einige funkelnde Sattelzüge und kürzere Lastwagen mit Starrachse. Im Lauf dieser Jahre waren auch viele der Bauernhöfe größer geworden. Jetzt fuhren unsere Lastwagen die Milch nicht mehr zu der Abfüllanlage, sondern in große Molkereibetriebe, die Geschäfte auch außerhalb von Pennsylvania mit Butter, Milch, Sahne, Eiscreme und sogar Nicht-Milchgetränken in Flaschen belieferten.

Der Besuch einer Molkerei war für mich als Kind immer ein Höhepunkt. Der Kühlschrank in der Kantine der Molkerei war stets mit den köstlichsten Dingen gefüllt, und wir durften selbst auswählen, was wir wollten: Eistee, Kakao, Orangensaft und andere Fruchtsäfte. Es gab immer ein Getränk zum sofortigen Verzehr und eines für die Heimfahrt.

Ich erinnere mich daran, wie spannend es für mich als kleines Mädchen war, zusammen mit meinem Vater auf Fahrt zu gehen, nur wir beide allein. Ich fühlte mich geehrt, wenn er mich fragte, ob ich ihn begleiten wollte, und war dankbar, dass er bereit war, mir seine große Welt zu zeigen. Die sanft geschwungenen Hügel mit ihren Scheunen, Ställen und Silos, den Mais-, Tabak-, Luzernen- und Sojabohnenfeldern änderten sich mit den Jahreszeiten. Wenn mein Vater mir die Namen der verschiedenen Feldfrüchte nannte und den landwirtschaftlichen Produktionszyklus erklärte, war ich davon überzeugt, dass er der klügste Mann der Welt war. Begeistert ließ ich mich auf dem Beifahrersitz des Sattelschleppers durchschütteln und beobachtete, mit welcher Präzision mein Vater rückwärts die kurvenreichen Wege hinunter und um die Ställe, Scheunen und Wirtschaftsgebäude fuhr, ohne je etwas anzurempeln. Er war ein so routinierter Fahrer, dass er sogar ohne

Kupplung den Gang wechseln konnte, einfach durch das Horchen auf den Klang des Motors.

Wenn wir in den perfekt gepflegten Bauernhöfen der Amisch angekommen waren, holte mein Vater den Schlauch aus dem hinteren Teil des Anhängers und schloss ihn an den Milchtank des Bauern an. Zunächst musste die Höhe der Milch im Tank des Bauern mit einem langen Messstab gemessen und das abgelesene Ergebnis in Pfund umgerechnet werden. Dann wurde die Milch umgerührt, um ihren Fettgehalt zu messen und sie auf Bakterien zu untersuchen, bevor sie in den Anhänger gepumpt wurde.

Während des Pumpvorgangs gingen mein Vater und ich oft in den Stall, um nach jungen Hunden oder Katzen zu suchen oder einfach, um ein Schwätzchen mit dem Bauern zu halten. Mir gefielen die bunten Blumengärten, die entlang der Wege und um die Häuser und Scheunen angelegt waren und stets liebevoll gepflegt wurden. Wenn die Milch abgepumpt war, koppelte mein Vater den Schlauch ab, verstaute ihn und spülte dann mit einem Gartenschlauch den Milchrest aus dem Milchtank des Bauern. Dann winkten mein Vater und der Bauer sich freundlich zu, und wir fuhren weiter zur nächsten Farm.

Die vielen Unterschiede zwischen diesen Amisch-Familien und meiner Familie faszinierten mich. Die Amisch arbeiteten und spielten immer zusammen, die Kinder waren neben ihren Eltern auf den Feldern, pflanzten Tabak, hackten Unkraut und ernteten ihre Feldfrüchte. Die größeren Jungen warfen Heuballen auf den Wagen oder sammelten Steine aus dem frisch gepflügten Acker, bevor mit dem Säen begonnen wurde. Die unermüdliche Arbeitsethik der Amisch, die seit der Zeit der ersten Einwanderer aus der Schweiz und aus Deutschland, woher sie ursprünglich stammten, von einer Generation zur nächsten weitergegeben worden war, zeigte sich in den sauberen und ordentlichen Farmen, die wir besuchten. In jedem Alter verstanden und achteten die Amisch harte Arbeit, ja, schienen sogar Freude daran zu haben.

Meine Eltern hatten ebenfalls einen großen Gemüsegarten – natürlich nicht so riesig wie die Gärten unserer amischen Nachbarn, aber doch recht beachtlich. Von meinen Geschwistern und mir wurde erwartet, dass wir im Sommer beim Pflanzen, Unkrautjäten und Ernten des Gemüses halfen, aber ich gestehe, dass wir es nicht mit derselben Freude taten wie die amischen Familien. Ich empfand die Gartenarbeit als lästige Pflicht, und es machte mir keinen besonderen Spaß, gebückt Unkraut zu jäten oder Bohnenkerne aus den Hülsen zu pulen. Ich fragte mich: *Warum macht das den Amisch-Kindern anscheinend nichts aus?*

Ich war dankbar, dass ich mich nicht so anziehen musste wie die amischen Mädchen in meinem Alter. Ihre einfarbigen Kleider waren aus einem Baumwoll-Polyester-Stoff, unter dem die Haut an heißen Sommertagen bei Unternehmungen im Freien nicht atmen konnte. Über diesen Kleidern trugen sie noch eine zusätzliche Stoffschicht – eine Schürze, die ich mir bei Temperaturen über dreißig Grad nicht gerade als angenehm vorstellte! Doch nie sahen sie unzufrieden aus.

Das angenehme und sanfte Wesen der amischen Kinder zeigte sich darin, wie bereitwillig sie einander bei jeder Arbeit halfen. Obwohl sie in der Öffentlichkeit im Allgemeinen still waren, blitzten und funkelten ihre Augen, wenn sie in ihren Kutschen lächelten und winkten, wenn die Autos vorbeifuhren. Ich freute mich immer, wenn ich diese liebenswerten, unschuldigen Gesichter, eingerahmt von schwarzen Hauben bei den Mädchen und breitkrempigen Hüten bei den Jungen, sah, obwohl der Anblick für mich alltäglich war.

Am Samstagnachmittag bereitet die amische Gemeinschaft den Sonntag vor. Die Kieswege werden sauber gerecht und Unrat und Reste der landwirtschaftlichen Tätigkeiten der Woche entfernt. Die Rasenflächen werden von Hand gemäht, denn sie benutzen keine benzinbetriebenen Rasenmäher. Normalerweise übernehmen die älteren Mädchen diese Aufgabe, während die Männer auf den

Feldern oder im Stall arbeiten. An Sonntagen sind Gottesdienstbesuch und geselliges Zusammensein angesagt, deshalb wimmelt es auf den Straßen nur so vor Pferdekutschen. Jeder Bischof leitet zwei Kirchengemeinden und hält dort jeweils abwechselnd Gottesdienst. Am gottesdienstfreien Sonntag werden Angehörige und Freunde besucht und gemeinsam Mahlzeiten eingenommen. Den Sonntagabend verbringen die Amisch häufig mit Volleyballspielen, Singen oder Gesprächen und geselligen Zusammenkünften mit ihren Nachbarn. Sie entspannen und erholen sich gemeinsam, genauso, wie sie die ganze Woche über miteinander hart arbeiten.

Ich hatte den Eindruck, dass mein Familienleben ganz anders war als ihres. Als mittleres von drei Geschwistern war ich zum Friedensstifter bestimmt. Ken, der Älteste, wurde 1974 geboren, drei Jahre vor mir. Vicki kam vier Jahre nach mir auf die Welt. Trotz unserer Altersunterschiede spielten wir oft miteinander. Unser kleines Dorf Georgetown lag abseits auf dem Land. Deshalb hatten wir keine Freunde, die zu Fuß oder mit dem Fahrrad erreichbar waren. Unsere Schulfreunde wurden wie wir kilometerweit aus dem Umkreis mit dem Bus abgeholt, und unsere Eltern mussten uns sogar zu unseren nächsten Nachbarn mit dem Auto fahren. Für uns war es immer ein Fest, wenn Tanten und Onkel zu Besuch kamen und Cousins und Cousinen mitbrachten, die mit uns spielten.

Von meiner Geburt an bis zum Sommer nach der dritten Klasse lebten wir in einem kleinen gelben Haus neben dem großen Amisch-Bauernhof der Familie Esh. Unser Zuhause im Farmhausstil lag nah an der Straße, aber die Familie Esh besaß einen langen Weg, der rechts an unserem Grundstück vorbei, dann den Berg hinunter und wieder hoch zu ihrem grauen Haus und der großen zweistöckigen weißen Scheune mit dem Stall führte. Oft schaukelte ich in unserem Garten und sah über ihre Kühe und Pferde, ihre zwei Silos und viele Hektar Ackerland hinweg. An einem Sommertag ließ ihr Großvater meine Cousine und mich ein Stück auf diesem Weg in seiner Pferdekutsche mitfahren. Der gepolsterte Innenraum war weicher, als ich es mir vorgestellt hatte. Es machte richtig Spaß, auf dem Sitz herumgeschüttelt zu werden, als die Räder über den holprigen Weg rumpelten.

Die Familie besaß einen elektrischen Weidezaun, der mit einem Dieselgenerator betrieben wurde (in Lancaster kommt es gar nicht so selten vor, dass Dieselgeneratoren von Amisch-Bauern nicht nur zur Kühlung der Milch, sondern auch zur Stromversorgung der Weidezäune benutzt werden) und dafür sorgte, dass ihre Kühe und Pferde vom Verlassen des eingezäunten Grundstücks abgehalten wurden. Wenn wir Geschwister Baseball spielten, holten wir abwechselnd die Bälle zurück, die auf das benachbarte Feld fielen, in der Hoffnung, dass der Weidezaun nicht angeschaltet war. Wir versuchten, uns von dem Draht fernzuhalten, denn wir wollten es lieber nicht in Erfahrung bringen, ob er unter Strom stand oder nicht! Eines Nachmittags schlug Ken den Ball über meinen Kopf hinweg über den Zaun.

Vicki und ich schauten einander an. »Du bist dran, Marie«, erklärte Vicki. »Ken hat den letzten Ball geholt.«

»Ich weiß, Vicki«, antwortete ich und ärgerte mich etwas, weil meine kleine Schwester mir sagte, was ich zu tun hatte. Dann trottete ich auf den Zaun zu.

»Ich habe den Draht schon angefasst, Marie«, rief Ken. »Ich habe keinen Schlag bekommen. Er ist nicht an.«

Okay, dachte ich und war etwas erstaunt, dass mein großer Bruder mir einen hilfreichen Rat gab. Doch am Zaun zögerte ich.

»Was ist los – bist zu feige?«, frotzelte Ken. »Ich habe dir doch gesagt, dass er nicht an ist. Mach schon und fass ihn an. Dann siehst du es selber.«

Daraufhin griff ich nach dem Draht.

Ich schrie auf, als ein Schlag, den ich nie vergessen werde, mich zurückstieß. Ich weiß nicht, was mehr wehtat, der elektrische Schlag oder dass mein Bruder mich reingelegt hatte.

»Kenny!«, schrie ich. »Wie konntest du! Ich habe dir vertraut!«

Doch Ken zeigte keine Reue. Vor Lachen konnte er mich wahrscheinlich gar nicht hören, was mich noch mehr verletzte. Ich zog beleidigt von dannen und wollte an diesem Tag nicht mehr mit ihm spielen. Getreu der Gesetzmäßigkeit von Streitigkeiten unter Geschwistern freute er sich über seinen Trick – bis meine Mutter erfuhr, was geschehen war. Dann lachte er nicht mehr.

Mein Bruder arbeitete hin und wieder für die Familie Esh: Er presste Heuballen und half bei der Maisernte. Jedes Mal kam er schmutzig und verschwitzt nach Hause (darum beneidete ich ihn nicht). Doch dann berichtete er von dem köstlichen Essen, das er dort vorgesetzt bekam. Ich wurde etwas neidisch, wenn er Mahlzeiten beschrieb, die besser klangen als jedes Essen in einem Restaurant, das ich bisher gegessen hatte. Und – der größte Traum aller Kinder – bei den Amisch gab es jeden Mittag Nachtisch!

Anders als unsere Amisch-Nachbarn mussten meine Geschwister und ich nicht die meiste Zeit im Haus mithelfen. Abgesehen von der Arbeit in unserem Gemüsegarten und dem Hausputz am Samstagvormittag, verbrachten wir viel Zeit mit Spielen. Ich habe viele glückliche Erinnerungen an unsere Kindheit in Georgetown: an das Angeln mit meinem Bruder in einem Bach, der durch den Hof eines Nachbarn floss (wir fingen nie etwas, hatten aber unseren Spaß dabei), das Rodeln mit meinen Geschwistern und Cousins im Winter auf dem Acker der Familie Esh, das Rollschuhfahren auf der Straße vor unserem Haus, oder daran, wie wir von der Brücke aus nach Fischen und Enten Ausschau hielten. Als Kind maß ich diesen Augenblicken wenig Bedeutung bei, doch inzwischen sind sie zu einer Schatzkiste von Erinnerungen an wundervolle Zeiten geworden.

Im Frühling und Sommer ist die Landschaft übersät mit den Straßenständen der amischen Familien, in denen sie die Früchte ihrer Ernte verkaufen: saftige reife Erdbeeren, die nur eine Stunde zuvor gepflückt worden sind, Kartoffeln, an denen noch etwas fruchtbare Erde glänzt, ein Stillleben knackiger bunter Gemüsesorten, die in einen unwiderstehlichen Salat verwandelt werden können – ein Vergnügen für das Auge und den Gaumen. Besonders schmeckte mir die selbst gemachte Brause aus Kräuterextrakten, die es gelegentlich an diesen Straßenständen gab und die viel leckerer und an heißen Sommertagen erfrischender war als herkömmliche Limonade.

Doch der Lieblingsstand unserer Familie war (und ist bis heute) der mit Zuckermais! Kauft man ein Dutzend der nur wenige Stunden vor dem Verkauf geernteten Kolben, bekommt man dreizehn (ein weiteres Kennzeichen dieser großzügigen Kultur). Wenn man mit den Fingern über die gerippten Blätter und die flaumigen Ährchen streicht, um eine Auswahl zu treffen, fühlen sich die Kolben manchmal noch feucht an. Nach dem Kochen schmeckt man schon beim ersten Biss eine milchige Süße, die nichts mit dem in Supermärkten verkauften Mais gemeinsam hat. Als Kind machte es mir sogar Spaß, Mais zu schälen. Wir Geschwister veranstalteten dabei einen regelrechten Wettkampf, um zu sehen, wer wohl die meisten Kolben von Blättern und Bart befreite.

In Georgetown gab und gibt es immer noch zwei amische Geschäfte. *Village Dry Goods* verkauft Stoffe, Bücher, Haushaltsartikel und Süßigkeiten. Als ich klein war, ging ich immer gerne dahin, einfach nur, um mich umzusehen, um schwer verdiente zehn Cent für Gummibärchen auszugeben oder um kleine Geschenke für meine Familie zu kaufen. Das zweite Geschäft, *King Grocery*, hat Lebensmittel und lose Waren auf Lager. Man kann dort Zucker und Mehl in Säcken zu 25, 50 oder 100 Pfund, Maismehl, Fleisch und Käse, Kräuter und Gewürze sowie frisches Obst und Gemüse aus ihrem Garten neben dem Parkplatz kaufen. Man findet dort alles für eine vier- oder vierzehnköpfige Familie oder für ein ganzes Sonntagsessen, Hochzeitsessen oder Richtfest der Amisch. Wenn man beim Kochen merkt, dass eine Zutat fehlt, ist man sicher, sie dort zu finden. Dieses Geschäft brachte die

Vorteile eines Einkaufszentrums in unser Dorf. Die King-Mädchen konnten alles besorgen, was wir brauchten, und noch viel mehr!

Abgesehen vom Postamt und den beiden Amisch-Geschäften, gab es nicht viele Wahrzeichen in unserem Dorf. Ein kleiner Amisch-Laden mit Pferdezubehör lag in der Furnace Road, direkt neben dem gepflasterten Hof der Fishers. Das einzige andere bezeichnende Gebäude war das Bart-Feuerwehrhaus. Der Klang der Feuersirene war unverwechselbar! Ihr lauter, klarer Ruf alarmierte die Einwohner mitten in der Nacht oder heulte plötzlich auf, wenn wir draußen waren. Sobald die Sirene ertönte, setzte hektische Betriebsamkeit ein. Viele der Helfer waren Männer der amischen Gemeinschaft, die zu Fuß oder auf einem Tretroller herbeieilten. Ich habe noch nie jemanden schneller Tretroller fahren sehen als diese Männer!

Als ich größer war, fuhr ich weite Strecken alleine mit dem Fahrrad und erkundete all die kurvigen Landstraßen. Dabei hatte ich nie Angst vor irgendwelchen Gefahren, und auch meine Eltern machten sich keine Sorgen. Wohin ich auch kam, ich war überall unter Nachbarn. Meine Großeltern wohnten in derselben Straße, und ich kam oft an ihrem Haus vorbei, ohne zu wissen, dass eines Tages mein Mann Charlie und ich unser Haus auf das unbebaute Grundstück nebenan bauen würden. Es war das Haus, in dem ich Jahre später den Anruf bekam, der mein Herz zerriss.

Trotz aller Unterschiede gab es eine wichtige Gemeinsamkeit, die uns mit unseren Amisch-Nachbarn verband: Die Kühe machten nie einen Tag Pause. Sie mussten zweimal am Tag gemolken werden, tagein, tagaus, ohne Rücksicht auf Feiertage oder Urlaub. Die Milch eines jeden Bauernhofes musste unbedingt alle zwei Tage abgeholt werden, und es gab genug Bauernhöfe, um alle Lastwagen unserer Familie jeden Tag zu beschäftigen. Mein Vater musste die Milch der ortsansässigen Bauern auch an Heiligabend, an Weihnachten und an jedem anderen Feiertag abholen. Lediglich am Sonntag wurde die Routine unterbrochen. Am Sonntag lassen die Amisch keine Lkws auf ihre Bauernhöfe fahren. Deshalb musste die Milch der amischen Bauern am Samstag und am Montag abgeholt werden, was dazu führte, dass es am Samstag und am Montag die meiste Arbeit gab.

Unser Glaube gehörte so selbstverständlich zu unserem Leben wie Essen und Schlafen. Zu jeder Mahlzeit und vor dem Schlafengehen wurde gebetet, oft wurden biblische Geschichten erzählt, und ihr praktischer Bezug wurde täglich von meinen Eltern, Tanten, Onkeln und Großeltern gelebt. Unsere Mutter nahm uns am Sonntag zum Gottesdienst und zur Sonntagsschule mit nach Georgetown, in die kleine, malerische Methodistenkirche mit einem weißen Kirchturm und bunten Bleiglasfenstern, die in der Nähe des Hauses meiner Großeltern stand. Christliche Sommer-Freizeiten, weitere kirchliche Zusammenkünfte und Bibelarbeit zu Hause gehörten zu unserem Familienleben.

In der Kirche wurde mir zum ersten Mal die Macht der Musik bewusst. Die verschiedenen Stimmen, die Choräle und Loblieder sangen, bewegten mich zutiefst und führten mich himmelwärts. Ich erinnere mich, dass ich mich als kleines Mädchen emporgehoben fühlte, wenn die Stimmen in Lobliedern anschwollen, genau wie auf meiner Schaukel, wenn ich hoch hinauf gen Himmel flog. Ich konnte stundenlang Klavier spielen und Musik hören und lernte dabei Klassik und die großartigen Glaubenslieder schätzen, die ich an Sonntagen sang. Wenn niemand in unserer Familie musizierte, füllten die klassischen Schallplatten meiner Mutter unser Haus mit Melodien, die mich beruhigten und inspirierten.

~

Im Rückblick erkenne ich, wie idyllisch das Landleben meiner Kindheit war. Da ich aber nichts anderes kannte, war mir viele Jahre lang nicht bewusst, wie geborgen und einzigartig meine

Kindheit war, verglichen mit den meisten Kindern, die in den 70er-Jahren geboren wurden. Wir sahen wenig fern und gingen selten ins Kino. Stattdessen lasen wir viel. Als wir klein waren, las unsere Mutter uns jeden Tag etwas vor, und später verschlang ich Bücher. Meine Klassenkameraden wohnten wie ich in einer weitflächigen ländlichen Gemeinde, und obwohl die meisten von ihnen vermutlich mehr vor dem Fernseher saßen als wir, verbrachte ich meine Grundschuljahre zum größten Teil, ohne etwas über die Welt »da draußen«, über die Städte und Vorstädte zu wissen, aus denen all die Touristen kamen, um unsere amischen Nachbarn anzugaffen.

Ich war in jeder Hinsicht ein Kind, das im »Schrebergarten« Amerikas, wie der Kreis Lancaster in Pennsylvania genannt wird, aufgewachsen ist. Diese Umgebung hat mich geprägt und zu der Frau gemacht, die ich bin. Bis zum Morgen des 2. Oktober 2006 war ich die Tochter des Milchfahrers, die aufwuchs und zu dem wurde, wovon sie immer geträumt hatte: eine Ehefrau und Mutter, eine christliche Frau in einer christlichen Familie, eine Frau, die ihren Mann, ihre Kinder, ihren Gott, ihr Land und ihr Leben liebt.

Doch plötzlich, an einem einzigen Morgen im Jahr 2006, wurden die warm leuchtenden Bilder meiner Kindheit, die Bilder von den Amisch-Bauernhöfen, den amischen Nachbarn und amischen Kindern, aus der sicheren Verwahrung meiner Erinnerung gerissen und zerfetzt.

Das Bart-Feuerwehrhaus, die Feuersirene, die Amisch, die als Ersthelfer mit Strohhüten, schwarzen Hosen und einfarbigen Hemden auf ihren Tretrollern herbeieilten, waren nicht mehr ein zärtlich aufbewahrtes Andenken an meine idyllische, geborgene Kleinmädchenwelt auf dem Land. Nach jenem Morgen schrien sie eine hässliche Wahrheit in das Gesicht dieses naiven Mädchens, das zu einer Frau geworden war, die sich jetzt mit der Bürde auseinandersetzen musste, die Ehefrau eines Mörders zu sein. Die Gesichter in meinem Gedächtnis zeigten kein unschuldiges Lächeln und keine nachbarschaftlichen Willkommensgrüße mehr. Sie waren blutverschmiert und verzerrt vor Schrecken und entsetzlichem Kummer.

O Gott. Lieber Gott. Wie hat das geschehen können? Was kann ich tun? Gedanken wie diese wirbelten mir durch den Kopf, als ich im Wohnzimmer meiner Eltern saß. Ich starrte aus dem Fenster, auf die Felder hinter dem Garten, auf denen Pferde und Ziegen weideten. Links konnte ich die Lagerhäuser sehen, die hinter dem Feuerwehrhaus standen. Was ging wohl in diesem Augenblick in dem Feuerwehrhaus vor sich, nach den Taten, die Charlie heute verübt hatte?

Charlie. Schon heute Morgen hat er mir gefehlt. Ich habe keinen Mörder geheiratet! Ich habe Charlie Roberts geheiratet, meinen Schatz seit meinen Teenagerjahren.

~

Als Teenager wurde ich zum ersten Mal gewahr, wie abgesondert wir von den gesellschaftlichen Normen des größten Teils unseres Landes lebten, und dieses Bewusstsein las ich mir eher an, als dass ich es aus erster Hand erfuhr. Obwohl ich schüchtern und ruhig und nicht sicher war, ob ich das Zeug hatte, jemand Bedeutendes zu werden, hatte ich das Verlangen, durch Leistung zu glänzen. Ich war eine gute Schülerin, arbeitete gewissenhaft und achtete die anderen, hob aber selten die Hand in der Klasse. Ich hatte Angst, eine falsche Antwort zu geben, anderen zu zeigen, dass ich einen Fehler machte. Das waren frühe Anzeichen meines schwachen Selbstwertgefühls. Ich stand nie gerne im Mittelpunkt.

Ein Ereignis in der achten Klasse bewog mich, aus meinem Schneckenhaus hervorzukommen. Als ich neun Jahre alt war, hatten wir die Kirche gewechselt und gehörten jetzt zur *High View Church of God*. Unsere Gemeinde förderte regelmäßig eine einwöchige Missionsreise in ein Navajo-Reservat in New Mexico, und ich fühlte mich vom Heiligen Geist gedrängt, mich anzumelden.

Am Abend vor der Abfahrt krampfte sich mein Magen zusammen. In meinem ganzen vierzehnjährigen Leben war ich noch nie ohne meine Eltern weggefahren. Doch meine Mutter beruhigte mich, und mein Vater sprach mir Mut zu, und ich wusste, dass ich keinen Rückzieher mehr machen konnte.

Nach meiner Ankunft dort empfand ich außerordentliche Befriedigung darin, von Gott gebraucht zu werden, und ich sah mich in einem neuen Licht – ich war fähiger, das Wort zu ergreifen und etwas Positives im Leben anderer zu bewirken, als ich mir vorgestellt hatte. Nachts jedoch überkam mich die Sehnsucht nach meinen Eltern, und mehrmals in dieser Woche weinte ich vor Heimweh.

Lernbegierig, aber weiter schweigsam und zurückhaltend kam ich danach in die weiterführende Schule. *Wenn in unserem Schuljahrbuch unter dem Namen eines jeden Schülers eine Beschreibung stünde*, dachte ich manchmal zum Spaß, *dann würde man unter meinen schreiben: »wird höchstwahrscheinlich vergessen«*. Ich wollte nicht auffallen, glaubte, es sei viel besser, unsichtbar zu sein, als sich durch unbeholfene Worte oder Taten in Verlegenheit zu bringen. Meiner Ansicht nach war ich schüchtern, unbedeutend und unfähig, mich kreativ auszudrücken. Es gab viel, was ich an mir noch nicht entdeckt hatte.

Da ich mich gerne um andere kümmerte, war ich öfter in benachbarten Familien als Babysitter und in einer Ferienanlage, in der Touristen den Sommer verbrachten, als Kinderbetreuerin tätig. Mich um Kinder zu kümmern, fiel mir leicht und machte mir viel Freude, sodass ich begann, von dem Tag zu träumen, an dem ich einmal selbst Ehefrau und Mutter sein würde. Ich arbeitete auch im Kindergottesdienst mit. Trotzdem kämpfte ich auch hier mit Gefühlen der Unzulänglichkeit und hoffte, keinen Fehler zu machen, nicht aufzufallen und niemanden durch meine unterdurchschnittliche Leistung zu enttäuschen.

An einem Ort jedoch fühlte ich mich selbstsicher und war von meinen Fähigkeiten überzeugt: im Milchtankwagen meines Vaters.

Samstags war die Arbeitsbelastung so hoch, dass mein Vater und die anderen Lkw-Fahrer mit den Milchtransporten nicht alleine fertig wurden. Mein Vater hatte zwar mehrere Cousins mit einer gewerblichen Fahrerlaubnis, die für das Führen eines Lkws erforderlich war, aber sie hatten nicht die nötige Genehmigung zum Milchmessen und Probenehmen. Außerdem waren ihnen die Standorte der Bauernhöfe auf den Fahrrouten nicht genau bekannt.

Hier sah ich eine Möglichkeit, meinen Beitrag zu leisten. Ich machte eine Schulung und legte dann die Prüfung ab, die für die Genehmigung zum Milchmessen und Probenehmen vorgeschrieben ist, denn ich wollte in unserem Familienbetrieb mithelfen. Ich bestand die Prüfung beim ersten Versuch! Danach fuhr ich mit den Cousins, das heißt, sie steuerten den Lkw, und ich besorgte den Rest. Die Routine, die ich als Kind vom Führerhaus aus beobachtet hatte – wie mein Vater den Schlauch aus dem hinteren Teil des Anhängers holte, ihn an den Milchtank des Bauern anschloss, die Milch maß und das Ergebnis in Pfund umrechnete, wie er eine Milchprobe entnahm, den Schlauch abkoppelte und verstaute und dann den Milchtank ausspülte –, das war jetzt zu meiner Routine geworden. In jeder Hinsicht war ich von diesem Erbe begeistert; ich freute mich, dass ich einen wesentlichen Beitrag zu der Arbeit leisten konnte, bei der ich als Kind meinen Vater so gerne beobachtet hatte.

Mit sechzehn wollte ich mir ein Auto kaufen. Deshalb nahm ich einen Job im Krämerladen *Maplehoffe* neben meiner Schule an und arbeitete dort einige Abende in der Woche. Ich sparte mein Geld und kaufte einen knallgelben Gebrauchtwagen, der so alt war wie ich. Er war nicht gerade hübsch, aber er gehörte mir, und ich empfand Befriedigung darüber, dass ich für ihn hart gearbeitet hatte.

Bis zur elften Klasse hatte ich eine kleine Gruppe an Schulfreundinnen gewonnen, innerhalb deren ich mich wohlfühlte; außerdem hatte ich einige Freundinnen in unserer Kirchengemeinde. Ich sang im Kirchenchor, hielt Kindergottesdienst und war gerne mit meinen Kolleginnen im Krämerladen zusammen. Und natürlich machte mir vor allem meine Arbeit am Samstag in unserem Familienbetrieb Spaß.

Ganz unerwartet machte ich dann eine Bekanntschaft, die Glücksgefühl und Herzklopfen in mein Leben brachte. Eine Frau aus der Kirche lud mich und ein paar andere zum Abendessen ein. Am Tisch saß auch ihr Enkel, Charlie Roberts. Ich hatte Charlie schon in der Kirche gesehen, aber nie mit ihm gesprochen. Es war ein ungezwungener Abend, es wurde viel gelacht, und ich lernte Charlie näher kennen. Er war ruhig, aber freundlich und schien ein wenig schüchtern zu sein, ein Gefühl, das ich sehr gut verstand. Unsere beiläufige Konversation war angenehm und anregend.

Als ich mich nach dem Essen verabschiedete, fragte Charlie: »Darf ich dich zu deinem Auto begleiten?«

Etwas überrumpelt errötete ich. Inzwischen hatte ich etwas mehr Geld gespart und einen grauen Chevrolet S-10 Pick-up gekauft. Ich war erleichtert, dass ich keine Erklärungen zu meiner alten gelben Klapperkiste abgeben musste!

»Hast du das Auto selber gekauft?«, fragte er, betrachtete es von allen Seiten und nickte anerkennend.

»Ja. Ich habe lange dafür gespart.« Ich öffnete die Tür, wollte aber nicht einsteigen und das Gespräch beenden.

»Es war wirklich nett, dass wir uns heute Abend kennengelernt haben, Marie. Möchtest du gerne am Samstagabend mit mir ausgehen?«

Meine Augen wurden kugelrund. Ich schaute ihm in die Augen. Er lächelte schüchtern. Ich konnte es kaum glauben. Meine erste Verabredung!

Ich sagte Ja und fuhr mit Sternen in den Augen nach Hause.

Das Versprechen

Solange ich zurückdenken kann, habe ich davon geträumt, Ehefrau und Mutter zu sein. Natürlich gab es eine Zeit im Kindergarten, in der ich unbedingt Astronautin werde wollte (dieser Wunsch wurde zweifellos geweckt, als ich auf meiner Schaukel in den blauen Himmel hochflog), doch das war von kurzer Dauer. Im Innersten sehnte ich mich danach, Kindern Liebe zu schenken, und ich träumte von dem Tag, an dem mein Mann und ich eigene Kinder haben würden. Ich ging immer davon aus, dass ich einen guten Mann kennenlernen würde, dass wir uns verlieben und heiraten würden: eine schöne Liebesgeschichte, wie sie im Buch steht.

Und genau so kam es. Charlie war mein erster Freund, meine erste Liebe. Er war vier Jahre älter als ich. Als wir uns am Esszimmertisch seiner Großmutter kennenlernten, war ich in der elften Klasse; er war schon mit der Schule fertig und arbeitete bei einer ortsansässigen Baufirma. Obwohl es nicht Liebe auf den ersten Blick war, entwickelte sich unsere Freundschaft langsam im Lauf der Zeit, und schließlich wurde aus der Freundschaft Liebe.

Charlie war in einer kleinen Gemeinde in der Nähe von Lancaster aufgewachsen. Als Teenager war er in die Gegend südlich von Strasburg gezogen, nur zehn Autominuten von Georgetown entfernt. Hier wohnte seine Familie im Haus neben seinen Großeltern, und sie lernten die Schönheit des Lebens der Amisch kennen. Die Familie Roberts hatte viele amische Nachbarn, unter anderen die Mädchen des Bauernhofs der Familie Stoltzfus, die in derselben Straße wohnten und in den Sommermonaten von Haus zu Haus gingen und Eier, Obst und Gemüse verkauften. Auch wenn man keinen Spargel mehr brauchte, konnte man diese lieben Mädchen einfach nicht wegschicken.

Charlie fügte sich problemlos in unsere Familie ein. Mein Vater schätzte ihn als zuverlässigen, freundlichen und fleißigen Mann. Am Anfang war er zwar ruhig und zurückhaltend, doch bald sprach er unbefangen mit meiner Familie, lachte über Geschichten aus ihrem Milchtransportgeschäft und wurde ganz natürlich vom Verehrer zum Familienmitglied, als unsere Beziehung enger wurde. Er verbrachte die Abende gerne mit meiner Familie und machte mit, wenn wir gemeinsam Schokoladekekse backten oder uns mit Brettspielen vergnügten.

Charlies Vater war Polizist und seine Familie hatte ähnliche Werte wie meine Familie. Er war respektvoll und höflich, war in einer christlichen Familie aufgewachsen, liebte Gott, ging zum Gottesdienst und legte Wert darauf, ein verantwortungsvoller Bürger unseres Wohnorts zu sein. Er hatte drei jüngere Brüder, aber keine Schwestern, verstand sich deshalb gut mit meinem Vater und meinem Bruder und genoss gleichzeitig die schmackhaften, von uns Mädchen gebackenen Leckereien.

Einer der Gründe, weshalb ich mich in Charlie verliebte, war sein einfühlsamer Umgang mit seinen Cousins und Cousinen. Er hatte eine große Verwandtschaft, und oft sah ich, wie er mit den Kindern spielte und mit Feingefühl auf diejenigen zuging, die nicht in die Gruppe integriert waren. Ich bewunderte, wie er anderen Mut machte und wie er Außenseiter liebte und mit einschloss. Wenn ich beobachtete, wie er auf Kinder zuging, stellte ich mir vor, was für ein Vater er einmal sein würde. Welche Spiele würde er mit unseren Kindern machen? Welche Erinnerungen würde er ihnen hinterlassen?

Ich glaube, meiner Familie wurde bewusst, wie ernsthaft unsere Beziehung war, als Charlie am Erntedankfest mit seinem Vater für ein paar Tage auf die Jagd ging. Charlie wusste, dass wir nicht kommunizieren konnten, solange er in der Jagdhütte war, und der Gedanke an ein langes Wochenende, ohne miteinander zu sprechen, schien kaum erträglich. Damals gab es natürlich noch keine Mobiltelefone. Deshalb nahm Charlie tonnenweise Münzgeld mit. Jeden Abend warf er Münzen in den Fernsprechautomaten der Jagdhütte, und wir plauderten stundenlang und wurden nur regelmäßig von der Telefonistin unterbrochen, die uns aufforderte, mehr Geld einzuwerfen. Meine Familie neckte mich erbarmungslos und spottete, dass er Schubkarren voller Geldstücke habe mitnehmen müssen. Ich sonnte mich in dem wohligen Gefühl, etwas ganz Besonderes zu sein.

Da mein Vater viele Überstunden arbeiten musste, konnte er oft nicht zum Abendessen nach Hause kommen. Meine Mutter füllte ihm dann einen Teller, deckte ihn zu und stellte ihn in den Kühlschrank. Bald fühlte sich Charlie bei uns so zu Hause, dass er den Kühlschrank aufmachte und das Essen meines Vaters stibitzte. Meiner Mutter machte das nichts aus. Sie hatte es gern, wenn Charlie sich bei uns wohlfühlte, und kochte mit Freuden etwas anderes für meinen Vater.

Eines war mir jedoch von Anfang an klar: Charlie hatte wenig Selbstvertrauen, ein Problem, das ich selbst nur allzu gut kannte. Ich ermutigte ihn immer wieder, seine Talente und Möglichkeiten zu erkennen. Durch meine Liebe wuchs sein Selbstvertrauen, und das wirkte sich auch auf mich positiv aus.

~

Dann kam ein herrlicher Oktobertag, an dem Charlie ein Picknick in einem Park in Lancaster geplant hatte. Wir trafen uns dort nach der Arbeit. Inzwischen hatte ich meine Stelle in dem Krämerladen aufgegeben und arbeitete nach der Schule als Assistentin in der Personalabteilung eines kleinen Pharmaunternehmens.

»Was ist in dem Korb?«, fragte ich und war neugierig, was er wohl alles an Essen vorbereitet hatte. Ich konnte mir nicht vorstellen, dass er jemals einen Picknickkorb gepackt hatte, aber aus irgendeinem Grund hatte er darauf bestanden, dass *er* sich an diesem Tag um das Abendessen kümmern wollte.

Er breitete die Picknickdecke ordentlich aus, dann begann er, eine Sache nach der anderen auszupacken. »Es gibt belegte Brötchen, frischen Obstsalat, russische Eier und leckere Schokoladekekse.« Er machte seine Ansage wie ein Kellner, der ein fünfgängiges Feinschmeckermenü beschreibt. Schwungvoll ordnete er alles an: Servietten, Tassen und Teller für den Nachtisch.

»Du hast an alles gedacht!«, lobte ich.

»Hättest du das nicht erwartet?«, neckte er mich. Darauf konnte ich nichts antworten, aber ich machte es wett, indem ich erklärte, dass alles, was ich probierte, fantastisch schmeckte.

Nach dem Essen gingen wir stundenlang spazieren, plauderten, lachten und genossen die Schönheit des Abends. Kurz bevor die Sonne unterging, führte er mich weg von dem Weg, auf dem wir zu unserer Picknickdecke zurückgingen. Zu meiner Überraschung fiel er auf ein Knie und nahm sanft meine Hand in die seine.

»Marie, ich liebe dich von ganzem Herzen. Willst du mich heiraten?«

Hoffnungen und Träume überfielen mich, durchströmten alle meine Sinne, denn etwas, das ich mir ausgemalt hatte, kam der Wirklichkeit einen Schritt näher.

»Ja, Charlie«, sagte ich ruhig und sanft und war sicher, dass unser Versprechen für immer Bestand haben würde. Tief im Herzen war ich überzeugt, dass wir eine herrliche Ehe führen würden.

Ich war nicht so naiv, dass ich glaubte, wir würden von Schwierigkeiten verschont bleiben. Aber für mich bedeutete dieses Versprechen, dass bei meinen Entscheidungen und Handlungen im Leben die Hingabe an diesen Bund an erster Stelle und meine eigene Person erst an zweiter Stelle stand, egal, was die Zukunft brachte.

Ich ging immer noch zur Schule. Charlie, als echter Gentleman, hatte meinen Vater um meine Hand gebeten und ihm versichert, dass er mit der Hochzeit bis zum Herbst nach meinem Schulabschluss warten werde. Meine Eltern hatten diesen Tag kommen sehen und schon darüber gesprochen.

»Natürlich habe ich Ja gesagt«, erzählte mir mein Vater später an jenem Abend und beschrieb, wie nervös Charlie gewesen war, als er um meine Hand angehalten hatte. »Aber vielleicht habe ich mir mit der Antwort etwas Zeit gelassen. Schließlich habe ich gewollt, dass Charlie sich ein bisschen dreht und windet.« Übermut funkelte in den Augen meines Vaters. Ich freute mich, wie sehr mein Vater und Charlie einander mochten.

Wir setzten das Datum auf den 9. November 1996 fest, was uns viel Zeit zum Planen gab. Charlie hatte seit seinem Schulabschluss hart gearbeitet und gespart und wollte ein Haus kaufen. Im Frühling 1996 fanden wir das perfekte kleine Haus in Lititz (etwa eine Dreiviertelstunde nördlich von Georgetown). Es musste von Grund auf renoviert werden, deshalb zog keiner von uns ein. Im Juni wurde ich mit der Schule fertig und begann, ganztags für das Pharmaunternehmen zu arbeiten. An den Abenden und am Wochenende renovierten wir das Haus, lösten Tapeten ab, strichen Wände und putzten.

Es war eine märchenhafte Zeit. Ich bereitete nicht nur meine Hochzeit vor, sondern auch das Haus, das unser Zuhause werden sollte. Als wir sorgfältig die Anstrichfarben auswählten, stellten wir uns vor, wie dieses Meisterwerk in Zukunft wohl aussehen würde.

Je näher unsere Hochzeit rückte, umso tiefer wurde unser Gefühl der Verbundenheit. Ich war ein verliebtes Mädchen, und die Zukunft funkelte vor unendlichen Möglichkeiten.

Wir beschlossen, in unsere Eheringe zwei Wörter eingravieren zu lassen, die uns immer an unsere Entscheidung erinnern sollten: *Unser Versprechen*. Wir wurden in unserer Heimatkirche, der *High View Church of God*, getraut, erklärten, einander zu ehren und wertzuschätzen, gelobten, einander immer zu lieben, egal, was geschehen würde. Meine Kinderträume waren wahr geworden. Ich hatte einen wunderbaren Mann, der mich liebte, der Gott nachfolgte und die gleiche Lebensanschauung hatte wie ich.

Als Mann und Frau traten wir aus unserer kleinen roten Backsteinkirche. In diesem Moment hatten wir noch keine Ahnung, wie schnell ein Schatten auf unser Leben fallen würde, der uns wieder an diesen Ort zurückbringen würde, aber voller Kummer und Schmerz anstatt strahlend vor Freude.

~

Eine höchst unerwartete Änderung geschah infolge meines Ehegelübdes in mir: Mein geistliches Leben wurde tiefgründiger. Als ich vor meinem Vater im Himmel stand und ein lebenslanges Versprechen abgab, wurde mir ganz neu die Ewigkeit und meine Verbindung mit Gott bewusst, der mich geschaffen und mir solch ein Geschenk gegeben hatte. Meine Beziehung zu Gott war mir schon immer, sogar schon als Kind, wichtig. Aber das Eingehen einer bindenden Verpflichtung vor Gott, für den Rest meines Lebens Charlies Frau zu sein, änderte mein Leben von Grund auf. Es war ein Schritt ins Erwachsenenleben, ein Übergangsritus, der meine Augen für geistliche Wahrheiten schärfte.

Mein Gebetsleben wurde kraftvoller. Bibelverse bekamen eine tiefere Bedeutung. Die Schönheit der Welt um mich herum zeigte mir die Liebe, die Gott uns erweist. Der Ring an meinem Finger, ein unendlicher Kreis, wurde zum sichtbaren Zeichen meiner unsichtbaren bindenden Verpflichtung, zu einer täglichen Erinnerung an die Entscheidung zur selbstlosen Liebe. Nur der Tod konnte uns scheiden, und natürlich ging ich davon aus, dass der Tod erst nach vielen Jahrzehnten kommen würde.

Diese Entscheidung wurde der Maßstab, nach dem ich mein Leben ausrichtete: Lebte ich so, dass unser Einssein gestärkt wurde? Ich lernte, eine liebevolle Ehefrau anstelle einer Schülerin zu sein, und schnell erkannte ich, welch großen Sprung ich gemacht hatte. Der Wunsch, Gott und meinen Mann zu ehren, zwang mich, selbstsüchtige Haltungen zu erkennen und abzulegen, um unsere Ehe zu verbessern. Ich entdeckte, wie einzigartig schön die selbstlose Liebe zwischen Mann und Frau ist. Diese gelebte Zweierbeziehung half mir, meinen Vater im Himmel ganz neu zu verstehen. Die Erfahrung, bedingungslos, tief und spürbar geliebt zu werden, machte Jesus fassbarer, und ich wurde dankbarer für Gottes Zusage des ewigen Lebens in einer vollkommenen Gemeinschaft mit ihm.

Ich war voll freudiger Erwartung! Ich wollte wissen, was die Zukunft für uns bereithielt, und dachte nie im Traum daran, dass sich ein Sturm an unserem ansonsten malerischen Horizont zusammenbraute.

~

Wenige Monate nach unserer Hochzeit verstärkte sich mein Kindheitswunsch nach eigenen Kindern. Auch Charlie konnte es kaum erwarten, eine Familie zu gründen. Im Juni 1997 gaben wir bekannt, dass ich schwanger war und dass der Geburtstermin im Februar 1998 sein würde. Familien in unserem unmittelbaren Bekanntenkreis – Nachbarn, Verwandte, Freunde aus der Kirchengemeinde und Arbeitskollegen – erwarteten ebenfalls ein Baby. Ich hatte den Eindruck, dass überall wertvolle Babys heranwuchsen, egal, wohin ich schaute! Wenn ich mir den Anfang meiner Ehe als erste Striche eines Gemäldes, eines Meisterwerkes vorstellte, so konnte ich kaum beschreiben, wie bedeutsam das war, was jetzt unter meinem Herzen heranwuchs.

Für uns beide war die Schwangerschaft eine Zeit des Staunens. Hoffnungen für unser Kind keimten auf.

»Ich frage mich, wie er wohl aussieht«, sagte Charlie eines Abends und streichelte über meinen runden Bauch, als er ins Bett kroch.

«Wird *sie* meine Haare und deine Augen haben?«, entgegnete ich scherzend.

Mit beiden Händen umfasste er mein Gesicht und zog mich zu sich. »Ich hoffe, *sie* hat dein Herz«, flüsterte er und überraschte mich mit seiner Zärtlichkeit. Er küsste mich sanft.

Alles, was ich mir sehnlichst gewünscht hatte, wurde Wirklichkeit. Ich lebte meinen Traum! Gott beantwortete meine Gebete und gab mir die Kraft, meine Berufung zu verwirklichen. In dieser Zeit sann ich viel über Gott nach und wollte ihn ganz neu kennenlernen. Der Schöpfer des Universums schuf etwas in *mir*. Was für ein Wunder! Er gestaltete dieses Werk, das ich nicht sehen konnte, und seine Liebe wurde in mein Herz gelegt.

Es gab viele spannende Meilensteine auf meinem Weg der Schwangerschaft, wie die Einrichtung des Kinderzimmers und Geschenke in Form von Babykleidung. Doch besonders wichtig war mir die Auswahl eines Namens. Beim Lesen des Alten Testaments erkennt man, wie die Bedeutung des Namens eines Kindes oft seinen Werdegang prägte, im Guten wie im Schlechten. Wenn Charlie und ich über Namen sprachen, suchte ich deshalb nach ihrer Bedeutung. Wir beschlossen, jedem unserer Kinder einen zweiten Vornamen zu geben, den jemand aus unserer Familie hat, um auf diese Weise das Familienerbe zu ehren und dieses Vermächtnis für die Zukunft zu erhalten.

Ich war mir ziemlich sicher, dass ich mit einem Mädchen schwanger war, und durch den Ultraschall wurde es bestätigt. Als wir beschlossen, unser ungeborenes Kind Elise Victoria zu nennen – Elise bedeutet »Gott geweiht«, Victoria, der Name meiner Schwester, bedeutet »siegreich« –, fühlten wir uns dem Tag näher, an dem wir unser Kind in den Armen halten konnten. Alles lief, wie es sollte; unser Baby wuchs heran. Alles fühlte sich perfekt an.

~

Bald entdeckte ich eine besondere Verbindung zwischen uns Frauen, wenn es um die Erfahrungen in der Schwangerschaft geht – ein wissendes Nicken von einer Frau, die dies schon erlebt hat, gemeinsames Lachen, wenn wir einander Fragen stellten, auf die wir nie gekommen wären, bevor unsere Körper sich so drastisch veränderten. Ich war froh, dass ich mich über diese Erfahrung nicht nur mit meiner Mutter, sondern auch mit einigen Freundinnen aus der Kirchengemeinde austauschen konnte. Dann fiel mir zum ersten Mal etwas auf: Wo waren Charlies Freunde?

Zu Beginn meiner Freundschaft mit Charlie hatte er, wie die meisten Männer, die ich kannte, keinen großen Freundeskreis, nur ein paar gute Kumpel, denen er vertraute. Als wir heirateten und seine Freunde ledig blieben, schliefen diese Beziehungen allmählich ein. Als junger Ehemann fand Charlie ihre gemeinsamen Unternehmungen als Junggesellen nicht mehr interessant. Wo waren die Freunde, mit denen er seine Erfahrungen als werdender Vater austauschen konnte?

»Natürlich fehlen mir manchmal meine alten Freunde«, erklärte Charlie, als ich ihn darauf ansprach. »Vielleicht sollte ich mal am Wochenende ein paar von ihnen anrufen.« Obwohl er davon sprach, die verblassenden Beziehungen wieder aufleben zu lassen, hat er es nie versucht und auch keine neuen Freundschaften geschlossen. Damals schien das nicht so wichtig zu sein. Aber im Rückblick erkenne ich, dass das Fehlen einer engen Beziehung sich später nachteilig auswirkte. Er hatte keinen »Bruder«, auf den er sich verlassen konnte, keine Schulter, an der er sich ausweinen konnte, niemanden, dem er sich anvertrauen konnte, abgesehen von mir. Wenige Jahre später musste ich die katastrophalen Folgen dieser Entscheidung erfahren.

Da es damals Charlie nichts ausmachte, beschloss ich, dass ich mir auch keine Gedanken darüber machen musste. Schließlich war es allgemein üblich, dass Freundschaften im Lauf der Jahre kamen und gingen. Wir waren jung, lebten in unserer idealistischen kleinen Welt und nahmen beide an, dass wir schnell neue Beziehungen mit anderen Paaren mit Kindern aufnehmen könnten.

Es war beruhigend für mich, dass Charlie seine Arbeit in der Baufirma Spaß machte und dass er mit seinen Arbeitskollegen gut auskam. Obwohl er außerhalb der Arbeit keine Kontakte mit ihnen pflegte, erzählte er mir am Abend von den Ereignissen des Tages und dem Leben seiner Kollegen.

Dann bekundete Charlie hin und wieder sein Interesse, wie mein Vater Milchwagenfahrer zu werden. Im Geheimen zuckte ich zusammen und änderte jedes Mal das Thema. Ich hatte erlebt, wie mein Vater oft siebzig bis achtzig Stunden in der Woche arbeitete, auch an Feiertagen und Wochenenden. Ein solches Leben wünschte ich mir für meine junge Familie nicht.

~

Ende September (etwa in der zwanzigsten Schwangerschaftswoche) nahm das Leben eine beängstigende Wendung.

»Charlie!«, schrie ich frühmorgens aus dem Badezimmer. »Da stimmt etwas nicht!«

Er hörte die Panik in meiner Stimme und sprang sofort aus dem Bett. »Was ist los?«, fragte er sichtlich beunruhigt. »Ist was mit dir?«

»Ich blute. Nicht viel, aber ein bisschen. Da ist etwas nicht in Ordnung.« Vor Angst begann ich, zu weinen.

Charlie blieb gefasst. Mit beruhigender Stimme sagte er: »Marie, es wird wieder gut. Keine Panik. Du gehst jetzt ins Bett, und wir rufen den Arzt an.«

Noch am selben Tag ging ich zu meinem Frauenarzt, der mich zu Untersuchungen schickte. Dabei wurde die Ursache für die Blutung nicht entdeckt. Deshalb wurde mir Bettruhe verordnet, bis das Bluten aufhörte oder das Baby auf die Welt käme. Ich musste mit der Arbeit aufhören – und fühlte mich von der Außenwelt abgeschnitten. Es war eine beängstigende Zeit für uns beide. Obwohl ich keine Wehen hatte, bestand die Gefahr, dass unsere Tochter zu früh zur Welt kommen könnte. Ich befolgte die Empfehlungen des Arztes und hütete das Bett oder die Couch. Wenn Charlie zu Hause war, wich er nicht von meiner Seite, wollte mich bedienen und alles tun, damit ich mich wohlfühlte.

In dieser Zeit schrie ich voller Verzweiflung zu Gott. Ich bestürmte ihn, unser Kind und mich zu schützen und unsere Familie zu bewahren. Auf ganz neue Weise hielt ich mich an Gott und sein Wort. Ich wollte verstehen: Warum mussten wir eine solch schreckliche Erfahrung durchmachen? Ich flehte um Heilung, wünschte mir sehnlichst ein Wunder von Jesus, wie wir davon auch in den Evangelien lasen. Eine einzige Berührung könnte mich heilen, und ich sehnte mich nach dieser Berührung!

Da ich, wochenlang ans Bett gefesselt, nichts anderes tun konnte, las und betete ich. Manchmal spürte ich den Herrn in meinem Herzen, und das beruhigte meine Ängste. Doch dieser Friede war kurzlebig, weil Sorgen das Werk aushöhlten, das er tat. Ich war noch nie durch eine persönliche Krise gegangen und wusste nicht, wie ich darauf vertrauen konnte, dass alles gut werden würde, wenn die äußeren Umstände dagegensprachen. In der Bibel stand, dass ich mich nicht fürchten, sondern all meine Sorge auf Gott werfen sollte. Aber mir war nicht klar, wie es möglich sein sollte, in meiner Krise diese Bibelstellen in die Tat umzusetzen. Würde Gott alles in Ordnung bringen? Da ich die Antwort nicht kannte, tat ich alles in meiner Macht Stehende, um die Dinge selber in Ordnung zu bringen, wie ich es immer getan hatte. Ich befolgte die Anweisungen des Arztes haargenau, doch die Blutungen hörten nicht entgültig auf. Sie kamen und gingen und kamen wieder, egal, wie viel ich betete.

Charlie war von 6.30 Uhr bis 17 Uhr bei der Arbeit. In diesen langen Stunden der Einsamkeit kämpfte ich mit den vielen »Wenn und Aber«, die mir durch den Kopf wirbelten. *Wenn das Baby stirbt? Wenn ich verblute? Wenn mit dem Baby etwas nicht stimmt? Was stimmt mit mir nicht?* Dann las ich immer in der Bibel und flehte Gott an, zu heilen, was nicht in Ordnung war.

Ganz langsam zeigte Gott mir eine neue Art Vertrauen. Insbesondere folgende Bibelstelle flüsterte mir Frieden zu: »Ich betete zum Herrn, und er antwortete mir und befreite mich von allen meinen Ängsten. Die von ihm Hilfe erhoffen, werden vor Freude strahlen, und sie werden nicht vor Scham erröten« (Psalm 34,5-6).

Ich hatte nicht wirklich den Eindruck, dass ich dies richtig verstanden hatte. Trotzdem spürte ich, wie Gott sich meiner zärtlich annahm und mich ermutigte, *trotz* meiner äußeren Umstände im Vertrauen auf ihn zu wachsen. Manchmal dachte ich, ich machte einen Schritt vorwärts und zwei Schritte zurück. Doch ich klammerte mich an die Verse der Bibel, die zusagten, dass er mir treu bleiben würde, auch wenn es mir an Glauben mangelte.

Obwohl die Blutungen nicht aufhörten, kamen keine anderen Symptome hinzu. Deshalb gewöhnten wir uns so weit wie möglich an diese neue und schwierige Routine und hofften, dass Elise zum berechneten Geburtstermin auf die Welt kommen würde.

Am 9. November 1997 feierten Charlie und ich unseren ersten Hochzeitstag. Fünf Tage später bekam ich Wehen – drei Monate zu früh.

Als ich an jenem Tag aufwachte, war mir übel. Ich wusste nicht, wie sich Wehen anfühlen, war aber sicher, dass es so weit war. Wir wussten, dass unser kleines Mädchen noch nicht reif war, auf die

Welt zu kommen, und riefen voller Angst unseren Arzt an. Dann fuhren wir ins Krankenhaus von Lancaster, mitten im morgendlichen Berufsverkehr. Wir hatten den Eindruck, dass wir nur im Schneckentempo vorankamen. Wir versuchten, uns gegenseitig zu beruhigen, dass Elise an jenem Morgen nicht zur Welt kommen würde. Sicherlich konnten die Ärzte etwas tun, um die Wehen zu stoppen.

Im Krankenhaus glaubten sie mir am Anfang nicht, als ich sagte, dass ich Wehen hätte. Doch als die Schwestern und Ärzte endlich erkannten, dass ich wusste, was in meinem Körper vor sich ging, setzte fieberhafte Eile ein, und meine Welt brach zusammen. Meine Tochter kam tatsächlich an jenem Vormittag zur Welt, und zwar sehr schnell. Durch nichts konnten die Wehen aufgehalten werden. Deshalb bereiteten die Ärzte eine Entbindung vor und riefen nach einem Team von der Neugeborenen-Intensivstation. Innerhalb weniger Minuten kam Elise Victoria zur Welt, so winzig, so zerbrechlich und so schön. Sie wurde um 8.25 Uhr geboren, war 31 Zentimeter groß und wog 538 Gramm. Die Ärzte der Neugeborenen-Intensivstation versuchten sofort, einen Schlauch in ihre Lunge einzuführen, da sie zu klein war, um selbstständig zu atmen. Doch alle Bemühungen blieben erfolglos.

Elise lebte zwanzig Minuten lang, glitt in wenigen Momenten von meinen Armen in den Himmel. Ich konnte nicht fassen, dass vor nur eineinhalb Stunden dieser ganze Albtraum erst begonnen und meine Tochter noch in mir gelebt hatte und ihr Überleben noch möglich schien. Jetzt war sie gegangen, mein Bauch war leer, unser Herz und unsere Träume zerbrochen.

Unsere engsten Angehörigen wussten noch nicht einmal, dass bei mir die Wehen eingesetzt hatten. An jenem Vormittag ging alles so schnell, dass wir keine Zeit zum Anrufen hatten. Charlie und ich waren allein. Ich bat ihn, unsere Eltern anzurufen, da ich den Gedanken, es ihnen zu sagen, nicht ertragen konnte. Ich hielt immer noch Elise im Arm und wusste, dass die Schwestern sie mir bald wegnehmen würden. Ich wollte keine Sekunde der wertvollen Zeit mit ihr versäumen, weil diese Momente mich bis zu unserem Wiedersehen im Himmel trösten mussten. Die Wartezeit würde lange sein – ein ganzes Leben lang.

Ich kann mir gut vorstellen, wie schwer Charlie dieser Anruf gefallen ist. Als er neben mir saß und seine Eltern anrief, konnte ich hören, wie seine Mutter ins Telefon schluchzte; ihr Weinen drang durch Mark und Bein. Eltern haben instinktiv den Wunsch, ihre Kinder zu lieben und zu schützen, auch wenn diese Kinder erwachsen sind, und ich wusste, wie sehr unsere Eltern durch unseren Schmerz betroffen waren. Was Charlie und mich anging, so hatten wir nach dem Verlust von Elise das Gefühl, unsere Tochter nicht beschützt zu haben. Mit dem Kopf wussten wir, dass wir alles getan hatten, aber die Logik konnte nicht die Gefühle zerstreuen, die über uns hereinbrachen.

Unsere Eltern kamen ins Krankenhaus und versuchten, uns zu trösten. Das Krankenhauspersonal stellte Fragen zu den Vorbereitungen der Bestattung und anderen Dingen, aber ich konnte keinen klaren Gedanken fassen. Glücklicherweise stand meine Mutter Charlie zur Seite, und die beiden nahmen die Dinge in die Hand und beschlossen, dass der Trauergottesdienst und die Beerdigung nicht öffentlich sein würden. Ich war noch keine zwanzig Jahre alt – was wusste ich von solchen Dingen? Ich hätte nie damit gerechnet, dass mein Erwachsenwerden so schlagartig geschehen würde. Dieses schöne Gemälde, das Meisterwerk, das wir begonnen hatten, war nun mit schwarzer Farbe bedeckt – die herrlichen Pinselstriche vollständig unter Verlust und Zerstörung versteckt.

Wir verbrachten eine Nacht im Krankenhaus, auf der Wöchnerinnenstation. Es war eine Qual. Durch die Tür hörten wir die Schreie neugeborener Babys und wie glückliche Angehörige gratulierten. Doch die Atmosphäre in unserem Zimmer war anders. Sie war leblos, dunkel und hoffnungslos. Wir wurden an das ruhige

Ende eines Korridors verlegt, aber trotzdem hörten wir alles, und das fügte uns Qualen zu, die weder Charlie noch ich bisher erlebt hatten.

Wir weinten offen, versuchten, einander nicht mit Worten, sondern mit zärtlichem Streicheln, einem Händedruck und dem Abwischen einer Träne zu trösten. Charlie war so behutsam und sorgte umsichtig für mich. Ich sah, wie gerne er mir diese Trauer erspart hätte, wie hilflos er sich fühlte, weil er mir dieses körperliche und seelische Leiden nicht abnehmen konnte.

Dann kam jedoch ein Moment, in dem ein Lichtstrahl des Himmels in meine Dunkelheit drang, und zwar in Form einer Krankenschwester. Sie war den ganzen Tag bei uns, und während ihrer Schicht verbrachte sie viel Zeit in meinem Zimmer. Ihre Zärtlichkeit berührte mich.

Am nächsten Tag hatte sie eigentlich frei, doch sie kam, um mich zu besuchen, bevor ich das Krankenhaus verließ. »Marie, ich habe dir etwas mitgebracht«, sagte sie leise und überreichte mir eine kleine Dose. Ich öffnete sie und fand eine Halskette mit einem Anhänger: einem Engel, der einen Topas hielt. »Es ist der Geburtsstein für November«, erklärte sie sanft. Licht fiel auf den Edelstein, und er funkelte.

»Elises Geburtsstein«, flüsterte ich, und wieder rannen mir Tränen übers Gesicht. »Er ist wunderschön. Vielen lieben Dank.« Sie schüttelte mein Kissen auf und wickelte die weiße Krankenhausdecke sorgsam um meine Beine.

Ihr kleines Geschenk sprach Bände der Liebe. Es verlieh mir die Freiheit, mein Kind, Elise Victoria, mitten in der Trauer über meinen Verlust zu feiern. Es war wie ein spürbarer Kuss von Jesus, es sagte etwas, das ich nicht ausdrücken konnte. Gottes Licht in meiner Dunkelheit.

Die Leinwand

Die Zeit seit Charlies verzweifeltem Anruf an jenem Morgen kam mir wie eine Ewigkeit vor. Die Nachmittagssonne war verblasst, und bald würde die Dämmerung einsetzen. Wir waren seit etwa sieben Stunden im Haus meiner Eltern, zusammengekauert versteckten wir uns und versuchten, den Schock dieses Tages zu verarbeiten.

Ich stand von der Couch auf, auf der Bryce neben mir gesessen hatte, und ging in die Küche, nur, um mir die Beine etwas zu vertreten und zu sehen, was mein Vater tat. Er lehnte mit dem Rücken gegen die Arbeitsplatte und starrte aus dem Fenster, genau da, wo ich gestanden hatte, als ich die Amisch-Männer vor ein paar Stunden hatte kommen sehen. Er sah so aus, als würde er sich so fühlen wie ich: erschöpft und bedrückt.

Normalerweise hörten wir am frühen Abend das Klappern von Pferdehufen und Kutschen und das gelegentliche Aufheulen eines Automotors, doch es herrschte eine unnatürliche Stille. Ich folgte dem Blick meines Vaters und fragte mich, ob er das Gleiche dachte wie ich: dass die Pferdekutschen wahrscheinlich alle in ein paar Bauernhöfen der Amisch versammelt waren, in denen trauernde Familien und verängstigte Kinder gemeinsam versuchten, mit dem Angriff von diesem Morgen durch die Hand meines Mannes fertig zu werden. Mein Magen krampfte sich zusammen, und mein Atem stockte. Dann trat ich auf meinen Vater zu und presste meinen Kopf an seine Schulter. Er legte den Arm um mich.

»Wie ist so etwas möglich, wo doch heute früh ein ganz normaler Montagvormittag war und ich noch dazu eine ›Mütter-in-Kontakt‹-Gebetsgruppe geleitet habe, in der wir ausgerechnet für unsere Kinder in der Grundschule gebetet haben?«

Ich suchte nicht wirklich nach einer Antwort, bemühte mich nur, die neue Wirklichkeit zu verinnerlichen. Die übrigen Worte, die mir quälend durch den Kopf schossen, verschwieg ich: *Wie war es möglich, dass in dieser Zeit mein eigener Mann die Kinder unserer Nachbarn umgebracht hat?* Ich schüttelte den Kopf, als wollte ich aus einem schrecklichen Albtraum erwachen. Doch es war kein Traum.

Mein Vater machte keinerlei Anstalten, eine Antwort zu suchen. Er drückte mich und führte mich dann durch die Küchentür ins Wohnzimmer am hinteren Ende ihres kleinen eingeschossigen Hauses.

Meine Mutter saß auf der Couch und las den Kindern ein Buch vor. Sie hatten sich eng an sie gekuschelt und sahen müde aus. Ich schaute auf die Uhr: Es war fast Zeit zum Schlafengehen. Sie brauchten Normalität, soweit dies möglich war, und der Schlaf würde zumindest diesen entsetzlichen Tag beenden. Obwohl ich völlig erschöpft war, konnte ich mir nicht vorstellen, dass ich zur Ruhe kommen konnte.

Früher am Tag waren wir übereingekommen, dass ich nicht mit den Kindern bei meinen Eltern bleiben konnte. Tante Linda bat die perfekten Lösung an. »Marie, Onkel Jim und ich glauben, es ist das Beste, wenn du, die Kinder und deine Eltern zu uns kommt und ihr so lange bleibt wie erforderlich. Ihr wisst, dass wir Platz genug haben. Ich habe unsere nächsten Nachbarn angerufen; wir kennen sie seit Jahren und haben volles Vertrauen zu ihnen. Sie haben mir fest versprochen, dass sie es niemandem weitersagen. Dort findet ihr Ruhe und Frieden. Einer unserer Nachbarn hat sogar angeboten, dass ihr euer Auto in seiner Garage abstellen könnt, damit es nicht gesehen wird. Andere haben angekündigt, dass sie Essen und Leckereien für die Kinder vorbeibringen werden. Erinnerst du dich an den kleinen Park am Ende der Straße? Jim und dein Vater könnten mit den Kindern dort spielen. Dort weiß niemand, wer sie sind.« Sie hatte an alles gedacht. Ich war von ihrer Großzügigkeit überwältigt und dankbar für ein Versteck.

Inzwischen wussten die Medien, wo wir uns befanden. Wir konnten nicht einmal vor die Tür gehen, ohne fürchten zu müssen, dass wir beobachtet wurden. Unsere Freunde riefen meinen Bruder, unsere Onkel und Tanten auf ihren Mobiltelefonen an und berichteten, dass die Fernsehgesellschaften laufend Bericht erstatteten, dass sie ständig Filme über die Schule und die Amisch brachten, wie sie weinten und beteten. Reporter aus allen Teilen des Landes strömten in unser Dorf, versessen darauf, die Amisch und uns zu filmen, zu fotografieren, anzurufen, mit oder ohne unser Einverständnis. Sie klapperten die Gegend und die Geschäfte ab und stellten Fragen über unsere Familie. Das Bart-Feuerwehrhaus in unserer unmittelbaren Nachbarschaft wurde zur Zentrale für die Sendung der Liveticker im Fernsehen. Unser Albtraum war die Meldung für ihre Schlagzeilen. Wir brauchten Ruhe, einen »geheimen« sicheren Ort, wo wir trauern, atmen, uns erholen und einfach leben konnten.

Ich fragte mich, wie unsere amischen Nachbarn die Invasion der Medien verkrafteten. Schuldgefühle überkamen mich, weil ich an *mich* dachte, wo doch ihr Schmerz noch quälender sein musste als meiner. Absichtlich lebten sie von unserer Gesellschaft abgesondert. Wie belästigt mussten sie sich fühlen, wenn sie in ihrer unsäglichen Trauer so von außen bedrängt wurden. Aufgrund ihrer Auslegung des zweiten Gebots lehnen es die Amisch ab, fotografiert zu werden: »Du sollst dir kein Bildnis noch irgendein Gleichnis machen, weder von dem, was oben im Himmel, noch von dem, was unten auf Erden, noch von dem, was im Wasser unter der Erde ist« (2. Mose 20,4; L). Mein ganzes Leben lang hatte ich gesehen, wie sie Touristen ertrugen, die wissentlich diesem Wunsch keine Beachtung schenkten, nur weil sie unbedingt ein Foto ergattern wollten. Jetzt, in der entsetzlichsten Zeit ihres Lebens, wurden sie immerzu fotografiert. Wie belästigt mussten sie sich fühlen, wenn schon meine Familie sich verstecken wollte?

Tante Lindas Haus war der Ort, an dem ich mich vor langer Zeit schon einmal von einem Verlust erholt hatte. Sie und Onkel Jim wohnten in dem kleinen Ort Lititz, nicht weit von dem ersten Haus, das Charlie und ich vor fast zehn Jahren gekauft hatten. Keine Medien. Eine stille, abgelegene Wohngegend. Wirklich perfekt.

~

Erst nach Sonnenuntergang verließen wir das Haus meiner Eltern. Ich brachte Abigail und Bryce ins Auto, meine Mutter schnallte Carson in seinem Kindersitz fest. Ich fuhr, mein Vater saß neben mir auf dem Beifahrersitz, meine Mutter folgte uns in ihrem Auto. So bin ich; ich wollte nicht, dass jemand etwas tat, das ich selbst erledigen konnte. Ich war fest entschlossen, mich nicht lähmen zu lassen und kein Opfer zu werden. Meine Kinder hatten keinen Vater mehr, und deshalb brauchten sie eine Mutter, die stark wie ein Fels in der Brandung stand, egal, wie es in mir aussah.

Dass wir uns im Schutz der Dunkelheit fortschlichen, mutete unwirklich an. *Sieht man solche Dinge nicht im Kino? Kann es so etwas wirklich geben?* Im Vorüberfahren nickte mein Vater dem Polizisten zu, der den ganzen Nachmittag am Ende unserer Straße geparkt hatte, um uns die Reporter vom Hals zu halten. Nach der Ausfahrt bogen wir nicht nach rechts in die Hauptstraße ein, sondern nach links, fuhren auf Nebenstraßen durch Äcker und

Wiesen, damit uns niemand folgte. Ich schaute in den Rückspiegel, konnte aber keinen Übertragungswagen mit Satellitenschüsseln sehen.

Als wir im Schutz der Dunkelheit davonfuhren, kehrten meine Ängste zurück. Ich hatte den Eindruck, die Erde tat sich vor mir auf, und ich stand vor einem Abgrund, der so tief war wie der Grand Canyon. Das mutige Selbstvertrauen, das Gott mir am Morgen geschenkt hatte, schien verflogen. Meine Welt war durch eine Verwüstung, auf die ich keinen Einfluss hatte, für immer verändert worden. Ich stand vor einem riesigen Abgrund, den keine Brücke überspannen konnte. Und doch gab es keinen Weg zurück. Ich hatte keine andere Wahl, als der anderen Seite meines Lebens entgegenzublicken, einer Seite voller Unbekanntem und beängstigenden Herausforderungen.

In der Dunkelheit wandte ich mich an Gott und legte ihm meine Gedanken hin, bat ihn, mit seiner Wahrheit alle Lügen zu verjagen. Dann wurde ich wieder ruhig. Noch nie hatte ich eine solch eindrucksvolle sofortige Gebetserhörung erlebt wie an diesem Tag. Ich fühlte, wie mich eine übernatürliche Wärme durchflutete. Gott gab mir zu verstehen: *Obwohl vieles sich schlagartig verändert hat, ist manches gleich geblieben.* Gott erinnerte mich daran, dass ich immer noch sein geliebtes Kind war. Meine Aufgabe war es immer noch, eine möglichst gute Mutter zu sein. Ich konnte immer noch darauf vertrauen, dass der Heilige Geist mir half, das zu tun, was ich aus eigener Kraft nicht schaffte. Ich würde einen Weg zurück in die »Normalität« finden, obwohl unsere äußeren Umstände dagegensprachen.

Linda und Jim hießen uns mit offenen Armen willkommen. Die Liebe in ihren Augen funkelte wie ein helles Licht in der Finsternis, durch die ich gefahren war. Sofort kehrten Erinnerungen an dieses Haus in mein Gedächtnis zurück: meine Urgroßmutter am Klavier, wie sie Weihnachtslieder spielte und sang, Schlummerpartys mit meinen Cousinen und Familienpicknicks im Sommer.

Ich machte mir selbst Mut: *In diesem Haus wird das Leben gefeiert. Gott hat diesen Ort für uns vorbereitet.*

Wohin ich auch schaute, erblickte ich Lebensfreude. Ich sah sie in der sorgfältigen Mischung aus Antiquitäten und Kunstdrucken, Schätzen, die gesammelt oder selbst geschaffen worden waren. Ihre Eleganz und Schönheit richteten mich auf und ermutigten mich. Mit spielerischer Leichtigkeit konnte Linda ihrer Kreativität Ausdruck verleihen. Gemälde, vor allem Stillleben mit ihrer Signatur, schmückten die Wände. Der angeheme Duft von Leinöl, ein Geruch, der von einem gepflegten Haus zeugt, umfing mich.

Blitzschnell kamen mir Erinnerungen an meine Zeit der Genesung in diesem Haus nach dem Tod von Elise vor neun Jahren in den Sinn. *Jeder Raum in diesem Haus hat seine eigene Geschichte,* dachte ich. *Hier stehe ich aufrechter, unter dem Einfluss von Tante Linda bewege ich mich gelassener. Sie fordert mich zum Umdenken heraus. Sie kennt sich, entfaltet ihren Stil – hier umgibt mich Selbstvertrauen, das tief in mich eindringt. Ja, Gott hat diesen Ort für uns vorbereitet, für diese Zeit. Hier scheint sein Licht.*

Ich beobachtete, wie meine Kinder ihre neue Umgebung aufnahmen. Abigails Augen wurden groß und ergriffen, als sie die Gemälde und Antiquitäten betrachtete. Bryce, der immer noch ungewöhnlich still war, ließ sich auf einen Stuhl plumpsen und blickte sich im Zimmer um. Carson kuschelte sich so tief in die Arme meiner Mutter, als wollte er sich einrollen und in ein Schneckenhaus kriechen. Er verkörperte das, was ich in diesem Moment brauchte. *Gottes warme, starke Arme halten uns sicher,* dachte ich. *Ich weiß nicht, wie lange wir hierbleiben werden, aber das muss ich gar nicht wissen. Fürs Erste finden wir hier Schutz vor dem Sturm.*

Onkel Jim, dessen stetiges Lächeln einer mitfühlenden Trauer gewichen war, sprach sanft mit meinen Kindern. »Möchtet ihr ein Glas Milch und etwas zu essen?«, fragte er und führte sie in die Küche. »Ein paar nette Nachbarn haben Kekse für euch gebracht.«

Ich erinnerte mich, wie er mich als Achtjährige ermutigt hatte, für ihn Klavier zu spielen. Nachdem meine Eltern erkannt hatten, wie Musik mir aus der Seele sprach, hatten sie mir nämlich ein Klavier gekauft und mich beim Unterricht angemeldet. Ich war so schüchtern, dass ich zunächst nicht für Onkel Jim spielen wollte. Doch er ließ nicht locker. Er lobte und ermutigte mich, bis ich selbstsicherer spielte. Schon als Kind wusste ich, dass diese Liebenswürdigkeit eine nachhaltige Wirkung auf mich haben würde, und Onkel Jim hat seitdem einen ganz besonderen Platz in meinem Herzen. Während Linda für Kreativität und neue Abenteuer stand, war Jim der Inbegriff von Kraft und Beständigkeit. Es war eine eindrucksvolle Verbindung, die meinen Kindern jetzt, wo es nottat, guttun würde.

~

Von diesem Abend blieb mir nicht viel in Erinnerung, doch ich weiß, dass ich mich nicht wehrte, als Linda darauf bestand, dass die Kinder und ich in ihrem persönlichen Schlafzimmer schliefen. Ich ging mit ihr die Treppe hoch und trat in das Zimmer. Es sah aus wie ein Bild aus der Werbebroschüre eines vornehmen Hotels. Das riesige Himmelbett aus Kirschholz hatte eine dicke, einladende Matratze. Ich schlug die Tagesdecke zurück und strich mit der Hand über die Bettlaken, die offensichtlich von höherer Qualität waren als alles, was ich bisher in den Fingern gehabt hatte. *Fühlt sich ägyptische Baumwolle so an?* Weiche Kopfkissen reihten sich am Kopfende aneinander, mindestens zwei für jeden von uns oder mehr. Sie luden uns zur Ruhe ein, versprachen Annehmlichkeit und Behaglichkeit nach einem Tag voller Not.

»Es ist, als würden wir die Nacht in einem schicken Hotel verbringen«, sagte ich zu den Kindern und versuchte, das Schlafengehen so normal wie möglich zu gestalten. »Heute Abend duschen wir mal nicht. Wir ziehen einfach die Schlafanzüge an und putzen die Zähne.« Ich zog ihre Schlafanzüge aus einer Tasche und legte sie aufs Bett, fand ihre Zahnbürsten im Seitenfach eines Kulturbeutels und schickte Bryce und Abigail ins Badezimmer. Dann hob ich Carson auf das Bett und zog ihn um.

»Weich!«, erklärte er. Bryce trottete ins Schlafzimmer zurück, kletterte aufs Bett und legte sich neben seinen kleinen Bruder. Abigail lehnte sich an mich und beobachtete ihre Brüder, aber kein Lächeln erhellte ihr Gesicht.

»Wo schläfst du, Mama?«, fragte sie.

»Ich glaube, in dieser Woche sollten wir alle zusammen schlafen. Meinst du nicht auch?« Ich strich ihr übers Haar, suchte nach Worten, die Balsam für ihre Seele sein könnten. Sie nickte und drückte sich an mich. Ihr Verhalten war so schwermütig und still – wie meines, fuhr es mir durch den Kopf. In Anbetracht der Ereignisse dieses Tages hätten wir beide eigentlich untröstlich schluchzen und wehklagen und unserem Schmerz freien Lauf lassen müssen. Stattdessen waren wir beide sehr beherrscht, als ob unsere Energie und unsere Stimmen auf »niedrig« geschaltet worden wären, als wir uns zum Insbettgehen fertig machten.

Abigail kroch auf das Bett. Sie und Bryce kuschelten sich unter die frischen Laken und weichen Decken. Ich hatte den Eindruck, dass alle meine drei Kinder versuchten, besonders lieb zu sein, um irgendwie Frieden in unsere erschütterte Welt zu bringen. Das Mondlicht schimmerte durch die Vorhänge, der Versuch der Natur, das Dunkel um uns mit Licht zu zerstreuen. Ich legte Carson in das Kinderreisebett in einer Nische unter dem Fenster. Er saugte an seinem Schnuller und schmuste mit seinem kleinen Stoffhund. Trotz der Ereignisse des Tages fand er zur Ruhe – ich wünschte, das könnte ich von mir auch sagen.

Ich kroch zwischen Abigail und Bryce und zog sie eng an mich, in dem Versuch, sie mit Liebe und Frieden zu umgeben. Ich betete laut über unsere Familie und begann, die Lieder zu singen, die ihnen gefielen. Einfache Schlaflieder, vertraute Sätze, gewohnte Dinge in einer fremden neuen Welt. Ich weiß nicht, ob es für sie tröstlich war, aber es beruhigte mich. Sie schliefen schnell ein, während ich in einer bedrückenden Stille wach lag. Ich hatte nicht erwartet, dass sie ohne Schwierigkeiten einschlafen würden. Ich horchte auf ihr rhythmisches Atmen, erst Abigail, dann Bryce und dann Carson. Das ruhige, regelmäßige Atmen sprach mein erschöpftes Herz an und machte mir bewusst, dass mein Leben einen Sinn hatte.

Ich schrie zu Gott, der zu mir in mein Wohnzimmer gekommen war und mir Licht in diesem Dunkel versprochen hatte: *Herr, du weißt, dass ich normalerweise nicht um Wunder bitte. Du weißt, dass ich lieber alleine tue, was ich kann, aber jetzt bin ich hilflos. Ich brauche dich unbedingt. Ohne dich kann ich nichts tun. In der Bibel steht, dass du dich der Waisen und Witwen annimmst. Du hast unsere Treue in den vergangenen Jahren gesehen. Ich weiß, dass du das nicht vergessen hast. Ich bitte dich jetzt um etwas wirklich Großes, um etwas, das meine Vorstellungskraft übersteigt. Und bitte fang jetzt gleich damit an.*

Ich lag still da. Aus der Küche hörte ich das Klappern von Geschirr und stellte mir Tassen mit warmem, stärkendem Tee vor, den meine Angehörigen in liebevoller Verbundenheit gemeinsam tranken. Ich war nicht allein. Die leisen Schritte, die die Treppe hinauf- oder hinuntergingen, verliehen mir das Gefühl der Geborgenheit. Meine Eltern schliefen im Zimmer neben mir; Linda und Jim zogen in ihr Gästezimmer. Ich war nicht allein. Als ich wach lag und die Geräusche um mich herum hörte, das Laufen von Wasser im Badezimmer, das Schließen von Türen und Gutenachtwünsche, musste ich lächeln. Ich war nicht allein. Die Stimme Gottes brachte meine Fragen zum Schweigen und beruhigte mich. Meine Familie war bei mir und unterstützte mich. Ich war nicht allein.

Die Nacht zog sich endlos hin. Ich versuchte, nicht auf die Uhr zu schauen. Doch sie zog meine Augen wie magisch an, als ob sie mir spöttisch zurufen würde, dass diese Nacht nie enden würde. Als ich den Eindruck hatte, dass das Böse in jedem Schatten lauerte, und meine Einsamkeit in der langen, stillen Nacht immer erdrückender wurde, betete ich zu Gott und bat ihn, die Minuten mit seiner Gegenwart zu füllen. Obwohl ich in dieser Nacht nicht viel schlief, fand ich etwas Ruhe und Frieden in den Armen von Jesus, in einem behaglichen Bett, mit den wertvollsten Geschenken, die ich je bekommen hatte: meinen Kindern.

~

Als die ersten Morgenstrahlen durch das Zimmer tanzten, vergaß ich einen Augenblick lang, wo ich war und warum ich hier war. Doch als mir langsam dämmerte, was geschehen war, fühlte ich mich zumindest erleichtert, dass die lange Nacht überstanden war.

Im Tageslicht war das Schlafzimmer sogar noch schöner. Bilder von Pflanzen hingen an den Wänden; geschmackvolle Antiquitäten und Dekorationen schmückten das Zimmer. Ich wurde mir der krassen Gegensätze in meinem Leben bewusst: Grauen bedrohte mich, aber ich wurde von Schönheit umgeben. Dieses Zimmer schenkte Hoffnung: Bedeutete es, dass Gott etwas wunderbar Schönes in der Zukunft sah und mich bat, ihm inmitten dieser Tragödie zu vertrauen und mit ihm durch den Schmerz zu gehen?

Mir graute vor diesem Tag. Ich wollte in diesem Schlafzimmer bleiben, geschützt vor der Welt und ihrer drohenden Wirklichkeit. Überhaupt wollte ich das alles nicht. Ich wollte nicht die Niedergeschlagenheit auf den Gesichtern der Menschen in meinem Umfeld sehen. Ich wollte nicht eine Million bohrender Fragen der Ermittler beantworten. Und ich wollte nicht die Entscheidungen für alles, was sich in dieser Woche bedrohlich abzeichnete, treffen. Das hätte nicht geschehen dürfen. Ich wollte das alles nicht.

Während der ersten achtundzwanzig Jahre meines Lebens hatte ich genau darauf geachtet, was andere über mich dachten. Ich wollte immer allen alles recht machen. Wenn mir Kleider geschenkt wurden, zog ich sie an, auch wenn mir die Farbe oder der Stil nicht gefielen, denn ich wollte niemanden kränken. In der Schule, bei der Arbeit und zu Hause gab ich mein Bestes, weil die Menschen in meinem Umfeld das Beste verdient hatten, das ich geben konnte, und ich wollte sie nicht enttäuschen. Ich gab mir alle Mühe, sämtliche Regeln zu befolgen, weil für mich jede Zurechtweisung ein Beweis von Versagen war. Im Unterricht meldete ich mich nicht, auch wenn ich zu 99 Prozent sicher war, dass ich die Antwort wusste, weil die Möglichkeit von einem Prozent bestand, dass ich mich irrte. Ich strebte immer nach Perfektionismus.

Plötzlich dachte die ganze Welt allerhand über mich, was ich nicht beeinflussen konnte. Genauso plötzlich wurde mir schockiert bewusst: Es war mir egal!

An einem einzigen Tag war meine Abhängigkeit von den Meinungen anderer schlagartig verschwunden. Nur noch Gottes Meinung war wichtig; nur die Stimme meines Vaters im Himmel zählte. Ich war frei von der Sorge, andere zu enttäuschen, und von dem Gedanken, dass ich versagen könnte. Dafür gab es ganz praktische Gründe: Die Welt würde ihre eigenen Schlüsse ziehen, egal, was ich sagte oder tat. Was die Leute dachten, hatte ich nicht in der Hand. Ich konnte nur bestimmen, welche Entscheidungen ich für meine Familie traf. Gott hatte so viel Vertrauen zu mir gehabt, dass er es zugelassen hatte, dass ich Charlies Frau wurde, obwohl er gewusst hatte, dass diese Ereignisse eintreten und alles bedrohen würden, was mir lieb und teuer war. Er hatte es zugelassen, dass ich den Weg einschlug, der mich hierher gebracht hatte. Er war überzeugt davon, dass ich die richtigen Entscheidungen treffen und Heilung für mich und meine Kinder finden würde. Jetzt empfand ich keinen Leistungsdruck mehr, sondern genau das Gegenteil: die Freiheit, einfach ich selbst zu sein.

Wie in meinem Wohnzimmer am Morgen zuvor, nachdem ich den Polizeinotruf gewählt hatte, durchströmte mich jetzt eine Zuversicht, wie ich sie noch nie zuvor erfahren hatte: Ich empfand eine ganz neue seelische und körperliche Kraft. Diese ersten vierundzwanzig Stunden, die für mich wie ein Gang durchs Feuer gewesen waren, hatten in meinem Inneren etwas bewirkt. Alles, was nicht wirklich wichtig war, wurde verbrannt. Was blieb, war stärker, weil es in diesem Feuer geläutert worden war – *ich* war stärker! Ich fühlte mich verwandelt.

Ich wollte immer noch nicht die Besprechungen führen und die Entscheidungen treffen, die vor mir lagen. Ich wollte immer noch nicht mit meinen Kindern über die Einzelheiten sprechen. Aber für mich war es wie ein Wunder, dass ich mich vor alledem nicht mehr *fürchtete*. Ich wusste, dass ich fähig war, all das durchzustehen, doch es bedeutete, dass ich weiterhin Gott vertrauen musste. Ich musste glauben, dass er mir die nötige Weisheit schenken würde, und dann einen Schritt nach dem anderen tun. Ich würde diesem Tag entgegentreten und mich allem stellen, was auf mich zukam. Ich war nicht allein.

Mir war klar: *Wenn ich aus diesem Bett steige, stehe ich im Rampenlicht, und alle Welt schaut auf mich. Gott, sei du vor mir und neben mir.*

Ich stand leise auf, um meine Kinder nicht zu stören, die noch friedlich schliefen. Im Badezimmer schaute ich in den Spiegel. *So sieht also eine Witwe aus.* Ich tat, was ich jeden Morgen machte, wusch mein Gesicht, trug etwas Make-up auf, glättete mein normalerweise lockiges Haar. Es gab immer noch persönliche Momente, Augenblicke nur für mich. Ich hatte immer noch einen Teil meines Lebens in der Hand.

Im Bewusstsein der wirklich wundervollen Gegenwart Gottes trat ich zur Tür, stand einen Augenblick unbeweglich da, griff nach der Türklinke, drückte sie hinunter und trat ins Rampenlicht.

~

Unten fand ich meine Tante in der Küche. »Wie wär's mit einer Tasse Kaffee, Süße?«, begrüßte sie mich in ihrer üblichen Art,

Kosenamen zu verwenden. *Ein netter Anfang.* Ich wärmte meine Hände an der Henkeltasse, stand neben ihrer großen Kücheninsel und beobachtete, wie sie den Geschirrspüler ausräumte. Die weiße Kaffeesahne vermischte sich mit der dunklen Flüssigkeit. Es schmeckte wie immer. Vielleicht hatte sich doch nicht *alles* verändert. Ich setzte mich auf den Lehnstuhl in der sonnendurchfluteten Sitzecke neben der Küche, auf der einen Seite mehrere Panoramafenster zum Garten, auf der gegenüberliegenden Wand eine geschmackvolle Anordnung von Gemälden und Kunsthandwerk. Die Welt um mich herum war gleich geblieben. Obwohl sich mein Leben drastisch verändert hatte, fand es in einer Zeit und in einem Raum statt, die noch so normal waren wie letzte Woche.

Ich bin bei dir, flüsterte Gott mir zu. *Schau auf mich. Ich stehe dir bei.*

Ich spürte ganz konkret die Gegenwart Gottes. Die Wärme der Tasse. Die Liebe in Tante Lindas Stimme. Die Schönheit der Kunst. Der makellos gepflegte Garten, der aussah wie ein Foto aus einer Gartenzeitschrift. Immer noch blühten Blumen, sogar Schmetterlinge tanzten an diesem herrlichen Oktober-Herbsttag vor dem Fenster. Die bunten Blätter an den Bäumen waren ein Hinweis darauf, dass zu dieser Zeit Leben und Tod nebeneinander bestehen konnten. Wir gehörten Gott, dem Herrn über Leben und Tod.

»Weißt du, was meine Lieblingserinnerung als Kind in deinem Haus ist?«, fragte ich Linda. Sie hörte auf, in der Küche herumzuhantieren, und setzte sich in den Ohrensessel mir gegenüber, mit dem Rücken zu dem Fenster, das auf ihren Garten hinausging. Sie wirkte wie eingerahmt von dem bunten Leben ihres Gartens. All das war ein Geschenk, ein Riesengeschenk mitten in dem Verlust von allem, was mir vertraut war.

Sie erriet es sofort: »Unser *Pollyanna*-Abend?«

»Ja! Wie bist du darauf gekommen? Wie alt war ich damals – vielleicht sieben oder acht? Du hast mich und ein paar Freundinnen von Laura zu Lauras Geburtstag eingeladen.« Laura war meine

Cousine, Lindas Tochter. »Wir haben gemeinsam den Film *Pollyanna* angeschaut, und dann wolltest du, dass wir ihn nachspielen. Du hast Auberginenauflauf gekocht. So etwas hatte ich noch nie gegessen, und es hat mir fantastisch geschmeckt. Wir haben den ganzen Abend lang gelacht, vor allem beim Nachspielen unserer Lieblingsszenen.«

Linda strahlte bei meiner Beschreibung. »Ihr Mädels habt die ganze Zeit gelacht und gekichert. Auch mir hat es Spaß gemacht. Wir haben tolle Erinnerungen an diesen Abend.« Dann hielt sie inne, wurde plötzlich ernst und erklärte: »In schwierigen Zeiten zehren wir von unseren Erinnerungen, Marie.«

Ich nickte, nahm einen Schluck Kaffee und antwortete: »Ich erinnere mich noch sehr gut daran, wie du nach dem Tod von Elise zu mir gesagt hast: ›Marie, du musst malen. Komm zu mir, wir malen zusammen.‹«

Linda lachte. »Erinnerst du dich noch an deine Antwort? ›Tante Linda, ich kann nicht malen. Ich bin nicht künstlerisch begabt!‹«

»Ich hatte Angst, dass ich mich lächerlich mache, wenn ich mich am Malen versuche. Mein sowieso schon schwaches Selbstwertgefühl war durch den Verlust von Elise noch tiefer in den Keller gerutscht. Ich habe mich so erbärmlich gefühlt. Aber du hast nicht aufgegeben. Du hast mich so lange überredet und ermutigt, bis ich nicht mehr Nein sagen konnte.«

»Natürlich. Und genau das hast du gebraucht. Kunst heilt. Du weißt, dass ich davon überzeugt bin.«

Tante Lindas Leben war ein Beweis für diese Anschauung. Sie ist eine der vier Schwestern meiner Mutter und eine begabte Künstlerin. Sie hat sich auf eine spezielle ornamentale amerikanische Schicht-Technik spezialisiert (*Theorem-Painting*), die bis zum Beginn des 19. Jahrhunderts zurückgeht, und ihre Werke sind in einigen Museen und Galerien ausgestellt. Ihr Haus ist ein Beweis für die große Bandbreite ihrer künstlerischen Entfaltungsmöglichkeiten, von Wasser- und Ölfarben auf Leinwand bis hin zu bemalten Serviertabletts, Keramik und Glasarbeiten. Linda hat die seltene Gabe, auf andere zuzugehen und sie von der belebenden Kraft künstlerischen Schaffens zu überzeugen. Das Untergeschoss ihres Hauses ist ein Kunstatelier, aber nicht für sie alleine. Sie öffnet es für Menschen, die den Künstler in sich entdecken und Frieden finden wollen.

Während der Trauer um den Verlust von Elise hatte ich Tante Lindas Einladung, einen Nachmittag pro Woche bei ihr zu verbringen, angenommen. Wir begannen mit den grundlegenden Techniken: wie man den Pinsel hält und die verschiedenen Arten von Strichen, mit denen man unterschiedliche Wirkungen erzielen kann. Unter ihrer Anleitung entdeckte ich, dass meine kleinen, unsicheren Pinselstriche auf einer Leinwand Form annehmen und zu einem Bild werden konnten. Gleichzeitig probierte ich neue, frische Pinselstriche auf der Landschaft in meinem Inneren aus.

Irgendwo beim Mischen der Farben und der Schaffung von Farbtönen ging die Leere meines Lebens in ihre Fülle über, und ich empfand weniger Schmerz. Tante Linda spornte mich zu schöpferischer Tätigkeit an, bei der ich eine tiefe Verbundenheit mit meinem Schöpfer entdeckte. Im Lauf der Wochen konnte ich wieder darauf vertrauen, dass Gott, der größte aller Künstler, zu seiner Zeit etwas Neues in mein Leben malen würde.

Jetzt, Jahre später, konnte ich beobachten, wie meine Kinder in der Liebe von Tante Linda auftauten. Ich habe meine Tante schon immer hoch geschätzt. Sie strahlt eine solche Lebendigkeit aus, dass ich sogar als Kind in ihrer Gegenwart immer den Eindruck hatte, in einem unwiderstehlichen Strom voller Lebensenergie mitgerissen zu werden. Vielleicht würden meine Kinder das Gleiche empfinden.

Plötzlich stürmte Onkel Jim in die Küche. »Ich fahre schnell zu deinem Haus und hole die Fahrräder«, sprudelte es aus ihm heraus. »Ich will, dass die Kinder alles haben, damit sie sich zu Hause fühlen.«

»Nimm dich vor den Medien in Acht«, rief ihm Linda hinterher, als er zur Garage eilte. »Bei ihrem Haus wimmelt es nur so von Reportern. Pass auf, dass sie dir nicht hinterherfahren!«

»Keine Sorge«, rief er, und schon war er weg.

»Was können wir heute für dich tun?«, fragte Linda. »Wir beschäftigen die Kinder. Also mach dir keine Sorgen um sie.«

»Die Ermittler werden wohl bald kommen. Ich habe keine Ahnung, wie lange sie bleiben. Aber ich muss mit ihnen ungestört sprechen können.«

»Keine Sorge«, antwortete Linda.

~

Kaum waren alle mit dem Frühstück fertig, kam Onkel Jim mit der Nachricht zurück, dass mein Haus von Reportern umstellt und von Polizisten bewacht wurde. Die Polizeibeamten hatten ihr Möglichstes getan, um ihm die Journalisten vom Leibe zu halten, aber trotzdem hatten diese ihm Fragen zugerufen, wie: *Sind Sie ein Verwandter? Wo sind Marie und die Kinder? Kommen sie bald zurück? Wie geht es ihnen?* Bei dem Gedanken, dass mein Haus von Journalisten umzingelt war, wurde ich nervös. Aber ich war froh, dass ich kilometerweit entfernt war.

~

Es klingelte, und mir klopfte das Herz bis zum Hals. Ich wusste, dass es die Ermittler waren. Für einen Augenblick erstarrte ich. Onkel Jim begrüßte sie an der Haustür. Ich hörte, wie sie sich höflich vorstellten. Dann zwang ich mich auf die Beine und ging ins Wohnzimmer, obwohl mich plötzlich Übelkeit überkam. Ich ärgerte mich, dass ich mir so überfordert und eingeschüchtert vorkam, doch dann dachte ich, dass ich mich bestimmt bald beruhigen würde, weil ja meine Eltern da waren. Wenigstens waren es dieselben drei Ermittler, mit denen ich schon gestern gesprochen hatte. Ich musste mich also auf keine neuen Beamten einstellen. Mir fiel wieder auf, wie professionell und höflich sie waren.

»Mrs Roberts, können wir irgendwo ungestört sprechen?«

»Ja, Sie können nach oben ins Lesezimmer gehen«, antwortete Tante Linda. Sie ging voran, und alle folgten ihr. Doch der letzte Ermittler in der Reihe blieb stehen und sagte zu meiner Mutter: »Entschuldigen Sie, aber wir müssen mit Marie alleine sprechen.«

Mir rutschte das Herz in die Hose. Damit hatte ich nicht gerechnet. Doch was konnte ich tun? Linda führte uns ins Gästezimmer, in dem sie bereits das Schlafsofa zusammengeklappt hatte, auf dem sie und Jim die Nacht verbracht hatten, sodass es ein kleines, gemütliches Lesezimmer war. Sie schloss die Tür hinter sich und ging.

Ich zitterte und kam mir klein vor. Mit drei Ermittlern in dunklen Anzügen im selben Zimmer zu sitzen war fast zu viel für mich. Als ich den Führerschein gemacht hatte, hatte der Fahrlehrer etwas gesagt, was ich nie vergessen hatte: »Wenn ein Polizeibeamter drei Kilometer hinter dir herfährt, findet er einen Grund, um dich anzuhalten.« Ich weiß nicht, ob das stimmt, aber ich hatte mir diesen Ausspruch sehr zu Herzen genommen. Immer, wenn ich ein Polizeiauto hinter mir sah, bog ich ab und fuhr eine andere Strecke als geplant. Ich wollte nicht angehalten werden! Diese Furcht vor der Polizei verstärkte meine Angst, als wir uns setzten.

Wovor fürchte ich mich so sehr?, fragte ich mich. Ich wusste die Antwort. Diese Männer würden mir Dinge erzählen, die ich nicht hören wollte. Durch sie wurden die Morde für mich zur Wirklichkeit. Und sie wollten auch, dass ich ihnen half, die Motive von Charlie zu verstehen; sie suchten nach Erklärungen, nach Anhaltspunkten. Die Marie, die ihnen helfen wollte, die es allen recht machen und die ihre Erwartungen erfüllen wollte, war völlig unwissend. Ich fühlte mich schuldig. Ich konnte ihnen nichts anbieten. Ich kam mir dumm vor, weil ich nichts wusste.

»Wir wissen, dass das für Sie schrecklich schwierig sein muss, Mrs Roberts«, meinte einer von ihnen. »Wie geht es Abigail und Bryce?«

»Bisher kommen sie gut damit zurecht«, antwortete ich. »Die Seelsorgerinnen kommen heute wieder und jeden Tag in dieser Woche. Das ist eine große Hilfe. Carson ist so klein, dass er nicht wirklich versteht, was geschehen ist. Wie geht es den Familien der Amisch, deren Mädchen im Krankenhaus liegen?«, fragte ich.

»Rosanna King ist sehr schwer verletzt. Ihr Zustand ist immer noch kritisch«, antwortete ein Ermittler. »Der Zustand von Rachel und Sarah Ann Stoltzfus, Barbie Fisher und Esther King hat sich stabilisiert, aber sie liegen noch im Krankenhaus.«

Dann fragte ich nach den Familien der Mädchen.

Die Ermittler schienen alle gleichzeitig zu seufzen. Ich spürte das Gewicht des Kummers, das auf diesen Männern lastete. »Es geht ihnen praktisch so wie Ihnen, Mrs Roberts. Ihre Angehörigen und Freunde sind bei ihnen. Sie sind betroffen und trauern, aber sie halten durch.«

Mir fiel das Mitgefühl in seiner Stimme auf. Ich spürte, dass diese Männer viel mehr taten als ihre Arbeit. Sie litten mit uns allen. Tränen liefen mir über die Wangen, und als ich nach einem Taschentuch griff, sah ich, dass Tante Linda mehr als genug Päckchen im ganzen Zimmer verteilt hatte. Ein weiteres Zeichen von Gottes Fürsorge. Doch diese Männer waren an Tränen gewöhnt, und ich musste mich nicht entschuldigen.

»Mrs Roberts, wir wissen, dass Sie Vorkehrungen für die Bestattung treffen müssen. Die Amisch-Familien unterrichten uns über ihre Vorkehrungen. Wir werden Sie auf dem Laufenden halten, damit Sie Ihre Trauerfeier organisieren können, wenn die Bestattungen bei den Amisch abgeschlossen sind.«

»Danke. Ja, natürlich wollen wir es ihnen ermöglichen, ihre Vorkehrungen zuerst zu treffen.« Ich hatte noch nicht einmal an die Planung von Charlies Beerdigung gedacht.

Der Ermittler fuhr fort: »Bei jeder Bestattung werden wir für Sicherheitsbeamte sorgen, damit die Trauerfeiern nicht von Reportern oder Protesten gestört werden. Das werden wir auch für Sie tun. Die anderen Familien halten die Beerdigungen zu unterschiedlichen Terminen ab, damit sie sich nicht überschneiden und alle Familien an jeder Trauerfeier teilnehmen können.«

»Natürlich. Wir können Ihnen gar nicht genug danken für alles, was Sie getan haben, um uns die Medien vom Hals zu halten.« Ich hatte mich gefragt, ob die Polizei bei der Beerdigung von Charlie anwesend sein würde, und war erleichtert, dass sie kommen wollten.

»Denken Sie daran, dass wir zu Ihrem Schutz da sind, Mrs Roberts. Wie läuft es mit der Presse? Werden Sie belästigt, oder wurde Ihr Grundstück unbefugt betreten?«

Ich erklärte, dass mein Bruder alle Anrufe von Journalisten entgegennahm, dass er keine Auskunft erteilte und Interviews unsererseits mit den Medien ablehnte. Nicht nur Kens Äußeres war beeindruckend, auch sein Verhalten am Telefon ließ keinen Zweifel daran, dass er das, was er sagte, ernst meinte.

»Noch etwas«, warf ein anderer Ermittler ein. »Sie können den Medien ausrichten, dass Sie keine Anrufe mehr wollen. Wenn jemand gegen diesen Wunsch verstößt, teilen Sie es uns mit. Wir werden dann mit demjenigen Kontakt aufnehmen und anordnen, dass Sie in Ruhe zu lassen sind.«

»Das wusste ich nicht. Vielen Dank.« Ich nahm mir fest vor, es Ken zu sagen.

»Wir müssen Ihnen noch ein paar Fragen zu Charlie stellen. Doch bevor wir anfangen, bitten wir Sie um die Erlaubnis, Ihr Haus heute noch einmal durchsuchen zu können.«

»Natürlich«, antwortete ich und stellte mir vor, wie ein ganzes Heer von Polizisten in unser kleines Haus eindrang.

Dann begann das Verhör. Sie stellten Fragen über Charlies Kindheit, seinen beruflichen Werdegang, seinen Erziehungsstil. Die Antworten auf diese Fragen fielen mir leicht. Doch dann wurde es schwieriger: Sie gingen unserer Beziehung und unserem Intimleben auf den Grund. Ich empfand das als peinlich und unangenehm, diesen Männern auf solche persönlichen und privaten Fragen Antworten geben zu müssen. In meiner Verlegenheit fühlte ich zum ersten Mal einen Zorn auf Charlie in mir aufsteigen, weil er mich im Stich gelassen hatte und ich ganz alleine für seine Taten Rede und Antwort stehen und einen solchen Eingriff in unser Privatleben ertragen musste. Doch mein Zorn verging so schnell, wie er gekommen war, als ich versuchte, mir vorzustellen, welch verborgenes Grauen in seinen Gedanken und in seinem Herzen gehaust haben musste, dass er zu solch einer Tat gebracht worden war.

Obwohl ich mich zutiefst verletzt und erschüttert fühlte, war ich von der Freundlichkeit dieser Männer ergriffen. Sie verstanden, wie schwer es für mich war, besonders, als sie weitere Einzelheiten über die Ereignisse innerhalb der Schule mitteilten. Immer wieder fragte einer der Ermittler, ob ich eine Pause benötigte, und drückte sein ehrliches Mitgefühl und seine Teilnahme für unsere Familie aus.

Dann versuchten sie, etwas über Charlies Pläne für das Blutbad zu erfahren. Ich kam mir schlichtweg nutzlos vor.

»Charlie hatte beträchtliche Mengen an Material angehäuft, bevor er sich in der Schule verbarrikadiert hat. Holz, Werkzeuge, Munition und Ähnliches. Wissen Sie, wo er das alles gelagert hat?«

»Es tut mir leid, aber ich habe keine Ahnung. Sie haben ja gesehen, dass wir nicht einmal eine Garage haben, und unser Haus ist so klein, dass man dort wirklich nichts verstecken kann. Ich habe überhaupt kein derartiges Material gesehen.«

Während dieses Teils des Verhörs konnte ich nur unablässig wiederholen: »Es tut mir leid, aber ich habe keine Ahnung.« Es tat mir *wirklich* leid. Ich wollte helfen. Ich war ebenso erpicht wie sie auf Antworten auf diese Fragen.

»Was ist mit dem Kriechkeller unter Ihrem Haus? Hatte er dort etwas gelagert?«

»Soweit ich weiß, haben wir diesen Kriechkeller nie für irgendetwas benutzt.«

»Hatte Charlie normalerweise größere Mengen Munition gelagert?«

»Ich glaube nicht, aber das ist etwas, worauf ich nie geachtet habe.«

Ich weiß nicht mehr, wie lange sie mich befragt haben. Mindestens ein paar Stunden. Als ich sie schließlich zur Tür begleitete, teilten sie mir mit, dass sie in dieser Woche noch mehrmals kommen würden. Ich stöhnte innerlich auf, dankte ihnen aber für alles, was sie taten. Ich fragte mich, was sie wohl sonst noch an diesem Tag erledigten. Was immer es auch war, es konnte nichts Erfreuliches sein.

~

Nachdem die Ermittler gegangen waren, versuchte ich, zur Ruhe zu kommen, und dachte an meine ersten, unbeholfenen Pinselstriche auf der Leinwand zurück, die Tante Linda nach dem Tod von Elise vor mich gestellt hatte. Mit ihrer geduldigen Ermutigung war die Ungeschicklichkeit bald gewichen, und ich hatte entdeckt, wie ich auf einer leeren Leinwand Schönheit zum Ausdruck bringen konnte.

Jetzt hatte Charlies Anruf meine Leinwand wieder mit Schwarz übergossen. Doch in den beiden Tagen, die seither vergangen waren, hatte Gott bereits begonnen, auf die Leinwand meines Lebens etwas Neues von verblüffender Schönheit zu malen. Ich stellte mir vor, wie ich diese Bilder malte: Die Tulpe, die zu Boden fällt und von Gottes Hand aufgefangen wird; wie ich selbst unerwartet kühn mit erhobenen Händen durch mein Haus gehe und laut meine Familie unter den Schutz Gottes stelle; wie eine Gruppe Amisch-Männer meinen Vater umarmt; Tante Linda in ihrer Küche; meine Kinder, die in diesem mit Liebe gefüllten Haus tief schlafen.

Eine andere Szene lauerte dunkel und bedrohlich in meinem Hinterkopf, ein Bild, das ich nicht malen wollte, doch ich wusste, dass es mir nicht erspart bleiben würde. Ich musste eine Beerdigung planen. Ich sann über all die zerbrochenen Hoffnungen und Träume nach, mit denen wir uns in dieser Woche auseinandersetzen mussten. Dann dachte ich daran, dass Gott großzügig unsere Bedürfnisse befriedigt und dabei alle Erwartungen übertrifft. Gott würde uns helfen, auch die Beerdigung durchzustehen. Sein Licht würde durch seine sanften Pinselstriche in unser Leben scheinen und ein Meisterwerk der Liebe schaffen. Die Beerdigung würde keine Ausnahme darstellen. Ich war sicher, dass es so sein würde, auch wenn ich keine Ahnung hatte, wie das geschehen sollte.

Das Mosaik

Ich wagte es nicht, die Frage zu stellen, und hatte Angst vor der Antwort. *Wie frage ich ein Bestattungsunternehmen, ob es bereit sei, meinen Mann zu begraben?*

Unsere Gemeinde war klein. Ich würde eine ablehnende Antwort verstehen. Würde ein Bestattungsunternehmen es riskieren, künftige Kunden vor den Kopf zu stoßen, indem es Charles Roberts bestattete? Mein Mann ist nicht einfach gestorben. Er hat Selbstmord begangen, nachdem er sich in einer Amisch-Schule verbarrikadiert, unschuldige Mädchen terrorisiert und fünf Kinder umgebracht hat.

All das machte mir das Atmen schwer.

Eine quälende Erinnerung machte alles noch schmerzlicher.

Nie vergesse ich den Anblick von Charlie, wie er nach der Trauerfeier den kleinen Sarg Elises aus der Kirche trug. Das glatte Eichenkästchen mit unserer winzigen Tochter wog so wenig, dass mein Mann es leicht alleine tragen konnte. Doch im Lauf der Jahre sollte die Last seines Schmerzes so groß werden, dass sie von diesem jungen Vater alleine nicht mehr bewältigt werden konnte.

Und jetzt, neun Jahre später, bereitete ich die Bestattung von Elises Vater vor.

Ich hatte es lange hinausgeschoben. Ich wählte die Nummer und versuchte, mit ruhiger Stimme zu sprechen. »Hallo, hier spricht Marie Roberts.«

Glücklicherweise brauchte ich meine Frage nicht zu stellen. Ein Mann mit sanfter Stimme kam mir zuvor und ersparte mir die Verlegenheit. »Hallo, Mrs Roberts. Meine herzliche Anteilnahme. Ich habe mich schon gefragt, ob Sie anrufen. Ich erinnere mich an Ihre Familie und die Beerdigung Ihrer Tochter vor einigen Jahren. Rufen Sie wegen Ihrem Mann an?«

»Ich hoffe, dass Sie bereit sind, uns zu helfen«, begann ich nervös.

»Es muss eine sehr schwere Zeit für Sie und Ihre Familie sein«, fuhr der Bestatter freundlich fort. »Ich habe mir das alles schon durch den Kopf gehen lassen. Zunächst habe ich gedacht, dass ich nicht Ja sagen kann. Aber meine Mutter hat mir immer beigebracht, dass jeder Mensch ein Recht auf eine anständige Beerdigung hat. Ja, wir sind gerne bereit, Ihnen zu helfen.«

Wie kann eine Frau die Last einer solchen Schande tragen? Ohne Gottes Gnade wäre ich dazu nicht in der Lage gewesen. Ich machte einen Termin für den folgenden Tag aus und legte erleichtert auf.

~

Ich war erschöpft, als es Zeit war, die Kinder für unsere zweite Nacht in Tante Lindas sicherem Hafen ins Bett zu bringen. Als wir die Laken zurückschlugen, wartete eine nette Überraschung auf uns.

»Schau, Mama. Smiley-Aufkleber!«, rief Abigail.

»Sie sind überall«, lachte Bryce, als er unter die Kissen schaute. Gewiss war Tante Linda heimlich in unser Zimmer gekommen und hatte ihre Überraschung versteckt, um uns zur Schlafenszeit zum Lächeln zu bringen. Die Kinder zählten die Smileys, und jedes legte einen Stapel auf den Nachttisch. Eine weitere Erinnerung, durch

Lindas liebevolle Hände, dass Gott uns zulächelte. Wir waren nicht allein.

Als ich im Bett zwischen Abigail und Bryce lag, wurden die Minuten zu Stunden, aber ich konnte nicht einschlafen. Die Fragen der Ermittler schwirrten mir unablässig durch den Kopf, als ob meine Gedanken unbedingt Antworten finden wollten, wo keine waren. Charlies Brief machte deutlich, dass seine Trauer über Elise die Quelle seiner Wut auf Gott war. Niemand von uns, weder die Ermittler noch meine Familie noch ich, konnten verstehen, warum er als Reaktion auf diese Trauer kleine Mädchen umbrachte. Aber in Charlies verstörter Seele gab es offensichtlich eine Verbindung zwischen beidem. Ich lag schlaflos im Bett und durchlebte diese Zeit der Trauer aus einem neuen Blickwinkel, auf der Suche nach möglichen Hinweisen.

~

Nach Elises Beerdigung versanken wir beide in Trauer. Nur zwölf Monate und eine Woche zuvor hatten wir in derselben Kirche geheiratet. Die Braut war noch ein Teenager und der jungenhafte Bräutigam erst zweiundzwanzig Jahre alt, und beide waren voller Träume und freudiger Erwartung. Die schlagartige Verwandlung unserer Welt von Schönheit zu Asche war ein Schock für unsere zarten Herzen und erschütterte uns zutiefst. Damals schrie ich zu Gott: *Wenn ich an dieser gefallenen Welt etwas ändern könnte, dann würde ich dafür sorgen, dass Eltern nie mehr ein Kind begraben müssen, denn dieser Schmerz ist unerträglich.*

Wie dankbar bin ich jetzt im Rückblick dafür, dass ich nicht in die Zukunft schauen konnte. Damals hatte ich den Eindruck, dass der Verlust unserer neugeborenen Tochter über meine Kraft ging. Wie hätte ich überleben können, wenn ich damals gewusst hätte, dass der Tod unserer Tochter einmal der Anlass für den entsetzlichen Mord an fünf kleinen Mädchen sein würde?

Unsere Angehörigen eilten uns zu Hilfe, sie unterstützten uns sowohl bei der Organisation als auch finanziell. Das war ein großes Geschenk, da wir weder finanziell noch psychisch mit der Situation umgehen konnten. Die Gegenwart von Charlies Eltern, die voller Mitgefühl waren, sprach Bände der Liebe. Meine Mutter half Charlie bei der Planung und den unzähligen Dingen, die bedacht werden mussten. Mein Vater saß schweigend bei mir, hielt mich fest in seinen starken Armen, als ich trauerte, und schenkte seinem kleinen Mädchen Kraft. Charlie und ich weinten zusammen und alleine. Ich erinnere mich, dass ich in seinen Augen denselben tiefen Schmerz entdeckte, wie ich ihn empfand. In den ersten Tagen verstanden wir uns wortlos; wir waren in unserer Trauer vereint.

Nach einigen Tagen ging Charlie wieder zur Arbeit, aber ich nicht. Ich konnte mir eine Rückkehr in den »Alltag« nicht vorstellen, und da wir geplant hatten, dass ich Vollzeitmutter sein würde, wurde ich auch ohne mein Kind Hausfrau.

Hätte Charlie mehr Zeit für die Trauer gebraucht?

Für Charlie und mich war diese Zeit in unserem Leben mehr als belastend. Überall, wo wir hinschauten – in der Kirche, in Geschäften, bei Familienfeiern –, waren wir von Ehepaaren umgeben, die ein Kind erwarteten, eine ständige Erinnerung an unseren Verlust. Jeder Babybauch zeugte von Leben, das in uns keinen freudigen Widerhall mehr verursachte. Wir versuchten, Heilung und Ganzheit in Gegebenheiten zu finden, die sich nicht mehr ändern ließen.

Der Termin für die Nachuntersuchung bei meinem Arzt war auf den 5. Dezember festgesetzt, ausgerechnet an meinem zwanzigsten Geburtstag. Nur zwei Tage später feierten wir Charlies vierundzwanzigsten Geburtstag. Die sechs Wochen zwischen Elises Tod und dem Jahresende waren vollgepackt: Erntedankfest, unsere Geburtstage, Weihnachten. Ich musste mich ganz bewusst auf einfache Aufgaben konzentrieren, um durch jeden Tag zu kommen. Mehr konnte ich nicht tun, nur atmen und weitermachen. Charlie schien es besser zu gelingen, wieder in den Alltag einzusteigen. Ich bewunderte seine Kraft und hinterfragte meine Schwäche.

»Marie, habt ihr schon euren Weihnachtsbaum aufgestellt?«, fragte meine Mutter am Telefon.

Meine Antwort: »Nein, Mama, in diesem Jahr brauchen wir keinen.« Charlie und ich hatten jedes Gespräch über Feiern vermieden. Es war, als hätten wir nichts zu feiern.

Doch meine Mutter wusste, wie wichtig mir Weihnachten war, und sie beschloss, für uns das zu tun, wozu wir selbst nicht fähig waren. »Ich habe mir schon gedacht, dass du so etwas sagst. Aber ihr braucht einen Weihnachtsbaum. Dein Vater, Vicki und ich bringen euch einen am Samstag. Wir helfen dir und Charlie beim Schmücken, und zum Abendessen können wir Pizza bestellen. Einverstanden? Das wird euch guttun.«

Ich wusste, dass es keinen Sinn hatte, mit ihr zu diskutieren. Im Geheimen hatte ich mir einen Baum gewünscht, aber die Arbeit wäre mir einfach zu viel gewesen. Ich wollte, dass er wie von Zauberhand erschien. Mama war die Rettung in der Not.

Meine Eltern und meine Schwester Vicki kamen am Samstagnachmittag mit einem Baum. Mein Vater und Charlie stellten den Baum in der Ecke auf, und mein Vater ging sogleich in den Keller und holte die Schachteln mit dem Weihnachtsschmuck. Das geschäftige Treiben und die Fröhlichkeit meiner Eltern und meiner Schwester hellten die Stimmung in unserem Haus auf, und bald waren wir alle fünf mit dem Schmücken des Weihnachtsbaums beschäftigt und lachten über die alten Familiengeschichten, die meine Eltern über uns Geschwister von vergangenen Weihnachtsfesten erzählten. Dank unserer Eltern wurden wir an diesem Tag etwas aufgeheitert.

»Lass dich nicht runterziehen«, riet mir eine wohlmeinende Freundin während der Feiertage. Ich fragte mich, wie das möglich sein sollte. Normalerweise wäre ich zu der Zeit immer noch schwanger gewesen und hätte die Feiertage und die Zeit bis Februar, dem vorgesehenen Geburtstermin von Elise, voller Vorfreude genossen. Ich wollte, ich könnte all die Hoffnungen und Pläne, die sich in meinem Herzen und meinen Gedanken eingenistet hatten, auslöschen.

~

Ich war unzufrieden, versuchte, einen Sinn in meinem Leben zu finden, und sehnte mich bald wieder nach einem Baby, das die Lücke ausfüllen sollte, die Elise hinterlassen hatte: ein Baby, dem wir all die Liebe schenken konnten, die Charlie und ich angehäuft hatten. Charlie war damit einverstanden.

Mehrere Monate vergingen, und die Schwangerschaftstests verliefen alle negativ. Was beim ersten Mal so leicht geklappt hatte, schien jetzt kompliziert zu sein. Als wir beobachteten, wie die jungen Paare in unserem Umfeld ihre heiß ersehnten Babys nach Hause brachten, wurde unsere unerfüllte Sehnsucht noch verzehrender. Ich kämpfte mit Gott, verstand nicht, warum er den Schmerz und diese innere Zerrissenheit zuließ.

An einem kalten Wintervormittag, als ich betete, hörte ich Gott in mein Herz sprechen. Er forderte mich auf, genau mit dem, was ich hatte, zufrieden zu sein, bevor er mir etwas anderes geben würde. Ich saß im Schneidersitz auf dem rustikalen Quilt auf unserem Bett und dachte an die Monate zurück, in denen ich mit den Frauen aus unserer Verwandtschaft und anderen Freundinnen vor der Hochzeit gequiltet hatte. Wir hatten uns im Haus meiner Mutter getroffen, und ich erinnerte mich an die Hoffnungen und Träume, die ich in diese Decke hineingenäht hatte, wie wir miteinander gelacht und uns die kommenden Jahre und das Leben voller Liebe in meinem Haus vorgestellt hatten. Zu diesen Träumen gehörten Kinder. Doch sie blieben aus. Ich war tief enttäuscht über diese unerfüllten Sehnsüchte.

»Bist du verrückt?«, schrie ich zu Gott. »Wie kann ich mit genau dem, was ich habe, zufrieden sein, wo ich doch nichts habe?«

Schweigen schlug mir entgegen.

Nichts? Mein Gewissen geriet ins Taumeln. Hatte ich das wirklich gesagt? Wie konnte ich mein Leben betrachten und sagen, dass ich nichts hätte? Das stimmte nicht. Ich hatte einen zärtlichen Mann, liebevolle Eltern, Kindheitserinnerungen voller Lebendigkeit und Schönheit, ein warmes Zuhause, Essen auf dem Tisch, eine Kirchengemeinde.

Beschämt senkte ich den Kopf. »Gott, in diesem Trauerprozess gebe ich mich dir hin. Ich weiß, dass du mir viel gegeben hast. Aber der Verlust von Elise hat mir das Herz gebrochen.« Wieder ließ ich den Tränen freien Lauf. Wie viele Tränen hatte ich in den vergangenen Monaten vergossen?

»Herr, nimm die Scherben meines Herzens. Ich weiß, ich bin ungeduldig, aber trotzdem will ich warten, bis du sie wieder zusammenleimst.«

Diese Zeit des Schmerzes, der Heilung und des erneuten Schmerzes war zermürbend. Oft haderte ich, sagte Gott, dass ich einfach nur endlich diesen Schmerz los sein wollte. Ich wollte mir etwas Gutes tun, deshalb versuchte ich, mein Gewicht zu reduzieren. Außerdem kauften wir ein neues Auto (nicht unbedingt eine gute Idee). Doch all diese Ablenkungsmanöver halfen nichts. Ich fühlte mich nicht besser, egal, was wir uns ausdachten.

Da ich zu Perfektionismus neige, sagte mir das ständige Auf und Ab auf dem Weg dieser Selbsterfahrung nicht zu. Ich wollte gleich beim ersten Mal heil werden, mein Ziel auf dem direktesten Weg erreichen. Es fiel mir schwer, Geduld mit mir zu haben und kleine Wachstumsschritte zu feiern, auch wenn es nur die dankbare Anerkennung war, dass es »besser als letzte Woche« ging.

Untätig zu warten, ging mir gegen den Strich. Ich war jemand, der gerne aktiv die Dinge in die Hand nahm. Doch ich spürte, dass Jesus mich aufforderte, mein Martha-Wesen abzulegen und »das gute Teil« zu erwählen, wie Maria, die Jesus zu Füßen saß (Lukas 10,41-42; L).

»Bete mich an, Marie«, rief Gottes Wort mir zu. »Bete mich einfach an.«

Zunächst fiel es mir schwer, Gott in meinem Schmerz anzubeten, doch allmählich begann ich, zu Gott zu kommen, dazusitzen und ihn an meinem Ort zerbrochener Träume, an meinem Ort der Zweifel und der Verzweiflung anzubeten. Manchmal sang ich laut, manchmal saß ich still da und dachte an seine Güte, bis mein Herz trotz meiner Trauer vor Dankbarkeit überfloss. Die Stimme, die in mir »sprach«, führte mich ins fruchtbare Tal meiner Hingabe, und ich verspürte eine neue, tiefe Verbindung mit meinem Gott, wie ich sie vorher noch nie gekannt hatte.

Der Winter verging, und es wurde Frühling.

In diesem Sommer mähte ich oft die Wiese meines Großvaters, eine riesige grüne Leinwand, auf die ich meine Gedanken malen konnte. Charlie und ich lebten damals immer noch in unserem ersten Haus in Lititz, und zum Mähen musste ich in meine Heimat Georgetown zurück, die etwa eine Dreiviertelstunde südlich von uns lag. Die Rückkehr zu den Orten meiner Kindheit schenkte mir neuen Frieden. Die Stunden, die ich auf Opas Aufsitzmäher dahinholperte, boten perfekte Voraussetzungen für die Anbetung. Das Motorgeräusch des Rasentraktors, der ein Mähdeck mit einer Arbeitsbreite von 122 Zentimetern hatte, war so laut, dass ich hingebungsvoll singen konnte, ohne dass mich jemand hörte. Ich habe fast eine Vineyard-CD verschlissen, weil ich immer wieder Mark Millers Lied anhörte: »I delight in you, Lord; you make my heart jump.« Manchmal konnte ich regelrecht spüren, wie mein Herz sprang. Gott bewegte etwas in mir, brachte fast vergessene Träume wieder ins Bewusstsein.

Ich hatte keine Ahnung, dass ich das Grundstück mähte, das eines Tages mein neues Zuhause mit Charlie sein würde, ein Zuhause, das mit dem Lachen von drei wertvollen Kindern gefüllt sein würde; ich hatte keine Ahnung, dass sich an dieser Stelle einmal die Veranda befinden würde, von der aus ich die Hubschrauber sah, die zu dem schrecklichen Schauplatz von Charlies Trauer und entfesselter Wut eilten.

Beim Schreiben fehlen mir fast die Worte, wenn ich daran denke, dass Gott diesen Ort für die Heilung meines erstmals gebrochenen Herzens bestimmte. Er hat dafür gesorgt, dass ich diese Erde mit Gebeten um seine Gegenwart und seinen Frieden, mit Lobliedern und Bibelversen bedeckte, die alle auf diese ungebrochene Grasnarbe fielen.

Eines Tages, als ich beim Mähen von Opas Grundstück laut sang, hörte ich, wie der Herr mir einen Namen zuflüsterte: »Abigail.«

Ich war vom Hören von Gottes Stimme so aufgerüttelt, dass ich den Traktor anhielt, den Kopfhörer abnahm und still und kerzengerade dasaß und angespannt horchte.

»Abigail.« Es war keine hörbare Stimme vom Himmel, sondern ein vertrauliches Flüstern in meinem Inneren, und dieses Mal kamen Anweisungen hinzu. »Schau die Bedeutung in deinem Vornamenbuch nach.«

Ich bekam von Kopf bis Fuß eine Gänsehaut. Ich wusste, dass ich nicht mitten im Mähen aufhören konnte, also mähte ich das restliche Gras und fuhr nach Hause. Ich war sicher, dass ich nicht schwanger war, und doch spürte ich eine heilige Spannung auf das, was Gott mir zeigen wollte. Kaum war ich zu Hause, griff ich nach meiner Bibel und dem Vornamenbuch, setzte mich auf den Boden unseres teilweise fertigen Kinderzimmers und schlug den Buchstaben A im Vornamenbuch auf.

Mein Herz machte einen Sprung. Abigail bedeutet »Quelle der Freude«. In dem Buch stand ein Verweis auf Psalm 37,4. Meine Finger flogen durch die Seiten der Bibel, bis ich den Vers fand und las: »Freu dich am Herrn, und er wird dir geben, was dein Herz wünscht.« Gott schenkte mir einen Einblick in seinen Plan, und ich glaubte fest daran, dass ich wieder ein Baby bekommen würde, ein Mädchen mit dem Namen Abigail.

Der Regen prasselte auf das Dach, als ich dieses Gespräch mit Gott führte, und sobald der Regen vorbei war, stand ich auf und schaute aus dem Fenster. Teils ungläubig, teils voller Freude erblickte ich einen Regenbogen am Himmel. Gottes Farbpalette erstreckte sich strahlend über mir und zeigte mir, dass er die Geschichte meines Lebens malte. Wie Gott mit Noah einen Bund geschlossen hatte, in dem er zusagte, dass er das Leben auf dieser Erde in Zukunft bewahren würde, bestätigte er mir das Versprechen eines neuen Lebens. Ich fotografierte diese Bestätigung vom Himmel mehrmals, denn ich wollte das Ereignis für Charlie sowie als Erinnerung an Gottes Versprechen für eventuelle schwierige Tage festhalten. Ich konnte es kaum erwarten, dass Charlie nach Hause kam!

Als Charlie an jenem Abend heimkam, hatte ich das Abendessen fertig vorbereitet. Obwohl es mir schwerfiel, wartete ich mit der Überraschung, bis wir uns beide setzten und mit dem Essen begannen.

»Charlie, heute habe ich etwas erlebt. Etwas Seltsames und Wunderbares.«

Er schaute mich neugierig an. »Was ist geschehen? Was meinst du mit ›seltsam?‹«

»Und wunderbar«, fügte ich hinzu, denn ich wollte ihn nicht beunruhigen. »Hoffentlich glaubst du nicht, dass ich verrückt geworden bin.« Plötzlich fürchtete ich, dass er meinen könnte, ich habe den Bezug zur Wirklichkeit verloren.

»Marie, du bist der vernünftigste Mensch, den ich kenne. Leg endlich los.« Er legte die Gabel hin, beugte sich zu mir herüber und erwiderte mein strahlendes Lächeln.

Ich erzählte ihm alles, eines nach dem anderen, machte aber eine Pause, nachdem ich beschrieben hatte, wie der Regen gegen die Fenster prasselte. »Dann bin ich vom Fußboden im Kinderzimmer aufgestanden« – ich griff nach dem Fotoapparat und hielt ihn hoch – »und dann habe ich einen prächtigen Regenbogen am

Himmel gesehen! Ich habe ihn fotografiert, damit du ihn auch siehst. Ich lasse die Bilder ganz schnell entwickeln.«

Charlie starrte mich verwirrt, überrascht und gleichzeitig skeptisch an. »Mensch, Marie. Ich weiß nicht, was ich sagen soll.« Er hielt inne. »Glaubst du, dass Gott wirklich zu dir *gesprochen* hat, dass er tatsächlich gesagt hat, dass wir ein Mädchen bekommen, das Abigail heißt?«

»Ja, Charlie.«

Er nahm meine Hand und drückte sie, um mir zu versichern, dass er mein Erlebnis nicht als Hirngespinst abtat. Doch die Skepsis in seinen Augen blieb.

»Ich glaube es wirklich«, wiederholte ich.

Charlie schaute mir eindringlich in die Augen, als ob er versuchte, das zu sehen, was ich gesehen hatte. Sein Blick war jetzt hoffnungsvoll und doch etwas verhalten, was ich gut verstand. Den ganzen Nachmittag hatte ich gebetet, dass Charlie eine ähnliche Begegnung mit Gott haben würde, damit Gottes Botschaft an mich bestätigt werden würde. Ich dachte daran, wie Maria Gott begegnet war, als der Engel ihr angekündigt hatte, dass sie Jesus zur Welt bringen würde. Danach hatte ja Josef seine eigene Begegnung mit Gott gehabt und dadurch Frieden im Herzen bekommen. Ich wusste, dass ich an jenem Tag Gott begegnet war, und wünschte mir ein ähnliches Erlebnis für Charlie. Ich spürte, dass die Heilung von meiner Trauer durch diese Zusage große Fortschritte gemacht hatte, denn ich wusste jetzt, dass Gott mich gesehen und jeden Schrei, jedes Wort der Anbetung, das mir beim Mähen über die Lippen gekommen war, gehört hatte. Jetzt wusste ich, dass Gott mein Rufen und Flehen in all den Monaten vernommen hatte. Als ich in Charlies sanfte Augen schaute, wünschte ich mir sehnlich, dass auch er an diese Zusage Gottes glaubte.

»Ich hoffe es. Ich hoffe es wirklich.« Zärtlich griff er mit seiner rechten Hand unter mein Kinn, sanft berührten seine Lippen meinen Mund. »Ich liebe dich«, flüsterte er und küsste mich wieder.

Ein wohliges Wärmegefühl durchströmte mich, und ich dachte: *Heute wurde ich von Gott und von Charlie geküsst.*

~

Der Regenbogen war ein Wendepunkt für mich. Der Morgen dämmerte.

Allmählich empfand ich wieder Lebensfreude, Sinn in meinem Leben und die Zufriedenheit, nach der ich mich gesehnt hatte. Ein tiefer Friede erfüllte mich. Ich nahm eine Teilzeitstelle als Sekretärin in einem nahe gelegenen Betrieb an und versteifte mich nicht mehr darauf, schwanger zu werden. Meinen Traum, eine Tochter zu bekommen, hatte ich nicht aufgegeben, aber ich lebte einfach nicht mehr nur für die Erfüllung dieses Wunsches. Ich hatte eine Zusage von Gott und vertraute darauf, dass er keine Hilfe brauchte, um sein Versprechen zu erfüllen.

Mehrere Monate vergingen. Es war etwas über ein Jahr her, seit ich mit Elise schwanger geworden war. Ich vermutete, wieder schwanger zu sein, und kaufte heimlich einen Schwangerschaftstest. Am folgenden Samstagmorgen, als wir aufwachten, überraschte ich Charlie und legte ein Teststäbchen auf das Kopfkissen.

Sein Gesicht erhellte sich. »Wirklich?« Er schaute mir in die Augen. »Hast du den Test schon gemacht?«

»Noch nicht«, antwortete ich. »Aber ich werde ihn jetzt gleich machen.« Ich rannte ins Badezimmer und kehrte kurz darauf mit dem Teststäbchen in der Hand zurück. Wir setzten uns nebeneinander, hielten den Atem an und ließen das Stäbchen nicht aus den Augen. Wie von Zauberhand zeigte es die Antwort an, für die wir gebetet hatten.

»Das ist zu schön, um wahr zu sein«, flüsterte Charlie und umarmte mich so fest, dass es mir fast den Atem raubte. Wir weinten beide, waren so außer uns vor Freude, dass wir eine Zeit lang gar nichts sagen konnten.

Beim Frühstück vereinbarten wir, dass ich sofort zum Arzt gehen würde und dass wir unseren Eltern unverzüglich Bescheid sagen würden, weil wir ihre Hilfe auf diesem neuen Weg brauchten. Alle anderen würden wir erst nach dem dritten Monat informieren.

In den folgenden Tagen waren Charlie und ich voller Freude, aber auch etwas angespannt. Wir versuchten, nicht allzu viel an den Verlust von Elise zu denken, und sagten uns, dass wir trotz allem Gott vertrauen mussten. Jeden Morgen erwachte ich mit einem Glücksgefühl, weil in mir wieder ein Leben heranwuchs, kämpfte aber auch immer wieder mit der Angst, dieses Baby zu verlieren.

Als wir eines Abends ins Bett gingen, kuschelte ich mich an Charlie, legte meinen Kopf auf seine Brust und gestand: »Charlie, ich mache mir Sorgen. Ich weiß, dass Gott mir Abigail versprochen hat, aber ich kann mir nicht helfen, ich habe Angst, dass ich dieses Baby verliere, so wie Elise.«

»Du auch?«, fragte er. »Jedes Mal, wenn ich nervös werde, sage ich mir, dass ich die Hoffnung nicht aufgeben darf. Ich will nicht, dass wir so etwas noch einmal durchmachen müssen.«

Ich war erleichtert, dass er über seine Gefühle sprach.

»Egal, was geschieht, wir stehen es gemeinsam durch, okay?«, fragte ich. »Gott ist bei uns.«

»Du hast einen solch starken Glauben, Marie«, seufzte er. Erst später ging mir auf, dass er damit vielleicht andeutete, dass sein eigener Glaube ins Wanken geraten war. Damals hatte ich diesen Eindruck nicht. Ich dachte einfach, dass er mich in meinem Glauben bestärkte.

~

Zwei Wochen nachdem wir festgestellt hatten, dass ich schwanger war, bekam ich Schmerzen auf der rechten Seite, wie Krämpfe, nur stärker. Mir war auch schlecht, als ob ich eine Magengrippe hätte. Ich machte sofort einen Termin beim Hausarzt aus. Er dachte, es sei eine einfache Virusinfektion, und schickte mich nach Hause.

Bei der Arbeit am folgenden Nachmittag fühlte ich plötzlich einen stechenden Schmerz und wurde fast ohnmächtig. Ich ging nach Hause, legte mich ins Bett und wusste, dass etwas nicht in Ordnung war. Da ich nicht blutete, hoffte ich, dass die Symptome nichts mit meiner Schwangerschaft zu tun hatten.

In den nächsten Tagen kamen die Schmerzen, gingen und kamen wieder. Mein Hausarzt verschrieb mir Bettruhe und riet mir, auf genügend Flüssigkeitsaufnahme zu achten.

Zwei Tage danach bekam ich eine Blutung. Meine Hoffnungen schwanden. War das der Anfang vom Ende? Ich rief meine Frauenärztin an. Als ich die Symptome beschrieb, die ich am Anfang der Woche gehabt hatte, war sie sicher, dass das Baby in einem der Eileiter heranwuchs. Sie ordnete mehrere Untersuchungen an.

»Es tut mir so leid«, begann die Ärztin, als die Ergebnisse vorlagen. Ich saß auf dem Untersuchungstisch, und Charlie stand neben mir. Er drückte mir die Hand, aber unsere Augen waren auf die Ärztin gerichtet.

»Sie haben eine Extrauterin-Schwangerschaft«, erklärte sie. »Ihr Baby wächst in einem der Eileiter, anstatt in der Gebärmutter. Es kann dort nicht überleben. Sie werden das Baby verlieren. Außerdem haben Sie eine Zyste auf einem Eierstock, und eine andere Zyste ist bereits geplatzt. Das war wahrscheinlich die Ursache für die starken Schmerzen, die Sie vor ein paar Tagen hatten. In den nächsten Wochen müssen wir Sie genau beobachten und sehen, ob eine Operation erforderlich ist.«

Ich begann, zu weinen. Als Charlie sich mir zuwandte, sah ich in seinen Augen Angst und Sorge um mich und die Enttäuschung über den Verlust unseres zweiten Kindes, die gleichen Gedanken und Gefühle, die mich quälten. Die Last seiner Trauer kam zu meiner hinzu, und ich konnte sehen, dass das auch auf Charlie zutraf. Wie schwer ist es, einander zu trösten, wenn der Schmerz in den Augen des anderen die Last für beide vergrößert.

»Besteht eine Gefahr für Marie?«, fragte Charlie. Ich spürte seine Angst.

»Wir werden Sie genau beobachten und oft Ultraschall- und Blutuntersuchungen durchführen. Wenn Sie plötzlich Schmerzen bekommen, wenn Ihnen schwindlig wird oder Sie ohnmächtig werden, rufen Sie sofort an. Aber im Moment sehe ich keine Anzeichen von Gefahr.«

Charlie schien nicht recht überzeugt zu sein.

Schweigend und weinend fuhren wir nach Hause. Was blieb noch zu sagen? Am folgenden Tag beschlossen wir, unser wertvolles ungeborenes Kind Isabella zu nennen, was »gottgeweiht« bedeutet. Sie war jetzt in Gottes Armen und würde nie in unseren Armen liegen.

Teils war ich enttäuscht über mich. Warum hatte ich mich der Freude und Begeisterung über ein neues Leben hingegeben, nur um wieder vor dem Schatten des Todes zu stehen? Charlie war meistens still, mit Ausnahme seiner ständigen Fragen nach meinem Befinden. Aber wenn ich meinen eigenen Gefühlen Ausdruck verlieh, gestand er, dass es ihm genauso ging.

Doch beim Gebet in den nächsten Tagen wurde ich immer dankbarer dafür, dass ich mich in jedem Augenblick über die Zusage meines Gottes hinsichtlich Abigail gefreut und daran geglaubt hatte. Mir wurde klar, dass ich immer noch an die Erfüllung dieses Versprechens glaubte.

Als ich Charlie davon erzählte, schüttelte er den Kopf. »Ich verstehe dein Vertrauen nicht, Marie. Möglicherweise ist es nur Wunschdenken.«

Obwohl mein Vertrauen auf Gottes Zusage für Charlie ein Rätsel war, ließ meine Hoffnung nicht nach. Und ich konnte sehen, dass Charlies Sorge um mich seine anderen Gefühle in den Hintergrund drängte.

Die nächsten Wochen erlebte ich wie durch einen Schleier. Sie waren geprägt von Arztbesuchen, Blutabnahmen, Ultraschalluntersuchungen. Obwohl mein Baby gestorben war, steckte es immer noch in meinem Eileiter. Wir beteten um ein Wunder.

Noch eine Untersuchung stand an, bevor man einen Termin für die Operation festsetzen wollte. Angespannt saßen wir im Sprechzimmer der Ärztin. »Ich habe gute Nachrichten für Sie«, berichtete sie. »Tatsächlich hat sich alles ohne Rückstände zurückgebildet. Ihr Körper hat den Eileiter selbst gereinigt, wie ich gehofft hatte. Ein operativer Eingriff ist nicht erforderlich.«

Charlie strahlte sichtlich erleichtert. Er umarmte mich und gab mir einen Kuss auf die Wange.

Natürlich war meine Freude darüber groß, dass ich nicht operiert werden musste. Trotzdem war ich traurig, dass jede Spur meines zweiten Kindes verschwunden war.

~

Ich überdachte meine Identität: Mutter von zwei Babys im Himmel … Ehefrau von Charlie auf der Erde … und künftige Mutter von Abigail.

Meine Ärztin erklärte, dass es aufgrund des Narbengewebes in einem meiner Eileiter für eine befruchtete Eizelle schwieriger oder unmöglich wäre den Eileiter zu durchwandern, und dass deshalb meine Chance, ein Kind zu bekommen, nur noch halb so groß wäre wie bei einer normalen Frau. Meine Achtung vor der Meinung der Ärztin erschütterte jedoch nicht mein Vertrauen auf Gottes Zusage. Ich wusste, dass ich eines Tages Abigail in den Armen halten würde.

»Ich mache mir lieber keine falschen Hoffnungen«, lautete Charlies Antwort.

Für mich war dieser zweite Verlust weniger belastend als der Tod von Elise zehn Monate zuvor. Das Fragen und Kämpfen im vergangenen Jahr hatte meinen Glauben und mein Vertrauen gestärkt. »Es ist aber der Glaube eine feste Zuversicht auf das, was man hofft, und ein Nichtzweifeln an dem, was man nicht sieht« (Hebräer 11,1; L). Ich war fest entschlossen, mich auf dem Weg zur Heilung nicht aufhalten zu lassen. Ich hatte gelernt, dass ich durch Trauer gehen konnte und trotzdem Gott an meiner Seite fand, dass ich sogar mitten in der Dunkelheit Gott loben konnte. Ich hatte erlebt, wie Gott die Scherben meines zerbrochenen Herzens in die Hand nahm und daraus ein Mosaik schuf, ein neues Herz, das alle Bruchstücke einschloss, sodass keines fortgeworfen wurde.

Mit ganzem Herzen und mit ganzer Seele klammerte ich mich an Gottes Versprechen, dass ich eine Tochter mit Namen Abigail bekäme – ein Versprechen, das mit einem Regenbogen besiegelt worden war.

In den folgenden Wochen feierten Charlie und ich unseren zweiten Hochzeitstag, Elises ersten Geburtstag, das Erntedankfest und dann unsere Geburtstage Anfang Dezember. Der Herbst und die Feiertage im Winter, eine Zeit, in der sich üblicherweise die Familie traf und der Segen des Jahres gefeiert wurde, waren jetzt durch herbe Verluste beeinträchtigt. Trotzdem war ich dankbar für Gottes unendliche Liebe, die ganz konkret in unserer gegenseitigen Liebe und der Liebe unserer Eltern und Angehörigen spürbar war.

Eines Abends beim Essen erzählte ich: »Charlie, bei meinem letzten Besuch beim Arzt bekam ich diese Liste mit Selbsthilfegruppen für Eltern, die Kinder durch eine Fehlgeburt oder Totgeburt verloren haben. Das könnte vielleicht hilfreich sein. Möchtest du mit mir da hingehen?«

Zunächst schaute er nicht auf. Er nippte an seinem Tee, dachte nach. Es lag auf der Hand, dass ihm diese Frage unangenehm war. »Eigentlich nicht. Warum gehst du nicht ohne mich hin.«

»Ich habe nur gedacht, das könnte uns beiden helfen. Ich habe meine Mutter und Tante Linda, mit denen ich sprechen kann. Und du weißt, wie ich die ganze Zeit mit Gott spreche und spüre, wie er mich tatsächlich heilt. Aber du hast niemanden, mit dem du sprechen kannst.«

»Ich brauche niemanden zum Reden«, antwortete er nüchtern, aber nicht unfreundlich. »Das ist nicht meine Art. So ist es nun einmal. Eine Gruppe ist nichts für mich.«

»Okay. Nun, ich schau es mir auf jeden Fall mal an.« Ich war enttäuscht. Ich hatte mir gewünscht, dass wir uns im Laufe der Heilung näherkommen würden. Doch ich musste zugeben, dass ich mir selbst kaum vorstellen konnte, dass Charlie in der Lage war, in einer Gruppe fremder Leute unbefangen über Gefühle zu sprechen. Vielleicht war das wirklich nichts für ihn.

Ich glaubte zwar immer noch fest an eine Tochter mit dem Namen Abigail, doch überkamen mich immer wieder Kummer und Ratlosigkeit. Wenn ich in meinem Schmerz Gott anbetete und ihn an sein Versprechen erinnerte, verstummten die Zweifel. So fand ich mich mit der gelegentlichen Traurigkeit ab, denn ich wusste, wenn ich offen und ehrlich mit Gott war, dann würde er sich irgendwie zu mir herabbeugen und mein verwundetes Herz heilen. Mit der Zeit würde seine Liebe meine Leere ausfüllen und sein Leben meinen Mangel beheben.

Allmählich akzeptierte ich Gottes Entscheidungen für mein Leben, ohne mich dagegen zu wehren, und dadurch gewann ich meine Freude zurück. Charlie dagegen war weiterhin zurückhaltend und sprach kaum über seine Gefühle hinsichtlich unserer Verluste, obwohl er offensichtlich nach der Hoffnung griff, die ich hegte.

Ich nahm an, dass er sich mir mit der Zeit anschließen würde – ein gewaltiger Irrtum.

~

»Mama, schau mal, was die Nachbarn gebracht haben!«, rief Abigail und rannte in Tante Lindas Haus die Treppe hoch. Es war

Mittwochvormittag, und ich war im oberen Stockwerk. Nachdem ich die Wäsche zusammengelegt hatte, wollte ich in meiner Bibel lesen. Bis jetzt war der Morgen ruhig verlaufen, doch bald wurde mir klar, dass es ein weiterer Tag mit Höhen und Tiefen sein würde, so ähnlich wie die Erlebnisse, die mir vergangene Nacht ins Gedächtnis zurückgekommen waren.

Abigail schaute an diesem Morgen etwas heiterer aus. Nicht gerade fröhlich, aber ihr Gesicht und ihre Stimme waren ausdrucksvoller. Ich hatte gehört, dass es vor einiger Zeit an der Tür geklingelt hatte, aber da niemand nach mir rief, hatte ich angenommen, dass es mich nicht betraf. Abigails Erklärung entnahm ich, dass es eine von Lindas Nachbarinnen gewesen war.

»Okay, ich komme«, sagte ich. »Wo sind deine Brüder?« Ich legte die Bibel beiseite und stand auf.

»Sie spielen schon mit den neuen Sachen.«

»Mit war für neuen Sachen?«

»Das siehst du gleich, Mama.«

Unten im Wohnzimmer sah ich Bryce und meinen Vater auf dem Boden sitzen und die Teile eines neuen Puzzles ausbreiten, große Teile, die für meinen Fünfjährigen perfekt waren. Meine Mutter und Carson stießen einen riesigen roten Luftballon durch das Wohnzimmer.

»Was machst du da, Bryce?«, fragte ich.

»Die Nachbarn von Tante Linda haben ganz viele tolle Sachen gebracht. Dieses Puzzle, Luftballons, Malbücher. Alles in der Schachtel da drüben.« Er zeigte in die Ecke.

»Und Straßenmalkreide«, kündigte Abigail fröhlich an. »Tante Linda hat gesagt, dass sie nachher draußen mit mir malt, wenn sie das ganze Essen weggeräumt hat.«

»Was für Essen?«, fragte ich.

»Schokoladekuchen!«, quietschte Carson. Er ließ den roten Luftballon fallen, nahm mich bei der Hand und führte mich in die Küche.

»Was ist denn das?«, fragte ich. Linda und Jim standen vor dem offenen Kühlschrank und hatten ihn anscheinend halb geleert. Ihre riesige Arbeitsplatte war voller Tupperware-Dosen, zugedeckter Schüsseln und Essensbehälter.

Mit dem Kopf im Kühlschrank antwortete Linda: »Das ist die großzügige Hülle und Fülle von guten Freunden und Nachbarn. Ich versuche grad, für alles vor dem Mittagessen einen Platz zu finden.« Lindas Nachbarn, die unseren Aufenthaltsort immer noch geheim hielten, hatten zwei Platten Fleisch und Käse fürs Mittagessen, eine Schale Obst, Schokoladekuchen und zugedeckte Schüsseln als Überraschungsabendessen vorbeigebracht. Im Lauf der Woche schauten sie immer wieder kurz vorbei, nebst anderen Freunden und Angehörigen, die für einen ständigen Nachschub an Brot, Käse, Fleisch, Nachtisch, Obst und Getränken sorgten.

»Eines ist sicher«, meinte Onkel Jim, bevor er ein Stück Schokoladekuchen in den Mund stopfte. »In dieser Woche haben wir genug für jeden unvorhergesehenen Gast.«

»Kein Kuchen vor dem Mittagessen, Jim«, schalt ihn Linda, doch es war zu spät.

»Krieg ich auch ein Stück?«, fragten Bryce und Abigail, die uns in die Küche gefolgt waren, wie aus einem Mund.

»Ich auch!«, schrie Carson.

Linda warf Jim einen demonstrativen Blick zu, der ausdrückte: »Siehst du, was du angerichtet hast.«

Jim schaute mich fragend an, und ich nickte. »Ein kleines Stück für jeden von euch«, verkündete Onkel Jim. »Dann ist Schluss, bis zum Mittagessen. Setzt euch an den Tisch, ich bringe euch was.«

Die Kinder eilten ins Esszimmer. Ich lächelte, wahrscheinlich zum ersten Mal in zwei Tagen.

Es klingelte.

»Geht nicht zur Tür«, rief Linda. »Es könnte ein Reporter sein.«

Sie hatte recht.

»Guten Morgen. Ich habe gehört, dass Sie mit der Familie Roberts verwandt sind?« Ich konnte die Stimme des Mannes von der Küche aus kaum hören, weil Linda die Tür nur einen Spalt weit öffnete, damit er nicht hereinschauen konnte. Später erzählte sie uns, dass er den Hals vorgestreckt und versucht hatte, um die Ecke zu schauen.

»Wer sind Sie, bitte?«, fragte Linda mit fester Stimme.

»Ich versuche nur, die Familie Roberts zu erreichen.« Er wich ihrer Frage aus.

Linda ließ sich darauf nicht ein. »Sind Sie ein Reporter?«, fragte sie. *Ihre* Stimme war deutlich zu vernehmen.

»Ja, ich versuche nur …« Er konnte seinen Satz nicht zu Ende bringen.

»Ich erteile keine Auskunft und bitte Sie, nicht wiederzukommen.« Dann schloss sie energisch die Tür. Ich sah, dass Tante Linda als Wachposten so resolut war wie mein großer Bruder Ken.

~

Kurz vor dem Mittagessen kam eine Vertreterin einer ortsansässigen Bank zu Besuch und brachte die weichsten Stofftiere, die ich jemals berührt habe, sowie einen Stapel Karten von Bankangestellten und Kunden, auf denen Mitgefühl und Hoffnung zum Ausdruck gebracht wurde. Sie hatte zuvor angerufen, und mein Vater hatte einem Treffen zugestimmt. Wir saßen in der gemütlichen Sitzecke neben der Küche.

»Mrs Roberts, ich habe noch etwas für Sie.«

Ich fragte mich, was das sein könnte. Die Geschenke und Karten, die sie mitgebracht hatte, hatten mich schon tief berührt.

»Für Ihre Kinder wurde bei unserer Bank ein Treuhandfonds errichtet. Alle Gelder wurden gespendet. Sie brauchten nichts zu tun, außer auf einigen Formularen zu unterschreiben. Aber das ist nicht eilig. Es kann warten, bis Sie Zeit haben. Wir wollten Sie nur darüber informieren, in der Hoffnung, Ihnen eventuelle finanzielle Ängste wegen Ihrer Zukunft zu nehmen.«

Ich war sprachlos und benommen, saß wie vom Donner gerührt da. Ich hatte nichts zu bieten, außer einem einzigen, sehr kleinen, unzulänglichen Wort: »Danke.«

Ich konnte darauf vertrauen, dass Gott viel mehr tat, als ich erbitten oder mir vorstellen konnte. Unser Leben würde nicht mehr die solide Glasplatte sein, die wir kannten. Doch er war bereits dabei, jede Glasscherbe aufzuheben und die Bruchstücke zu einem herrlichen Mosaik zusammenzusetzen. Dieses Geschenk war seine Einlage für unser Mosaik, ein herrlicher Edelstein.

Als die Bankangestellte gegangen war, ging ich zurück ins Lesezimmer und schloss die Tür. Dann weinte ich. Ich ließ den Tränen freien Lauf, konnte minutenlang nicht mehr aufhören. Ich weinte wegen Gottes Güte, und ich weinte, weil ich zu Charlie rennen und ihm sagen wollte, was der Herr eben für unsere Kinder getan hatte. Ich weinte wegen der Erinnerungen an Gottes Heilung nach dem Verlust von Elise und Isabella, und ich weinte, weil Charlie Gottes heilendes Handeln nicht so gespürt hatte wie ich. Ich weinte wegen meiner Kinder, wegen des Schutzes und der Liebe, die Gott ihnen durch Angehörige und Freunde schenkte, und wegen der Meilensteine, die noch vor ihnen lagen und bei denen das Fehlen ihres Vaters eine offene Wunde zurücklassen würde. Ich weinte, weil ich Angst vor dem Besuch im Bestattungsunternehmen an diesem Nachmittag hatte.

Jede Träne, die Tränen der Traurigkeit und die Tränen der Dankbarkeit, legte ich Gott hin, im Vertrauen darauf, dass er jede einzelne auffangen würde. Er würde sie alle aufbewahren. Sie wurden gebraucht.

Denn ein Mosaik wird nicht nur aus zerbrochenen Kacheln und Edelsteinen, Edelmetallen und Glasscherben hergestellt. Der Künstler kann sein Kunstwerk nicht erschaffen, wenn er keine

Unterlage aus feuchtem Ton hat, auf die er die vielen Bruchstücke setzen kann.

Mit meinen Tränen stellte der Künstler den Ton für sein Meisterwerk her.

Der heilige Tausch

Am Mittwoch, kurz nach dem Mittagessen, kam Chuck, Charlies Vater, mit dem Auto zum Haus meiner Tante. Er hatte angeboten, mich zu dem Bestattungsunternehmen zu fahren, wo wir Terri, Charlies Mutter, treffen würden. Meine Eltern sprachen kurz mit ihm im Wohnzimmer, während ich mich von meinen Kindern verabschiedete.

»Ich bin nur für ein paar Stunden weg«, beschwichtigte ich sie, während ich sie umarmte. Es fiel uns schwer, uns voneinander loszureißen. Seit dem Blutbad war es unsere erste Trennung, und mein Beschützerinstinkt lief auf Hochtouren.

Die dreiviertelstündige Fahrt zu dem Bestattungsunternehmen kam mir unwirklich vor. Wir hatten zu Beginn der Woche miteinander telefoniert, doch jetzt sah ich Chuck zum ersten Mal seit dem Blutbad. Sein von tiefer Trauer gezeichnetes Gesicht tat mir im Innersten weh.

Ich versuchte, die Übelkeit in den Griff zu bekommen, die bei dem Gedanken an das Bestattungsunternehmen in mir aufstieg. Wenn ich an die nächsten Stunden dachte, schrie alles in mir: *Nichts wie weg! Nichts wie weg!* Doch wir bewegten uns immer weiter auf das Unvermeidliche zu.

»Gestern habe ich einen Anruf von einem Pastor aus der Nähe bekommen, der mich sprachlos gemacht hat«, erzählte ich Chuck und war dankbar, dass ich auch gute Nachrichten für ihn hatte. »Er wollte mir mitteilen, dass seine Gemeinde für uns betet und dass Gott sie dazu bewogen habe, uns konkret zu helfen.«

Ich machte eine Pause und versuchte, die Fassung zu bewahren. Wenn ich jetzt die Fassung verlor, würde ich sie wahrscheinlich nicht zurückgewinnen, bis wir bei dem Bestattungsunternehmen angekommen waren, und ich wollte dort unbedingt meine Gefühle unter Kontrolle halten.

Ich fuhr fort: »Sie haben angeboten, die gesamten Kosten für die Beerdigung zu übernehmen. Sie haben mich ermutigt, alles so zu organisieren, wie wir möchten, und der Pastor hat schon bei dem Bestattungsunternehmen wegen der Rechnung angerufen. Unglaublich, oder?«

Ich konnte sehen, wie betroffen mein Schwiegervater war.

Der Anruf von der Kirche hatte mich bestürzt und berührt. Hätten sie mir nicht ein solch unvorstellbares Angebot gemacht, wäre meine Lage wahrhaft trostlos gewesen. Zusätzlich zu den entsetzlichen Umständen von Charlies Tod hätte ich irgendwie die Kosten aufbringen müssen, damit seine sterblichen Überreste der Erde übergeben werden konnten, und dafür hatte ich das Geld nicht. Zunächst der Treuhandfonds für meine Kinder, jetzt das hier. Gott hatte die Herzen von Menschen angerührt, und sie hatten sich ansprechen lassen und zeigten mir Gottes Barmherzigkeit und Fürsorge. Dafür werde ich ewig dankbar sein.

Abgesehen von kurzen Streifzügen durch Lindas Garten, hatte ich seit zwei Tagen das Haus nicht verlassen. Deshalb versuchte ich, die vertraute Landschaft mit ihren sanft geschwungenen Hügeln, den roten Ställen und weißen Silos zu genießen. Doch beim Anblick der Windmühlen, den Wahrzeichen von Amisch-Bauernhöfen, wurde ich von einer neuen Welle der Trauer erfasst. Zwischen langen Zeiten des Schweigens sprachen wir über die erstaunlichen Liebesbeweise und Unterstützungszusagen der Gemeinde. Chuck und Terri machten die gleiche Erfahrung. Als wir uns dem Bestattungsunternehmen näherten, bat ich Gott im Stillen, meine Angst durch das Erstaunen zu ersetzen, das ich verspürt hatte, als ich über den Treuhandfonds und die Bezahlung der Beerdigungskosten informiert worden war. Ich sehnte mich danach, alles Negative durch Gutes zu ersetzen.

Als wir das Bestattungsunternehmen betraten, atmete ich mehrmals tief durch, um das flaue Gefühl in meinem Magen zu beruhigen. Terri kam kurz nach uns an. Wir wurden fast von einer Lawine von Gefühlen erdrückt.

Wir einigten uns auf eine Trauerfeier mit geschlossenem Sarg am Samstag. So hatten die Familien der Opfer genügend Zeit, ihre Trauerfeiern zuerst abzuhalten. Die Beerdigung würde auf dem kleinen Friedhof hinter der methodistischen Kirche von Georgetown, direkt neben dem Anwesen meines Großvaters, stattfinden – an einem Ort, der seit meiner Geburt zu meinem Leben gehört hatte. Nachdem wir den Sarg ausgesucht und über die Trauerfeier gesprochen hatten, wurde uns die Gelegenheit gegeben, die Leiche anzuschauen. Doch ich lehnte ab. Ich wollte Charlie so in Erinnerung behalten, wie er gelebt hatte, und nicht das Bild von ihm als Toten in meine Gedanken einbrennen.

Als Abschlussmusik wählte ich ein Lied, das seit dem Tag der Tragödie für mich die Melodie des Himmels ist: *All I Want* von Jeff Deyo. Seit meiner Kindheit war Musik mein Rettungsanker, ein Ort des Nachdenkens und der Anbetung gewesen, mein geheimer Treffpunkt, in dessen Atmosphäre Jesus zu mir sprach. Ich hatte dieses Lied in den vergangenen zwei Tagen immer wieder in Gedanken oder auch, wenn ich gerade alleine war, laut gesungen. Für mich verkündete es eine vollständige Wiederherstellung.

Ich komme mit verzweifeltem Herzen
Und ich weine, möchte nur, dass Du mich hörst

Und ich bete, dass du nicht stumm bleibst
Dass Du hier an meiner Seite stehst
Dass mein Herz nicht umsonst schreit

Denn alles, was ich will, ist Dich sehen, Jesus
Und ich sehne mich danach, Deine Stimme zu hören
Und alles, was ich brauche, ist Deine Nähe
*Denn Deine Gegenwart ist alles, was ich will.**

Jedes Mal, wenn ich dieses Lied in dieser Woche sang, hat Jesus geantwortet, wenn ich schrie, hat er mich getröstet. Wenn ich daran dachte, wie sehr mir vor dieser Beerdigung graute, wusste ich, dass ich mich bis zum Schluss an dieses Lied halten musste. Es würde meine Hymne, mein Licht am Ende des Tunnels sein. Jesus würde da sein, um mich am Ende zu stärken.

»Noch ein Letztes, bevor Sie weggehen«, sagte der Bestatter. »Warten Sie hier – ich komme gleich zurück.« Er ging kurz weg und kehrte mit einer kleinen Schachtel zurück. »Da auf Ihren Wunsch der Sarg bei der Trauerfeier geschlossen sein wird, dachte ich, dass Sie vielleicht das gerne mitnehmen möchten.«

Behutsam drückte er mir die kleine Schachtel in die Hand. Ich hob den Deckel.

Charlies Ehering.

Tränen traten mir in die Augen. Ich nahm den Ring und schaute nach der Inschrift. *Unser Versprechen.* Ich steckte seinen Ring an meinen Finger. Dann gingen wir.

~

* Nach *All I Want* von Jeff Deyo, Copyright © 2002 Universal Music-Brentwood Benson Publishing (ASCAP)/Worship City Music (ASCAP).

Als wir zurück in Tante Lindas Haus kamen, umfing mich die Geborgenheit der Familie. Der Duft des Abendessens im Ofen zog durchs Wohnzimmer und brachte Frieden in mein Innerstes. Es sah so aus, als wäre es nach den schweren Stunden, die ich eben hinter mich gebracht hatte, verboten, in diese schützenden Mauern einzudringen. Die Fenster standen offen, und ich lauschte auf die Klänge des Lebens: meine Kinder, die im Garten spielten, das Plaudern der Nachbarn, das leise Brummen eines Rasenmähers in der Ferne. Die Nachbarn versorgten uns gut mit Essen; der Tisch war mit einer großen Auswahl von Köstlichkeiten gedeckt, und die schwierigste Entscheidung war wieder, wie wohl all die Reste im Kühlschrank Platz finden konnten!

Ich kann mir immer noch nicht vorstellen, wie Tante Linda und Onkel Jim es schafften, das Haus ruhig und friedlich zu halten, trotz des ständigen Kommens und Gehens der Menschen, welche die Fülle an Essen, Proviant und Geschenken brachten. Die ganze Woche lang wurden Fernsehen, Radio, Zeitungen und Zeitschriften von mir ferngehalten. Mein Vater und mein Onkel gingen mit den Kindern mindestens einmal am Tag in den Park am Ende der Straße – und niemand dort wusste, wer diese Kinder waren – oder sie spielten mit ihnen in dem von einer dichten Hecke umgebenen Garten hinter dem Haus. Ich empfand es als konkrete Zusicherung von Gottes Schutz und Fürsorge, dass meine Kinder die Liebe von Männern in unserer Familie erfuhren, jetzt, wo ihr eigener Vater fehlte. Die Liebe Gottes umgab uns wie eine Schutzhülle.

Nach dem Abendessen spielte ich mit den Kindern im Garten. Wir warfen uns gegenseitig einen neuen Ball zu, ein Geschenk aus der Nachbarschaft.

Da ich von den Erlebnissen des Tages psychisch erschöpft war, warf ich ein Auge auf Lindas Gartenbank. »Spielt ihr mal weiter«, rief ich. »Ich setze mich dort drüben auf die Bank.«

Ich versuchte, die Farben dieses Abends in mich aufzunehmen. Die Trauer des Bestattungsunternehmens wurde ersetzt durch den

Frieden dieses sicheren Hortes – der Gegensatz war verblüffend. Ich drehte an Charlies Ehering an meinem Finger. *Unser Versprechen. Unser gebrochenes Versprechen,* durchfuhr es mich schmerzlich.

Herr, alle Farben sind aus meinem Leben gewichen. Ich fühle mich leer. Wie schnell können wir von Glücksmomenten in tiefe Verzweiflung stürzen. Ich kam mir entblößt vor, wie ein junger Baum, der einst voller zarter Sprosse war, aber jetzt mit abgebrochenen Zweigen und losgerissener Rinde dastand. Nur der verwüstete Baumstamm blieb zurück und versuchte, aufrecht stehen zu bleiben. Das Bild meiner Blöße und schwärenden Wunden brachte einen Schmerz zum Vorschein, den ich den ganzen Nachmittag unterdrückt hatte. *Lösche meinen Durst,* betete ich. *Die Hitze dieses Tages hat mich ausgedörrt, mein Herz ist trocken und voller Risse und Schrunden, die ich nicht heilen kann. Ich kann nichts mehr geben, und doch muss ich morgen wieder handlungsfähig sein. Hilf mir, Vater. Ich kann es nicht alleine.*

Er flüsterte zurück: *Vertraue, öffne dich, gib dich noch tiefer hin, gib mir mehr von dir. Du kennst nur Grenzen – ich bin grenzenlos.*

~

In dieser Nacht wollte sich der Schlaf wieder nicht einstellen. Tagelang schon hatte ich kaum geschlafen. Die Fahrt zum Bestattungsunternehmen hatte Erinnerungen an den Verlust von Elise wachgerufen, eine Zeit, in der alle meine Hoffnungen und Träume zerbrochen waren. In den langen schlaflosen Nächten nach dem Verlust unserer Tochter hatte ich oft meine Hand auf die Stelle gelegt, wo mein Kind sein sollte, dort aber nichts als die Leere des Verlustes gefunden. Jetzt, Jahre später, schweiften meine Gedanken in die Vergangenheit zurück und forderten mich auf, erneut um einen Verlust zu trauern, den ich für überwunden gehalten hatte.

Hatte Charlie mit solchen Gedanken gekämpft, sie jedoch für sich behalten, weil er mich schonen wollte? Ich wusste es nicht.

In den frühen Morgenstunden dachte ich an die amischen Familien. Wie verkrafteten sie wohl die schlaflosen Momente zwischen der Abenddämmerung und dem Morgengrauen? Wie ich standen sie gewiss immer wieder vor der erdrückenden Wirklichkeit des Verlustes, wenn sie um ihre Töchter trauerten, die sie am Montagmorgen umarmt hatten und die jetzt nicht mehr da waren. Ich hatte keine Ahnung, wie Gott ihre Heilung bewerkstelligen würde. Doch niemand außer Gott bewirkte die Großzügigkeit, die uns entgegengebracht wurde.

Es war kaum zu glauben, dass die Menschen in unserem Umfeld auf uns zugingen und nicht zurückschauderten, sondern sich der Herausforderung stellten. Viele Leute aus unserem Wohnort – Freunde und Fremde – waren in die Tiefe zu uns herabgestiegen, um uns bei unserem langen Weg aus dem Abgrund zu helfen. Ich hoffte, dass die Welt auf das Leiden der Amisch-Familien noch großzügiger eingehen würde.

Da ich von den Medien ferngehalten wurde, wusste ich in jener schlaflosen Nacht noch nicht, dass die großzügige Gnade, die die Amisch uns, der Familie von Charlie, entgegenbrachte, die Welt aufhorchen ließ. Während ich döste und mich im Bett hin und her warf, breitete sich die Nachricht von ihrem Gnadenakt nicht nur in unserem Land, sondern auf der ganzen Welt aus und legte Zeugnis ab von dem Gott, der die Gnade selbst ist.

~

Der Donnerstagmorgen begann neblig und trüb, und mir fehlte das heitere Morgenlicht vom Vortag.

Schließlich riss ich mich von dem behaglichen Bett los und ging nach unten, um mit meinen Eltern zu frühstücken, bevor sie das Haus verließen.

»Bitte sag den Familien, dass ich weiterhin für sie bete«, bat ich meine Mutter, als sie und mein Vater aufbrachen. Zwei amische

Familien hatten meine Eltern zur Beerdigung ihrer Töchter, die für diesen Tag vorgesehen war, eingeladen. Meine Eltern kannten diese Familien, weil sie seit Jahren von ihren Bauernhöfen die Milch abholten.

»Natürlich«, antwortete meine Mutter. »Und mach dir keine Sorgen wegen der Besprechung in der Schule und im Kindergarten. Wir werden alles regeln.«

An diesem Tag hatten meine Eltern nämlich stellvertretend für mich auch einen Termin in Abigails Grundschule und in Bryce' Kindergarten, um alles für die Rückkehr meiner Kinder in der folgenden Woche vorzubereiten. Dafür war ich dankbar. Ich hatte einfach nicht die Kraft für eine Besprechung mit den Lehrern und Erziehern.

Als sie weg waren, kam mir das Haus einsam vor. Seit unserer Ankunft war es das erste Mal, dass sie beide weg waren. Jetzt erst wurde mir wirklich bewusst, wie viel Trost und Kraft ich in dieser Woche aus ihrer Gegenwart geschöpft hatte. Ich hörte, wie Carson oben nach mir rief, und betete leise, als ich die Treppe hochstieg: *Hilf mir – ich bin jetzt eine alleinerziehende Mutter. Herr, sei du ab sofort ihr Vater. Sie haben keinen Vater mehr, auf den sie sich stützen können, wie ich es kann.*

~

Später am Tag klingelte es an der Tür, und wieder einmal führte ich die Ermittler nach oben in das Zimmer, in dem wir gewöhnlich zusammensaßen.

»Der Gottesdienst ist also in der *High View Church of God*, danach die Fahrt zum Friedhof hinter der methodistischen Kirche von Georgetown. Richtig?«, fragte ein Ermittler.

Ich nickte.

»Sie können versichert sein, dass wir alle Zufahrtsstraßen zur Kirche in Ronks sperren und für die Beerdigung auch alle

Zufahrten nach Georgetown, da die Gemeinde so klein ist. Auf diese Weise wird vermieden, dass die Kirche und der Friedhof von Übertragungswagen überrollt werden. Wir werden Polizeikontrollstellen einrichten, und jeder, der kein Amisch ist, muss sich ausweisen, bevor er durchgelassen wird.«

Ich war dankbar, aber auch ein bisschen verunsichert wegen all dieser Sicherheitsvorkehrungen. Rechneten sie mit Schlimmem? Vor Angst wurde mir fast schlecht. Waren die Leute wütend auf mich, oder nahmen sie es übel, dass Charlies Kinder lebten und die Kinder der Amisch tot waren? Rechnete die Polizei mit Protesten? Vergeltungsmaßnahmen?

Die Ermittler mussten mir die Sorge vom Gesicht abgelesen haben. »Mrs Roberts, ich bin nicht sicher, ob Sie gehört haben, wie fasziniert die Leute von der Geschichte der Vergebung infolge dieses Amoklaufs sind.«

Was? Nein, das wusste ich nicht. Wie konnte ich auch, da ich von allen Medien ferngehalten wurde? Bedeutete das, dass es das Wunder der Vergebung war, das den Medienansturm ausgelöst hatte?

~

Als die Ermittler gegangen waren, überdachte ich meine Lieblingserinnerungen an Charlie. Wenn ich vor dieser Woche von einem solchen Blutbad gehört hätte, dann hätte ich gedacht, nur ein Monster könne so etwas tun. Irgendwie musste ich das nun mit dem, was ich von Charlie wusste, in Einklang bringen: Der Mann, mit dem ich zusammengelebt hatte, war kein Monster. Das Nachdenken über gute Erinnerungen half nicht nur mir, es war auch für meine Kinder erforderlich. Ich wollte, dass Abigail und Bryce einen Papa in Erinnerung behielten, der mit ihnen Sandburgen baute und beim Familienurlaub am Strand mit ihnen fröhlich im Wasser planschte, und ich wollte, dass Carson durch solche Geschichten erfuhr, wie sein Vater war.

Unsere ganze Verwandtschaft hat immer gerne für das Schaffen von Erinnerungen gesorgt, und wir haben gemeinsam Geburtstage, Feste und alles dazwischen gefeiert. In den Sommermonaten und auf jeden Fall am Unabhängigkeitstag hat mein Vater immer seine besondere, handgerührte Eiscreme hergestellt. Meine Mutter mischte Sahne, Milch und Geschmacksstoffe, und mein Vater erledigte den Rest. Sein altmodisches Gefriergerät war ihm lieber als jeder elektrische Apparat. Er saß dann immer über eine Stunde lang vor dem Haus. Ein Stirnband saugte die Schweißperlen auf seiner Stirn auf. Langsam und stetig drehte er die Kurbel und fügte Eis und eine Prise Salz hinzu, wenn erforderlich. Charlie war dann immer eingesprungen und hatte meinen Vater abgelöst, damit er eine Pause einlegen konnte. Wenn wir die Frucht ihrer Arbeit aßen, unterhielt Charlie uns mit Böllern. Er zündete sie gerne, und die Kinder jauchzten.

Meine Familie hatte Charlie gerne. Dreizehn Jahre lang hatte er zu uns gehört. Wir haben alle ganz einfach das Leben gemeinsam geführt – Eltern, Geschwister, Tanten und Onkel, Cousins und Cousinen und Großeltern. Charlie war immer hilfsbereit, hatte seinen Spaß an den Plaudereien und Scherzen und spielte gerne mit den Kindern. Ob es sich um die Erledigung einer Hausarbeit mit den Kindern handelte oder darum, meinem Vater bei einem Bauvorhaben zu helfen, Charlie war ein geduldiger Lehrer oder ein geschickter Helfer, der sich gut an andere anpassen konnte. Ruhig ging er auf andere ein und gab ihnen genau das, was sie in diesem Augenblick brauchten.

Der Mann, der das Blutbad verübt hatte, war nicht der Mann, den wir kannten, liebten und dem wir vertrauten. Beim Trauergottesdienst am Samstag würden wir des Mannes gedenken, an den wir uns alle erinnerten.

~

Etwas später an diesem Tag sagte ich zu den Kindern: »Heute habe ich an ein paar meiner Lieblingserinnerungen an Papa gedacht. Wisst ihr, an was ich mich erinnert habe?«

Ich saß im Schneidersitz auf dem Boden im Wohnzimmer und half Carson, mit Bausteinen einen Turm zu bauen. Abigail und Bryce lagen auf dem Bauch neben mir und beugten sich über die nagelneuen Malbücher, die eine Freundin mit einem Korb voller Leckereien heute gebracht hatte.

»An was?«, fragte Abigail.

»Als Papa und ich befreundet waren und ich noch bei Oma und Opa Welk wohnte, hatten wir einen großen Deutschen Schäferhund, der Jake hieß. Jake hatte unsere Familie sehr gerne, und er war der beste Wachhund der Welt.

Jedes Mal, wenn jemand zur Tür kam, begann Jake, mit seiner tiefen Stimme zu knurren, und er rannte zur Tür und bellte, als ob er die Besucher bei lebendigem Leib auffressen wollte. Die Leute sind dann einen Schritt zurückgegangen, und Jake hat noch lauter gebellt.«

»Wie Dale!«, meinte Bryce und sprach von unserem gelben Labrador-Retriever, der in dieser Woche bei meiner Schwester war.

»Oh, er hat viel böser geklungen als Dale«, erklärte ich. »Wenn Dale bellt, klingt es fast freundlich, und er wedelt mit dem Schwanz, weil er gerne neue Leute kennenlernt. Aber Jake nicht. Jake wurde richtig wütend, wenn Fremde an die Tür kamen.«

»Grrr«, knurrte Carson.

»Das erste Mal, als euer Vater mich zu Hause besucht hat, ist Jake an die Tür gerannt, hat gebellt und aufgeheult. Und wisst ihr, was euer Papa getan hat?«

»Was?«, fragten sie wie aus einem Mund.

»Er ist nicht zurückgeschreckt, sondern auf Jake zugegangen und hat gesagt: ›He du. Du bist ja ein toller Kerl‹, und schon nach ein paar Minuten hat er Jake hinter den Ohren gekrault und ihm sein Lieblingsspielzeug zugeworfen.«

»Hat er keine Angst gehabt?«, fragte Abigail.

»Kein bisschen«, antwortete ich. »Euer Papa hat Hunde gerngehabt, und die Hunde haben ihn gemocht. Von dem Tag an war Jake ganz aus dem Häuschen, wenn er Papa an der Tür gehört hat, er ist über die Couch gesprungen und an die Tür gerannt und hat dabei mit dem Schwanz gewedelt und aufgeregt gehechelt. Er hat es gar nicht erwarten können, mit eurem Papa zu spielen.«

»Ja«, sagte Bryce. »Hunde mögen unseren Papa.«

»Und wir haben Papa auch gerngehabt, und er hat uns gerngehabt. Bryce, was ist deine Lieblingserinnerung an Papa?«

Bryce musste nicht lange nachdenken. »Ringkämpfe! Und dann haben wir uns immer gekitzelt. Papa hat immer lustig gelacht.«

Abigail und Carson nickten. Dann erklärte Abigail: »Meine liebste Erinnerung ist mit Papa im Amisch-Laden einkaufen. Er hat mich immer ein Bonbon aussuchen lassen. Und dann hat er mich zum Bücherregal in der Nähe der Kasse geführt, und ich durfte die Bücher anschauen.«

»Papa hat euch immer gerne zum Einkaufen mitgenommen. Er hat uns alle sehr gerngehabt. Ich bin wirklich traurig, dass Papa nicht mehr da ist. Aber die Erinnerung an schöne Zeiten hilft. Stimmt's?«

Ich stand auf und dachte, dass wir jetzt lange genug über dieses Thema gesprochen haben. Die psychologischen Beraterinnen hatten kurze, natürliche Gespräche empfohlen, um dann etwas zu tun, was Spaß machte. »Wer will mit mir draußen Ball spielen?«, schlug ich vor.

»Ich, ich, ich!«, riefen meine Kinder und folgten mir in den Garten.

Doch die angenehmen Erinnerungen an Papa waren nicht das einzige Gesprächsthema in dieser schmerzlichen Woche mit den Kindern. In stillen Augenblicken musste ich mit jedem Kind einzeln Gespräche führen, die mir nicht behagten: darüber, wie ihr Vater gestorben war, über die Mädchen, die erschossen oder verletzt wurden, über die falschen Entscheidungen, die er aufgrund eines tief sitzenden Kummers getroffen hatte. Ich versicherte jedem Kind, dass die Tat ihres Papas nichts mit dem zu tun hatte, was sie irgendwann gesagt oder getan hatten. Ich betete vor und nach jedem Gespräch, versuchte, herauszufinden, wieweit sie verstanden hatten, und versicherte ihnen, dass sie in Sicherheit waren. Ich musste ihnen verständlich machen, dass Gottes Liebe nicht bedeutete, dass uns leidvolle Erfahrungen erspart blieben, sondern, dass Gott *mit* uns durch das Leid gehen würde. Ich erklärte, dass es in Ordnung wäre, traurig zu sein, dass Gott aber allmählich, im Lauf der Zeit, unsere Traurigkeit in Freude verwandeln würde.

Und während ich ihnen Mut machte, machte Gott mir Mut.

~

Als die Kinder fest eingeschlafen waren, ging ich nach unten. Linda und Jim saßen mit meinen Eltern in der Küche vor einem Teller mit Knabbereien und plauderten. Nach Jahren voller einsamer Abende, wenn Charlie nachts Dienst hatte, war ich nicht daran gewohnt, abends Gesellschaft zu haben. Deshalb genoss ich es jetzt.

»Auf unserem Weg zu den Beerdigungen mussten wir heute durch drei Polizeikontrollstellen fahren«, berichtete meine Mutter. Meine Eltern waren in Nickel Mines und Georgetown gewesen und hatten hautnah erlebt, was ich mir nur vorstellen konnte: Unser unbekanntes Dorf stand im Scheinwerferlicht des ganzen Landes.

»Die Ermittler haben mir gesagt, dass es bei Charlies Beerdigung auch so sein wird«, warf ich ein. »Waren heute viele Reporter in Georgetown und in der Gegend?«

Linda erklärte: »Ja, aber es ist anders, als du vielleicht denkst, Marie. Im Mittelpunkt stehen jetzt nicht mehr Charlies Taten und

Beweggründe oder die Trauer der Gemeinde. Die ganze Welt ist ergriffen von den Amisch und davon, dass sie Charlie sofort vergeben haben und wie sie sich seinen Eltern und deiner Familie zuwenden. *Darüber* wird gesprochen – im Fernsehen, in Radio-Talkshows, in den Zeitungen und im Internet.«

Die Augen meiner Mutter wurden sanft, als sie zu sprechen begann: »Gott ist am Werk. Nicht nur hier. Er rührt Menschen überall an. Diese Reaktion der Amisch ist eine Herausforderung für alle. Sie fordert mich, ja, uns alle auf, einander zu vergeben. Die Leute sind erstaunt. Sie fragen, wie die Amisch so vergeben können. Dadurch rückt das Evangelium in den Mittelpunkt des Interesses. Gott bewegt etwas.«

Ich saß still da und versuchte, zu begreifen, dass die Reaktion der Amisch-Gemeinde die Welt aus ihrem Trott riss. Menschen, deren Töchter umgebracht worden waren, sandten eine Botschaft des Lebens nicht nur an unsere Familie, nicht nur an den Wohnort, sondern an die ganze Welt. Meine Stimmung hellte sich auf.

»Ich möchte euch noch weiter von heute Morgen erzählen«, fuhr meine Mutter fort. »Wisst ihr noch, wie grau und neblig es war, als wir heute früh weggefahren sind? Doch als wir auf die Schnellstraße einbogen, teilten sich plötzlich die Wolken, und unglaublich helle Sonnenstrahlen brachen durch das Grau. Zunächst konnte man die Landschaft nicht erkennen, aber als die Lichtstrahlen den Nebelschleier durchbrachen, funkelte alles. Das hättest du sehen sollen, Marie! Es hat uns den Atem verschlagen.«

»Das klingt wirklich so schön, Mama. Das hätte ich gerne gesehen«, flüsterte ich und stellte mir den Anblick vor.

»Ich habe zu deinem Vater gesagt, dass ich es gar nicht erwarten kann, bis Gott in dieser Situation etwas Großartiges tut, so, wie er seinen Himmel hell gemacht und den trüben Nebel verscheucht hat.«

Als ich aus der Stimme meiner Mutter Erwartung heraushörte, wurde mir bewusst, dass meine Erwartungen für die Woche trüb waren. Ich wünschte mir nur, dass diese ganze Zerreißprobe schon vorbei wäre. Ich hatte mich nicht auf Neues gefreut, das Gott tun würde, sondern auf Überlebensmodus geschaltet. Ich klammerte mich an Gottes Hilfe, nur um mit meiner Situation zurechtzukommen, anstatt in Erwartung großer Dinge zu leben, die er tun könnte.

Die Worte meiner Mutter klangen mir in den Ohren: »Ich kann es gar nicht erwarten ...« Ihr Erlebnis mit den Sonnenstrahlen erinnerte mich an meine Begegnung mit dem Regenbogen vor Jahren. Meine Vorfreude darauf, dass Gott sein Versprechen erfüllen und mir Abigail schenken würde, hatte mich mit Freude erfüllt und durch den Verlust von Isabella hindurchgetragen. Vielleicht versäumte ich die Gelegenheit, Gott in dieser Woche mit einer Haltung der Erwartung anzubeten?

Als ich an jenem Abend ins Bett ging, spürte ich zwar keine Vorfreude, doch ich schloss meine Augen und war bereit, mich diesem heiligen Tausch hinzugeben: Mein Nichts gegen sein Alles. Alles, was Gott von mir verlangte, war Vertrauen.

»Vater des Lichts, rüttle meinen Glauben auf, und schenke mir die Erwartung großer Dinge von dir, auch in dieser völligen Dunkelheit.«

Ich weiß nicht genau, wie es geschehen ist, jedenfalls war es nicht in einem bestimmten Augenblick. Aber im Rückblick erkenne ich jetzt, dass Gott sich mir zuwandte, wenn ich mich an ihn hielt. Sobald ich mich nach Gott ausstreckte, beugte er sich zu mir herab, berührte mein Herz und tauschte allmählich meine Hoffnungslosigkeit gegen eine vertrauensvolle Erwartung aus.

Dieser Tausch, den ich keinesfalls verdient hatte, zeigte mir Gottes Wesen als liebevollen Vater. Auch wenn ich verletzt war und unfähig, zu sehen, wer er wirklich ist, wurde seine Güte nicht durch meine Grenzen eingeschränkt. Sein Licht schien, auch wenn ich durch das Dunkel der Trauer nichts sehen konnte.

Nur selten sehen wir die Gegenwart im Licht der Zukunft. Zum Glück ist das bei Gott anders. Wenn er an uns wirkt, hat er ständig die Zukunft im Blick. An jenem Tag hätte ich mir nie träumen lassen, was Gott in dieser Woche für mich bereithielt. Gott ist so viel größer als unsere Träume.

Warten

Die meisten meiner Erinnerungen an diese Woche sind verschwommen, und ich kann mich kaum an das Geschehen während des Tages entsinnen. Doch ich erinnere mich an die Nächte – nicht enden wollende Nächte, in denen ich mich schlaflos im Bett herumwälzte, meine Gedanken wild umherkreisten und die Uhrzeiger nicht vorwärtsrücken wollten. Wenn in diesen langen, stillen Nächten meine Kinder friedlich an meiner Seite atmeten, tat ich das Einzige, was ich tun konnte: Ich dachte nach, betete, rief mir Dinge ins Gedächtnis zurück.

Ich wartete.

~

In der Stille der fortgeschrittenen Nachtstunden am Freitag kroch ich aus dem Bett und ging in die Küche. Es war zwei Uhr morgens, mindestens noch vier Stunden bis Sonnenaufgang. Aber ich hatte mich lange genug herumgewälzt und auf die Morgendämmerung gewartet. Ich dachte an die ersten Notfallhelfer, und etwas in meinem Herzen regte sich.

Tante Linda hatte einen Geschenkkorb mit Gegenständen gefüllt, die ich ihrer Meinung nach in dieser Woche benötigen könnte, darunter hübsches Briefpapier und Kugelschreiber. Ich kochte mir einen Kräutertee mit Fruchtaroma und setzte mich an die große Kücheninsel.

Dann begann ich meinen Brief an die Feuerwehrmänner, die heldenhaft gearbeitet hatten, um das Leben der unschuldigen Mädchen zu retten, und die sich der Leichname der toten Kinder mit so viel Einfühlungsvermögen angenommen hatten. Ich schrieb, wie leid es mir tat, dass sie schreckliche Dinge sehen mussten, und obwohl ich mir nur schwer vorstellen konnte, was sie an jenem Tag erlebt hatten, teilte ich ihnen mein echtes Bedauern darüber mit, dass sie wahrscheinlich nur mit Schwierigkeiten diese Bilder wieder aus ihrem Gedächtnis verbannen konnten. Ich sagte ihnen, dass sie Helden mit dem Herzen von Dienern wären. Dann unterschrieb ich den Brief und begann mit dem nächsten, diesmal an die Nachbarn, die uns so gut versorgten.

Mir wurde bewusst, dass das Schreiben auch mir half, obwohl die Briefe eigentlich für andere als Dank gedacht waren. Da ich ja sonst keine Möglichkeit hatte, sie für ihr Opfer zu entschädigen, verlangte es mich danach, etwas von dem, was Charlie getan hatte, wiedergutzumachen, und ich betete in der festen Erwartung, dass Gott im Leben all dieser Menschen, die Hilfe geleistet hatten, wirken würde. Auf diese Weise nutzte ich die Zeit viel besser als mit endlosem Warten auf das Morgengrauen.

Nach ein paar Briefen stand ich auf, streckte mich und fühlte mich von der Tür zu Lindas Kunstatelier im Untergeschoss angezogen. Meine Kinder hatten mir erzählt, dass Tante Linda ihnen »Kunstunterricht« gegeben hatte, während ich gestern mit den Ermittlern gesprochen hatte. Als ich die steile Treppe hinunterstieg, drangen mir die Gerüche des Kunstateliers – Farbe, Papier und Leinöl – in die Nase und weckten angenehme Erinnerungen an meine Heilung nach dem Tod von Elise.

Linda hatte ihre Bilder an die Wand gehängt, und ich konnte mir leicht die Lobesworte vorstellen, die sie für jedes Kind gefunden hatte. Ich strich mit den Fingern über die »Meisterwerke«, die meine Kinder unter der Anleitung ihrer Tante mit Wasserfarbe gemalt hatten. Wer konnte ahnen, welche Blüten die Saat der Kreativität später treiben würde?

Die Erinnerungen an meine Tage im Atelier nach dem Tod von Elise ließen mich unwillkürlich an Charlie denken. Ich wünschte mir so sehr, er hätte ein Ventil für seinen Schmerz gefunden.

Vor Jahren hatte ich eines Tages wieder einmal versucht, ihm bei der Aufarbeitung seiner Gefühle zu helfen. Es war die Osterwoche. Das weiß ich sicher, weil er immer um Ostern den Verlust unserer beiden Mädchen besonders schmerzlich empfand.

An jenem Ostersonntag, als wir sahen, wie Abigail und all die anderen kleinen Mädchen in die Kirche einzogen, sagte er zu mir: »Es ist etwas so Schönes und Unschuldiges an kleinen Mädchen in neuen Frühlingskleidern, mit Haarspangen und glänzenden neuen Schuhen.« Er drückte mir die Hand, und ich spürte, obwohl ich mir nicht ganz sicher war, dass er an Elise und Isabella dachte.

Am nächsten Sonntagnachmittag, als die damals zweieinhalbjährige Abigail und der acht Monate alte Bryce ihren Mittagsschlaf hielten, brachte ich Charlie ein Glas Eistee auf die Veranda, wo er saß und in einer Jagdzeitschrift las. Er lächelte und nahm das Glas. Wenig später kam ich mit einem Glas für mich zurück und setzte mich zu ihm. Ich wartete etwas, um den Eindruck zu erwecken, dass ich rein zufällig auf das Thema kam, obwohl ich fast sicher war, dass er mich durchschaute.

»Charlie«, sagte ich. »In letzter Zeit habe ich viel über Elise nachgedacht, wie das Leben nach solch einer Tragödie weitergeht. Obwohl es schon fünf Jahre her ist, ist es immer noch schwer für mich. Für dich muss es auch schwer sein, aber du sprichst nicht viel darüber.«

Er starrte weiter auf die Zeitschrift und nippte an seinem Eistee, als ob ich nichts gesagt hätte.

Ich sprach weiter: »Wenn du nicht mit mir darüber sprechen willst, dann könntest du vielleicht mit jemand anderem, einem Freund oder unserem Pastor, darüber sprechen?«

Er schaute von seiner Zeitschrift auf und ließ den Blick in die Ferne, über die Felder, streifen. Ich wartete, denn Charlie überlegte immer eine Zeit lang, bevor er seine Gedanken in Worte fasste. »Ich weiß nicht, was das ändern soll«, meinte er schließlich. »Ich finde, es hilft nicht viel, wenn ich über meine Gefühle spreche. Das bringt überhaupt nichts.«

Ich hätte ihn am liebsten gefragt, ob er mit Gott darüber sprach, so, wie ich es tat. Doch seit Elises Tod schien es Charlie peinlich zu sein, über seine Beziehung mit Gott zu reden. Schon vor ihrem Tod war er zurückhaltend gewesen, was seine Gefühle betraf, aber danach war er noch verschlossener geworden. »Aber gibt es jemanden, mit dem du sprechen könntest, wenn du wolltest?«

Er schaute mich kurz an, dann wandte er den Blick wieder ab. »Kein Mann, den ich kenne, erzählt mir etwas über seinen Schmerz oder seine Gefühle. Warum sollten sie mir zuhören wollen, wenn ich mich über meine Probleme auslasse?«

Diese Erinnerung machte mich traurig. Ich hatte gebetet, von mir erzählt, gehofft, aber soweit ich wusste, schien Charlie nach dem Tod von Elise keine Verbindung mit Gott zu finden, die so eng war, dass er seinen Schmerz loslassen und Frieden finden konnte.

Der Geschirrspüler in Tante Lindas Küche sprang plötzlich an und riss mich in die Gegenwart zurück. Linda hatte die Zeitschaltuhr so eingestellt, dass unsere Ruhe während des Tages durch das Geräusch nicht gestört würde. Ich empfand den plätschernden Rhythmus als angenehme Unterbrechung der Stille im Schlafzimmer, in welchem ich so lange wach gelegen hatte.

Als ich mich vor Müdigkeit kaum noch aufrecht halten konnte, ging ich ins Bett zurück, kuschelte mich wieder zwischen Abigail und Bryce und ließ die Gedanken wandern.

Vor der Beerdigung war noch so viel zu tun. Ich beschloss, mein Bestes zu tun, die verschiedenen Besuche, die vor mir lagen, durch die neue Brille der Erwartung zu betrachten, um die ich letzte Nacht gebetet hatte. Ich wollte diese Besucher als Gottes Beauftragte sehen, die eine Rolle spielten, die ich brauchte, egal, ob ich die Kraft dazu verspürte oder nicht. Mir kam in den Sinn, dass ich mit jeder Entscheidung, die ich in dieser Woche traf, meinen Kindern vorlebte, wie man mit den Lasten und Sorgen dieser Welt umging. Ich musste sie dazu anleiten, jeden Tag mit dem hellen Licht von Gottes Wirken zu rechnen, auch wenn wir nur Nebel sahen und Schmerzen verspürten.

Die Freude auf den Besuch der beiden Seelsorgerinnen später am Tag fiel mir leicht. Sie gingen großartig auf die Kinder ein und halfen uns, die richtigen Worte zu finden, wenn wir über das Geschehen der Woche und Charlies Entscheidungen sprachen.

Eine der beiden hatte mir versichert: »Ihre drei Kinder reagieren alle gesund und normal auf diese sehr ungesunde, unnormale Situation. Sie und Ihre Familie gehen auf alle ihre Bedürfnisse richtig ein. Machen Sie weiter so.«

Ich klammerte mich an diese ermutigenden Worte, als ich auf das ruhige Atmen der Kinder im Schlaf horchte. Ich schätzte es auch, wie die Seelsorgerinnen mir einen geschützten Ort boten, an dem ich meine Gedanken und Gefühle ausloten konnte. Wenn meine Eltern mich trösteten, trauerten sie selbst über einen schrecklichen Verlust, und oft versuchte ich, meinen Kummer in Schach zu halten, um ihren Schmerz nicht zu vergrößern.

Etwas anderes wollte ich gerne mit den Beraterinnen besprechen, obwohl mir klar war, dass dazu mehr als ein Gespräch erforderlich war. Mich interessierte ihr Wissen über Depressionen und was ihrer Meinung nach in Charlie vorgegangen war, dass er sich zu dieser brutalen Tat getrieben fühlte. Natürlich würde es nie eine logische Erklärung dafür geben, da seine unerträglichen Taten jeder Logik und jeder Vernunft entbehrten. Aber ich wollte gerne erklärt bekommen, wie eine solche Dunkelheit an Charlie zehren konnte, ohne dass wir, die Menschen in seinem Umfeld, die ihn liebten, etwas gemerkt hatten. Traurig erkannte ich, dass ich wahrscheinlich mein ganzes Leben lang warten musste, bevor ich es wirklich verstehen würde. Einige Geheimnisse bleiben verborgen, bis wir im Himmel sind.

Es fiel mir also leicht, erwartungsvoll dem Besuch der Seelsorgerinnen entgegenzusehen, doch wenn ich an die Gespräche mit den Ermittlern, die an diesem Tag anstanden, dachte, war ich lange nicht so zuversichtlich. Wie konnte ich meine Lektion über Erwartungen an Gott auf sie anwenden? Ich schätzte ihre Freundlichkeit und die Bedeutung ihrer Arbeit, machte mir aber Sorgen um sie. Seit Montagvormittag trugen sie eine ungeheure Last, mussten oft in die mit Einschusslöchern übersäte, blutbespritzte Schule zurückkehren und die Familien all der Kinder besuchen. Konnten sie nachts schlafen? Sahen sie die Bilder der toten und sterbenden Mädchen vor sich, wenn sie die Augen schlossen? Hörten sie noch die Schreie der Verletzten und das schmerzerfüllte Wehgeschrei der Eltern und Großeltern, die in Panik in die Schule eilten? Als sie sich für diesen Beruf entschieden hatten – dienen, schützen und Leben retten –, konnten sie sich nicht vorgestellt haben, dass sie so etwas erleben würden. Wie würden sie das verkraften? Würden sie in der Lage sein, ihren Beruf weiter auszuüben?

Ich tat das Einzige, was ich für sie tun konnte: Ich betete und glaubte, dass Gott Heilung in ihr Leben bringen und für ihre Familien sorgen würde, und zwar viel mehr, als er es für mich tat.

~

Vier Uhr. Die Uhr auf Tante Lindas Kommode starrte mich in den frühen Morgenstunden an. Nahm dieses Warten denn nie ein Ende?

Die Beerdigung war am Samstag geplant. Noch über vierundzwanzig Stunden. Obwohl mir davor graute, war ich an einem Punkt angelangt, an dem ich mir wünschte, alles hinter mir zu haben. Ich musste nur den heutigen Tag überstehen. *Wenn doch die Dämmerung endlich käme!*

Die Kinder wollten nach Hause, obwohl ich mir ein Zuhause ohne Charlie nicht vorstellen konnte. Sicherlich sehnten sich meine Eltern auch nach ihrem eigenen Bett zurück. Bestimmt brauchte Tante Linda eine Pause, obwohl ich nie eine Klage vernehmen konnte. Sie war schon immer eine Frau gewesen, die zu Hilfsaktionen bereit war, und wir alle profitierten davon.

Vier Tage. Konnte es sein, dass es nicht länger her war? Ich hatte den Eindruck, wir seien seit Charlies Anruf in einem Schwebezustand gefangen, in einer seltsamen Wirklichkeit voller ausgeprägter Emotionen, von Höhepunkten, die an die Dornbuschszene auf heiligem Boden erinnerten, bis hin zu den Tiefen verzweifelt schwarzer Abgründe der Trauer. Doch an jedem dieser Tage hatte sich Gott auf unmissverständliche Weise zu erkennen gegeben.

Noch zwei Stunden bis zum Morgengrauen, und der Schlaf wollte sich nicht einstellen. Ich drehte mich auf die Seite, betrachtete Abigails Gesicht und dachte an den Regenbogen zurück, den Gott mir als Bestätigung für sein Versprechens gegeben hatte, dass Charlie und ich unsere Abigail bekommen würden.

~

»Wir haben eine herrliche Neujahrsüberraschung für euch«, kündigte ich meinen Eltern an; Charlie saß strahlend neben mir auf der Couch. Wir befanden uns im Wohnzimmer meiner Eltern und genossen die Wärme ihres Holzofens, zusammen mit meinem Bruder Ken und meiner Schwester Vicki. Aller Augen waren auf uns gerichtet.

»Wir haben eine Karte für euch«, sagte Charlie und reichte ihnen die von mir persönlich gestaltete Karte. Meine Eltern öffneten die Karte und lasen sie, bevor sie sie an meine Geschwister weiterreichten.

Alles Gute zum neuen Jahr!
Dieses Jahr beginnt verheißungsvoll und verkündigt das Wahrwerden eines Traumes. Wir erwarten Anfang September die Ankunft eines Babys und laden Euch mit großer Freude ein, uns bei diesem Abenteuer zu begleiten.

Alle sprangen auf und umarmten uns mit Freudentränen in den Augen. Kaum wussten wir, dass ich schwanger war, waren Charlie und ich irgendwie davon überzeugt, dass diese Schwangerschaft anders war. Obwohl wir besorgt waren, ob wir wohl vierzig Wochen durchhalten würden, war unsere Zukunftserwartung größtenteils hoffnungsvoll, denn wir glaubten, dass das Baby, das in mir wuchs, unsere Abigail war.

Alle ärztlichen Untersuchungen bestätigten unsere Hoffnung – alles lief perfekt.

»Was denkst du, wird es ein Mädchen oder ein Junge?«, fragte mich eine Freundin in der Kirche, als sich die Neuigkeit herumsprach. Ich gab stets die gleiche Antwort: »Ein Mädchen, weil Gott es uns gesagt hat.« Dann erzählte ich immer die Geschichte, wie ich in jenem Sommer das Gras gemäht hatte und Gott begegnet war, auch, dass er den Namen Abigail ausgewählt hatte und dass er sein Versprechen mit einem Regenbogen besiegelt hatte. Manche zeigten Interesse an meiner Begegnung mit Gott. Andere schauten mich schief an oder lächelten herablassend über meine Naivität. Ihre Antworten machten mir nichts aus. Ich erzählte meine Geschichte gerne.

Als ich mit Abigail schwanger war, zeigte sich, wie die Belastungen des Verlustes von Elise und Isabella mein Vertrauen gestärkt hatten. Hätte ich mich von Wut und Bitterkeit über ihren Tod überwältigen lassen, so hätte ich nicht froh und erwartungsvoll auf das warten können, was Gott tun würde. Doch ich hatte mich stattdessen Gott im Gebet zugewandt, mich in sein Wort vertieft, ihm Loblieder gesungen und war während des Wartens immer wieder zu meinem Vater im Himmel gegangen. Hätte Gott mir Abigail geschenkt, auch wenn ich das alles nicht getan hätte? Ich glaube schon, weil ich sie mir durch dieses Tun nicht verdient habe. Sie war nicht meine Belohnung für gute Werke, sondern ein Ausdruck von Gottes Güte und Gnade. Aber die Freude und die Zuversicht meines Glaubens wären nicht so übersprudelnd gewesen, wenn ich nicht so erwartungsvoll ausgeharrt hätte, wenn ich nicht mit ausgestreckten Armen Ausschau nach seinen guten Gaben gehalten hätte.

Ich dachte an den Tag, als Gott mir ihren Namen zugeflüstert und sein Versprechen mit dem Regenbogen besiegelt hatte – bis dahin meine intensivste Erfahrung der Stimme Gottes. Als ich hellwach im Bett lag und beobachtete, wie Abigails Lider im Schlaf zitterten, dachte ich daran, dass ich seit Charlies Anruf in dieser Woche Gottes Stimme mehrmals gehört hatte. Schon 1998 und auch in dieser Woche hätte ich diese Erfahrung als verzweifelte Wahnvorstellungen einer tief bekümmerten Frau abtun können, deren Fantasie verrücktspielt. Aber das tat ich nicht. Mir wurde der Glaube geschenkt, seinen Worten für meine Zukunft zu glauben.

In den nächsten Tagen, besonders am Samstag, dem Tag der Beerdigung, würde ich diesen Glauben und diese Erwartungshaltung benötigen, egal, wie überwältigend die Trauer über den Verlust von Charlie war.

Ich schaute wieder auf die Uhr. *Endlich!* Sechs Uhr. Freitagvormittag. Ich hatte Dinge zu erledigen, und der Morgen war angebrochen.

~

Die Seelsorgerinnen. Anrufe von ein paar engen Freundinnen. Gespräche mit den Ermittlern über ein paar Einzelheiten der Sicherheitsvorkehrungen und ein Gespräch mit dem Bestattungsunternehmen über ein paar Einzelheiten der Trauerfeier. Von dem Tag habe ich nur eine vage Erinnerung. Doch eines durfte ich nicht versäumen: Ich musste die Kinder auf jeden Fall für den morgigen Tag vorbereiten.

»Hallo, gehen wir doch raus und bemalen den Gehsteig mit der Straßenmalkreide«, schlug ich vor. Drei eifrige Kinder waren schneller vor der Tür als ich.

»Morgen ist ein wichtiger Tag.« Ich versuchte mein Bestes, um zwanglos zu klingen. »Wir haben einen besonderen Gottesdienst in unserer Kirche – einen Trauergottesdienst für Papa – mit unseren engsten Freunden und Verwandten. Danach fahren wir gemeinsam zum Friedhof, wo sein Körper begraben wird.« Und so sprachen wir miteinander. Ich versuchte, sie so gut wie möglich auf das, was ihnen bevorstand, vorzubereiten und ihre Fragen zu beantworten. Sie waren ernst, schienen aber nicht beunruhigt oder ängstlich zu sein. Vielleicht waren sie besser vorbereitet als ich.

~

Eine letzte Aufgabe lag vor uns. Die Kinder und ich brauchten passende Kleidung und Schuhe für die Beerdigung. Ich hatte nichts Geeignetes in Tante Lindas Haus mitgebracht und war noch nicht bereit, in mein Haus zurückzukehren. Es wurde uns sowieso geraten, bis nach der Beerdigung fernzubleiben. Deshalb boten meine Schwester und eine Freundin an, mit mir einkaufen zu gehen.

Vicki und Kristin kamen an, voller Freundlichkeit, wie sie nur eine Schwester und eine gute Freundin aufbringen können.

»Bist du fertig?«, fragte Vicki.

»Ich bin etwas aufgeregt, weil ich nach draußen gehen muss!«, antwortete ich. »Was geschieht, wenn ich jemanden treffe, den ich kenne? Oder wenn ein Fremder mein Gesicht erkennt oder den Namen auf der Bankkarte? Mir ist nicht nach Gesprächen zumute.«

»Das kriegen wir schon hin«, versuchte Kristin, mich zu beruhigen.

Auf der ganzen, zwanzig Minuten dauernden Fahrt zum Einkaufszentrum schwirrte mir eine lange Liste von Ängsten durch den Kopf. Würde ich zufällig hören, dass Menschen sich über das Blutbad unterhielten? Was dachten die Leute über mich? Mit welchen Reaktionen musste ich rechnen? Immer, wenn seit Montagmorgen persönliche Schuldgefühle wegen Charlies Taten in mir hochstiegen, griff Gott ein und unterdrückte diese Gedanken. Doch ein wenig Schamgefühl blieb zurück, die Empfindung, dass ich das alles irgendwie hätte vorausahnen müssen. Die Stunden, die ich mit den Ermittlern verbracht hatte, hatten mich davon überzeugt, dass es keine Hinweise auf Charlies Pläne gab, die ich hätte sehen können. Und aus meinen Gesprächen mit den psychologischen Beraterinnen und meiner Familie ging hervor, dass keiner von uns dies hatte kommen sehen. Glaubten die Menschen außerhalb meiner Familie, dass ich von Charlies Absichten keine Ahnung gehabt hatte, oder waren sie skeptisch und voreingenommen? Ich vermutete Letzteres.

Als wir geparkt hatten, wollte Vicki sofort aus dem Auto springen und anfangen, aber ich zögerte. »Komm, wir verhalten uns unauffällig und machen schnell«, sagte sie.

Das war leichter gesagt als getan. Da ich wesentlich größer als meine Begleiterinnen war, konnten sie mich nicht vor Blicken schützen! Doch ich wusste, dass Gott mich beschirmen konnte. Er musste es tun, weil ich alleine dazu nicht in der Lage war.

Ich stieg voller Befürchtungen aus dem Auto, und wir erledigten unsere Einkäufe. Ich versuchte, die Zeitungen und Zeitschriften in dem Einkaufszentrum nicht anzuschauen, und aus demselben Grund hatten wir auf der Fahrt auch nicht das Radio eingeschaltet.

Nach unserer Rückkehr wollte meine Mutter wissen, wie es gelaufen war.

»Gott hat mich beschützt«, berichtete ich. »Ich habe keinen einzigen Reporter getroffen, und obwohl ich von ferne ein paar Leute gesehen habe, die ich kenne, haben sie mich nicht bemerkt.« Ich war so dankbar.

~

Als ich am Freitagabend ins Bett stieg, hoffte ich, endlich etwas tiefen Schlaf zu finden. In meinem Kopf ließ ich ein paar Anbetungslieder abspielen und beschäftigte mich mit Bibelstellen, in denen Gott gelobt wird. Nach einer langen Gebetszeit dankte ich Gott für alles, was er in dieser Woche getan hatte, und beschloss, dass ich heute Nacht, in der Nacht, bevor wir den Leib von Charlie in die Erde legen würden, nur an glückliche Erinnerungen mit Charlie denken würde.

Charlie. Ich konnte immer noch sein Gesicht sehen …

»Charlie, schnell, sie bewegt sich!« Ich saß auf der Couch, und Charlie schien mit einem einzigen Satz aus der Küche zu mir zu springen, weil er keine Sekunde dieses Augenblicks versäumen wollte. Es war herrlich, ihre Bewegungen zu spüren, sogar, wenn sie mich in die Rippen boxte. Unsere Jahre des Wartens waren fast vorüber. Wir konnten es kaum erwarten, sie in den Armen zu halten! Mein Traum, Mutter zu sein, würde endlich wahr werden.

Vielleicht weil unser lang ersehnter Traum Wirklichkeit wurde, erfüllte sich Charlie einen anderen Wunsch: Schon als Kind hatte er davon geträumt, sein eigenes Fuhrunternehmen zu besitzen. Als Kinder spielten er und seine besten Freunde am liebsten Lkw-Fahrer. Eines Morgens beim Frühstück funkelten diese Träume in seinen Augen, als er mit einem schüchternen, aber freudigen Lächeln erklärte: »Ich weiß, dass du nicht sehr begeistert davon bist, aber ich spiele immer noch mit dem Gedanken, meinen Führerschein für Berufskraftfahrer zu machen, damit ich einen Sattelzug fahren kann. Wenn dein Vater sich die Zeit nimmt, mich anzulernen, könnte ich die gleiche Arbeit verrichten wie er. Ich bin sicher, ich kann das schaffen! Natürlich muss ich noch viel lernen, aber ...«

Je mehr er sprach, umso begeisterter wurde er. Und plötzlich wurde mir etwas über mich selbst bewusst, das mir nicht gefiel, das ich aber nicht abstreiten konnte. Während all der Jahre unserer Ehe hatte ich versucht, Charlie seinen Traum auszureden.

Als er nach längerer Zeit eine Atempause einlegte, sagte ich: »Charlie, ich sehe, wie deine Augen glänzen, wenn du über dieses Thema sprichst. Und dadurch ist mir etwas klar geworden: Ich muss dich um Vergebung bitten. Ich habe einen Fehler gemacht und war unfair zu dir.«

Er schaute mich verständnislos an. »Du? Niemals. Du warst immer und bist heute noch die ideale Frau.« Er drückte meine Hand.

»Wirklich?«, fragte ich. »Du erzählst mir von einem Beruf, den du so gerne ausüben würdest, und ich habe dir immer und immer wieder gesagt, dass ich nicht will, dass du diese Arbeit machst. Ich war so blind, Charlie, so selbstsüchtig. Ich habe mich dir in den Weg gestellt und dich davon abgehalten, den Traum deines Lebens zu verfolgen. Ich habe dich immer ermutigen und bestärken wollen und war davon überzeugt, dass ich das tue. Meine Familie ist sogar das Zugangstor zu deinem Traum, aber ich habe deine Pläne immer durchkreuzt.«

Charlie war von dem Eingeständnis meiner Gewissensbisse ergriffen und vergab mir bereitwillig. Ich sprach mit meinem Großvater, um Charlie den Einstieg zu ermöglichen; mein Großvater ging darauf ein, und bald verbrachte Charlie seine Samstage auf dem Beifahrersitz des Lkws meines Vaters. Von Montag bis Freitag arbeitete Charlie Vollzeit auf seiner Arbeitsstelle, und an den Wochenenden sowie in jeder freien Minute machte er seine Ausbildung. Das war ein Charakterzug von Charlie, den ich sehr schätzte:

Er war fleißig und nahm seine Pflicht als Ernährer unserer Familie sehr ernst.

Kaum war er zu Hause, erzählte er begeistert von seinen Fortschritten und beschrieb, wie er gelernt hatte, die Gänge richtig einzulegen und den Lkw auf den engen Wegen und um die Ställe und Scheunen der Kunden herumzusteuern. Er berichtete von Erlebnissen bei den Amisch-Familien, die mir als Kind so viel Freude gemacht hatten. Ich war glücklich, dass er so begeistert war.

Nach nur wenigen Monaten Ausbildung legte er die Führerscheinprüfung für Berufskraftfahrer ab und bestand sie beim ersten Mal. Er war für eine neue Berufslaufbahn bereit!

»Ich freue mich schon auf morgen«, erklärte Charlie mehr als einmal. Er hatte Spaß an der Arbeit, für die er wie geschaffen schien, und er war auch unheimlich gut. Er konnte mühelos mit einem großen Lkw rückwärts die engen Wege hinunter und um die Gebäude herumfahren, sodass es ganz leicht aussah. Er sprach gerne mit den Bauern und den anderen Lkw-Fahrern in der Molkerei. Am Ende seines Arbeitstages berichtete er mir oft von diesen Gesprächen, und ich frage mich, ob diesen Männern je bewusst war, dass sie seine geschätzten Freunde geworden waren. Er hatte Spaß an ihrem freundlichen Scherzen und Lachen und nahm Anteil an ihrem Leben. Als der Eigentümer eines anderen Fuhrunternehmens seinen Sohn verlor, fuhr Charlie eine Zeit lang seine Route für ihn, besuchte die Familie und versuchte, die Trauernden auf irgendeine Weise zu trösten.

Als Charlie das Lkw-Fahren noch lernte, zogen wir von Lititz in meine Heimat Georgetown zurück, denn wir wollten näher bei unseren Familien sein und wussten, dass Charlie für meinen Großvater fahren würde, sobald er seinen Lkw-Führerschein hatte. Meine Großeltern hatten angeboten, dass wir auf dem Grundstück neben ihrem Haus bauen konnten, genau auf der Wiese, die ich gemäht hatte, als ich mich von der Trauer um Elise erholte. Wir beschlossen, nach der Geburt von Abigail ein Fertighaus auf dem Grundstück erstellen zu lassen. In der Zwischenzeit, vor dem vorgesehenen Geburtstermin, zogen wir in eine kleine provisorische Wohnung über der Lkw-Garage meines Großvaters, gegenüber dem Parkplatz beim Haus meines Opas.

Gottes Geschichte für unser Leben hatte sich sichtlich gewandelt! Was noch vor Monaten wie eine tragische Verlustgeschichte ausgesehen hatte, betrachteten wir jetzt als die Liebesgeschichte einer Familie. Bald würden Charlie und ich Mutter und Vater sein, außerdem war Charlie jetzt Kraftfahrer, und ich war von der Tochter eines Milchfahrers zur Frau eines Milchfahrers geworden. Und meine Tochter würde ebenfalls die Tochter eines Milchfahrers sein!

Dann kam die Aufregung. Die Schwangerschaft verlief bis zur Mitte des Sommers problemlos. Doch dann setzten vorzeitige Wehen ein. Aufgrund meiner Vorgeschichte gingen die Ärzte kein Risiko ein. Ich bekam sofort Wehenhemmer und strenge Bettruhe verordnet. Charlie und ich hatten Angst, aber dieses Mal nahm ich Gottes Gegenwart bewusster wahr. Ich spürte, wie er mir beruhigend zusprach: *Sei gelassen, alles wird gut werden.* Immer wieder hielt ich mich an Gottes Versprechen: Ich würde meine Abigail bekommen und in den Armen halten.

Die Medikamente wirkten. Ich hatte keine Probleme mit vorzeitigen Wehen mehr, musste aber für den Rest der Schwangerschaft das Bett hüten. Unsere Verwandten besuchten uns oft und zeigten uns Liebe und Fürsorge, was nicht möglich gewesen wäre, wenn wir noch in Lititz gewohnt hätten.

Am 2. September 1999 war Abigails vorgesehener Geburtstermin: Pünktlich begann sie, in die Welt hinauszudrängen, die so lange auf sie gewartet hatte. Um halb acht Uhr morgens führte Charlie mich liebevoll zu unserem Ford Explorer und schnallte den Sicherheitsgurt für mich an. Ich glaube, wenn er gekonnt hätte, wäre er mit dem Auto bis ins Schlafzimmer gefahren, damit ich nicht laufen musste. Überglücklich legten wir die halbe Stunde

Fahrt zurück, lachten und freuten uns, dass wir es bis zum errechneten Termin geschafft hatten.

Als wir nach unserer Ankunft im Krankenhaus mit unserer Hebamme im Kreißsaal waren, ermutigte mich Charlie zu einer Periduralanästhesie. »Ich will nicht, dass du Schmerzen hast«, betonte er.

»Charlie, ich habe so lange auf die Geburt unseres kleinen Mädchens gewartet. Ich will keine Sekunde davon versäumen. Ich will lieber spüren, wie sie auf die Welt kommt, als eine Nadel im Rückgrat haben!«

Was konnte er dem entgegnen? Wie die meisten Väter musste er lernen: Widersprich nie einer Frau in den Wehen. Also gab er mir immer wieder einen Schluck Wasser zu trinken und hielt meine Hand, bis unsere Tochter ein paar Stunden später das Licht der Welt erblickte.

Wie vereinbart, reichte ihm die Hebamme die Schere, damit er die Nabelschnur durchtrennen konnte. Charlie schaute erst Abigail an, dann mich und warf schließlich der Hebamme einen nervösen Blick zu. »Ich tue ihr doch nicht weh, oder?«, fragte er.

»Sie spürt überhaupt nichts davon«, beruhigte ihn die Hebamme.

Im Nu war es vollbracht.

Als ich mein kleines Mädchen in den Armen hielt, empfand ich eine völlig neue Art der Liebe und eine fast überirdische Zufriedenheit. Ich atmete tief, genoss den Augenblick, auf den ich so lange gewartet hatte.

Charlie nahm Abigail sanft in die Arme, und ich war erfüllt von der Liebe, die Charlie und ich für dieses wertvolle, lebendige Geschenk Gottes empfanden. Wir bestaunten ihre herrlich blasse Haut – wie die einer Porzellanpuppe –, ihre leuchtend blauen Augen und die zarten Wimpern, die zierlichen Fingerchen und die winzigen Zehen. Ich fragte mich, ob sie eines Tages Klavier spielen würde und diese süßen Händchen einmal über die Tasten schweben würden?

Jetzt waren wir eine vollständige Familie. Der Schmerz, den wir vor fast zwei Jahren mit Elise im Kreißsaal empfunden hatten, war von einer übergroßen Freude übertrumpft worden. Die Geburt von Abigail, dachte ich, würde zwar nie die Leere ausfüllen können, die Elise hinterlassen hatte, doch sie brachte unvorstellbare Liebe in unser Leben, sodass dieser Verlust jetzt von der Vorfreude auf eine gemeinsame Zukunft und Gottes barmherzige Wiedergutmachung in den Hintergrund gedrängt wurde.

Zweiundzwanzig Monate später wurde unser Sohn Bryce geboren. Er purzelte in unsere Welt voller Lachen und Tatkraft, wissbegierig und so laut, dass er überall im Haus gehört wurde. Abigail war von ihrem kleinen Bruder fasziniert, möglicherweise fast so sehr wie ihr Papa und ich. Charlie war gerne Vater und strahlte vor Stolz, wenn wir die Kinder zur Kirche oder zu Familienbesuchen mitnahmen.

Im April 2005 gesellte sich Carson zu uns, ein entspannter und glücklicher kleiner Kerl. Seine Schwester war jetzt fünfeinhalb und sein Bruder vier Jahre alt, und er schien instinktiv zu wissen, dass es seine Aufgabe war, sie zu amüsieren. Unser Zuhause war ein Ort voller Lachen und Schäkerei, Geschichten und Liedern, Herumtollen und Durcheinander und allem, was zu einem jungen Ehepaar mit drei kleinen Kindern gehört.

~

Doch warum waren diese angenehmen Erinnerungen jetzt für mich so quälend? Unsere Gebete waren nicht nur in Form von Abigail, sondern auch durch die Ankunft von Bryce und Carson erhört worden. Charlies Traumberuf war genau so, wie er es sich erhofft hatte, und seine Arbeit gefiel ihm sehr. Warum ist so viele Jahre nach dem Tod von Elise und Isabella, nach guten Jahren, in denen wir unsere Träume gelebt hatten, Charlies verborgener Kummer bis zu einem mörderischen Amoklauf hochgekocht? Ich konnte mir nicht vorstellen, welch verdeckter Schmerz sein Herz so verbogen hatte. Ich wusste, dass es für mich keinen Sinn ergab!

Vorsichtig, um Abigail und Bryce nicht zu wecken, setzte ich mich auf und legte mir ein paar von Lindas weichen Daunenkissen in den Rücken, kreuzte die Arme und runzelte ratlos die Stirn.

Unser Leben war so schön gewesen. Im Oktober 2006 war ich seit fast zehn Jahren verheiratet, und mir gefiel meine Rolle als Charlies Frau und Mutter unserer drei wertvollen Kinder, die sieben, fünf und eineinhalb Jahre alt waren. Charlie liebte unsere Kinder und hatte seine Freude an ihnen, und er liebte seinen Beruf. Obwohl das Leben nicht immer leicht war, lebten wir unseren Traum.

Dann kam der Morgen des 2. Oktober 2006.

Ein Anruf, und dieser Traum zerbrach in eine Million Bruchstücke.

Die Polizei kam mit Fakten, die so grauenhaft waren, dass man sie nicht beschreiben kann.

Unzählige Fragen blieben unbeantwortet.

Doch jetzt müssen Sie den Rest hören: Wie Gott in meiner Dunkelheit zu mir kam und sie mit einem Glanz erhellte, der jede Vorstellung übersteigt.

Schließlich ist dies eine Liebesgeschichte.

Die Mauer der Gnade

Der Morgen der Beerdigung brach friedlich an. Im Wohngebiet herrschte eine Ruhe, als ob selbst die Natur sich zurückhielt und die Wirklichkeit dieses Tages nicht berühren wollte. Ich stand früh auf und wusste, dass das flaue Gefühl in meinem Magen bleiben würde, bis alles vorüber war und wir als vierköpfige Familie für eine letzte Nacht in den sicheren Hort meiner Tante zurückgekehrt waren.

Sogar die Zeit schien stillzustehen. Oft warf ich einen Blick auf die Uhr und wünschte, die Zeiger würden sich schneller vorwärtsbewegen. Doch die Uhr starrte lediglich herausfordernd zurück. Im Haus meiner Tante herrschte eine hektische Untätigkeit. Jeder suchte nach einer Beschäftigung, um die sich quälend dahinziehenden Sekunden bis zum Gottesdienst um zehn Uhr auszufüllen. Ich konnte kaum fassen, was an diesem Morgen geschah. *Ich werde in die Kirche zurückkehren, in der wir vor fast zehn Jahren geheiratet haben, zur Trauerfeier für den einzigen Mann, den ich je geliebt habe. Meine Kinder werden den Sarg anschauen, in dem die sterbliche Hülle ihres Vaters liegt. Wie werden wir die nächsten Stunden ertragen?*

Ich wandte mich an Gott, sehnte mich nach der Erwartungshaltung, die ich am Donnerstagabend und am Freitag gespürt hatte.

An diesem Morgen blieb sie aus. Ich empfand nur eine betäubende Leere.

Wir zogen unsere nagelneuen Trauerkleider an, die nur an diesem Tag getragen wurden und dann nie mehr das Licht des Tages sehen sollten. Sie würden in die hinterste Ecke eines Schrankes verbannt werden, und aufgrund der Gefühlsregungen, die unwiderruflich mit ihnen verbunden sein werden, würden wir sie nie mehr anziehen. Alle drei Kinder waren still und ernst, orientierten sich an der unnatürlichen Schwere, die auf dem ganzen Haus zu lasten schien.

Ich steckte mir Charlies Ehering an den Finger, hinter meinem eigenen Ring, damit er nicht abrutschte. Die eingravierten Worte *Unser Versprechen* klangen jetzt hohl. Dieser Ring war das Sinnbild des Bandes der Liebe. Bei unserer Hochzeit hatten wir öffentlich bekannt gegeben, dass es nie zerbrechen könne. Das idealistische, romantische Mädchen, das ich damals war, hatte geglaubt, dass das wahr sei. Doch jetzt sagte mir die Wirklichkeit etwas ganz anderes.

Die ganze Woche über hatte mein Auto in der Garage von Nachbarn gestanden, damit mein Aufenthaltsort geheim blieb. Komisch, jetzt war Samstag, und seit meiner Ankunft am Montagabend war ich nicht selber gefahren.

Ich erinnerte mich, dass ich am Montagmorgen auf meinem Weg zur Bibelstunde und zurück Radio gehört hatte. Ich war eine naive achtundzwanzigjährige christliche Ehefrau und Mutter gewesen, die ihr ganzes behütetes Leben inmitten einer idyllischen Amisch-Umgebung verbracht hatte. Würde es für mich jemals wieder so sein? Alltäglich? Normal? Vor diesem Montagmorgen hatte ich angenommen, dass all das Gute und die Geschenke, die uns in unserem Leben zuteilwurden, das ganze Leben lang andauern würden. Wenn wir uns wirklich jeden Morgen, wenn die Sonne aufgeht, bewusst machen würden, für wie viel wir zu danken haben, würden wir anders leben. *Von heute an muss ich anders leben*, nahm ich mir vor.

Schließlich war es Zeit für den Aufbruch in die Kirche. Ich fröstelte in dem kühlen Wind. Noch vor wenigen Tagen war der Himmel blau gewesen, doch jetzt war ein Teil wolkenverhangen. Ich schnallte die Kinder in den Autositzen fest und setzte mich hinters Steuerrad. Mein Vater nahm wieder die Beifahrerseite als mein Beschützer ein. Wie dankt man einem Vater dafür, dass er einfach weiß, was man braucht? Ich bat ihn wie so oft, seinen Sicherheitsgurt anzulegen. Einige Dinge zumindest ändern sich nie! Es tat gut, für den Bruchteil einer Sekunde ein Lächeln auf den Lippen zu haben.

Als wir uns der Kirche näherten, erkannte ich, dass die Fahrt nicht so lange dauerte, wie ich angenommen hatte, und zu früh dort zu sein, schien mir keine gute Idee zu sein. Ich beschloss, durch die Autowaschanlage zu fahren. Das hätte Charlie gefallen. Die Pflege seines Hab und Guts war ihm wichtig. Unsere Autos und sein Sattelzug waren immer blitzsauber.

Ein seltsamer Gedanke durchfuhr mich: Ich hatte keine Ahnung, was Witwen nach dem Tag der Beerdigung zu tun hatten. *Muss ich eine Zeit lang Schwarz tragen? Was soll ich mit all seinen Sachen machen?* Diese Fragen und andere schwirrten mir durch den Kopf, als Schaum und Wasser in der Autowaschanlage auf uns niederprasselten.

Wir fuhren auf den Parkplatz der *High View Church of God*, ein Ort voller Erinnerungen. Ich war erleichtert, als ich keine Übertragungswagen sah. Abigail klammerte sich fest an meine rechte Hand, Carson trug ich auf dem linken Arm. Als ich auf die Glastür zuging, traf mich plötzlich wie ein Blitz das Bild von Charlie, wie er Elises winzigen Sarg aus dieser Tür getragen hatte. In einer guten Stunde würde Charlies Sarg über diese Schwelle getragen werden. Ich blieb nur deshalb ruhig, weil mein Vater, der Bryce an der Hand hielt, an meiner Seite war.

Als ich die Kirche betrat, suchte ich nach glücklichen Erinnerungen, an die ich mich klammern konnte. Sechs Jahre lang hatte ich in diesem Gebäude Loblieder gesungen, bei der Kinderbetreuung mitgeholfen, Kindergottesdienst gehalten, mit Charlie Gott angebetet. Hier hatten wir unser Ehegelübde abgelegt. Nachdem wir dann vor einigen Jahren zur *Living Faith Church of God* übergewechselt waren, einem Ableger unserer Heimatkirche, waren wir immer noch mit den Kindern zum Ostereiersuchen und zu den Kinderbibelwochen hierhergekommen. Doch all diese wunderbaren Familienerinnerungen unterstrichen nur die ungeschminkte, niederschmetternde Wirklichkeit für die amischen Familien … und für mich.

Viele Angehörige und Freunde waren bereits da. Ich setzte mich mit meinen Kindern in die erste Reihe, direkt vor den geschlossenen Sarg von Charlie. Meine Eltern saßen neben mir, meine Geschwister hinter uns und Charlies Eltern in der ersten Reihe auf der anderen Seite des Ganges. Die Sitzordnung war ähnlich wie bei unserer Hochzeit: Charlies Familie auf der einen Seite des Kirchenschiffes, meine auf der anderen. Ich fühlte, wie die Augen der ganzen Gemeinde auf mich gerichtet waren, doch ich spürte keine Verurteilung, nur Liebe, Mitgefühl und das beruhigende Wissen, dass ihre Gebete mich umgaben. Hier war ich geborgen. Meine Kinder waren still und schweigsam und drückten sich an mich. Ihre Augen waren wie meine auf den Sarg geheftet.

Über ein Drittel meiner achtundzwanzig Jahre war ich Charlies Ehefrau gewesen. Doch erst jetzt war ich in der Lage, etwas wahrzunehmen, was mir vorher nicht bewusst geworden war – nicht nach dem Blutbad, nicht in den Gesprächen mit meinen Eltern, den Ermittlern oder auch den Seelsorgerinnen. Hand aufs Herz: Die seelische Gesundheit unserer Ehe hatte schon jahrelang im Sterben gelegen. Je mehr Charlie seine Gedanken über Gott und seine Trauer über Elise und Isabella für sich behielt, umso mehr zog er sich innerlich auch von mir zurück, sprach nicht mit mir über das, was in ihm vorging. Ich erkannte, dass ich eine Zeit lang den Verlust der seelischen Nähe betrauert hatte. Er hatte nie aufgehört, mich zu lieben, nein, aber im Rückblick konnte ich sehen, wie der Schmerz in Charlie alles andere überschattet hatte. Er musste diesen Kampf jeden Tag geführt und die Liebe, die er zum Ausdruck bringen konnte, unseren Kindern geschenkt haben. Das war passend; es war immer mein Wunsch gewesen, dass sie das Beste bekamen. Sie hatten es verdient.

Was während der kurzen Trauerfeier gesagt wurde, entzieht sich meiner Erinnerung. Ich war zwar körperlich anwesend, doch meine Gedanken waren woanders. Die Bibelverse, die gelesen wurden, die Musik und die Ansprache von Pastor Dwight wurden zu einer fernen Kulisse für die Erinnerungen an die vergangenen zwölf Jahre, die während des Gottesdienstes meine Gedanken überströmten. Unsere erste Verabredung, der Tag, an dem er mir beibrachte, ein Auto mit manueller Gangschaltung zu fahren, lange gemeinsame Spaziergänge, sein Heiratsantrag beim Picknick, unsere Verlobungsfeier, die Vorbereitungen für unsere Hochzeit, die Schwangerschaften, die zu früh endeten, die neugeborenen Babys, die Freude an den Kindern, Spiele im Sand während des Sommerurlaubs. Ein Film mit Millionen Erinnerungen lief in Minuten vor meinem inneren Auge ab. *Wie ist es möglich, dass Liebe und Verbindlichkeit gesät werden und diese Tragödie geerntet wird?* Wie konnte das mein Leben sein? Wo war die Sicherheit der Versprechen, die für unsere Kinder abgegeben worden waren?

Unser Jüngster saß auf meinem Schoß, die beiden anderen Kinder rechts und links von mir. Ich umschlang sie mit meinen Armen und hüllte sie in Liebe ein. Sie hatten jetzt nur noch mich – wir waren nicht mehr zu zweit. Jetzt musste ich meine Anstrengungen konzentrieren und vervielfältigen, um die Lücke in ihrem Leben auszufüllen. *Gott, hilf mir!*

Schlagartig kehrten meine Gedanken in die Gegenwart zurück, als das Lied *All I Want* gespielt wurde – meine Hymne in der vergangenen Woche, ein Ausruf über unsere Zukunft. Ich hob die Hände und ließ meinen Tränen freien Lauf. Ich versuchte nicht, sie abzutrocknen, es waren zu viele. Ich fühlte die Nähe Gottes, wie er mich an der Hand hielt – er beugte sich zu mir herab, sobald ich zu ihm aufschaute. Ich gab mich dem Mitgefühl und der Zärtlichkeit von Christus hin und ließ mich von seiner Liebe durchströmen. Vorbei war die benommene Leere des Morgens. Die warme Gegenwart Gottes erfüllte mich. Doch ich durfte mich nicht völlig in seine Arme fallen lassen, obwohl ich es wollte. Ich hatte das dringende Bedürfnis, all meinen Emotionen freien Lauf zu lassen, hielt mich aber zurück, denn ich wusste nicht, was sonst geschehen würde. Ich musste nach außen hin die Fassung wahren, sonst würden mich meine Gefühle übermannen, und das wollte ich nicht zulassen. Meine Kinder brauchten eine unerschütterliche Mutter, und ich musste Haltung bewahren, damit ich die Menschen, die zum Gottesdienst gekommen waren, begrüßen und die Beerdigung überstehen konnte.

Der Gottesdienst war zu Ende, und wir gingen in den Vorraum, wo die Anwesenden mir ihre Anteilnahme und Sorge für unsere Familie ausdrückten. Die Kinder und ich wurden herzlich umarmt, Tränen flossen, und ich fand keine Worte als Erwiderung. Die Zahl lieber Menschen, die uns umgaben, überwältigte mich. Obwohl ich wusste, dass alle in diesem Gebäude uns zugetan waren, empfand ich unwillkürlich ein Gefühl der Scham: Am liebsten hätte ich die Kinder genommen und wäre davongerannt. Doch das konnte ich nicht, ich musste bleiben. Nach außen schien ich ruhig und gefasst zu sein, sah aus wie der Inbegriff von Kraft und Belastbarkeit. Doch innerlich zitterte ich.

Dann gingen wir zum Parkplatz und bereiteten uns auf die viertelstündige Fahrt zum Friedhof vor. Charlie sollte auf dem kleinen Friedhof neben der Kirche von Georgetown beerdigt werden, nur drei Häuser von unserem Haus entfernt. Unsere Tochter war auch dort begraben. Charlie würde neben Elise liegen.

Ich wollte mit meinem Auto zur Beerdigung fahren, stieß aber auf heftigen Widerstand. Mein Vater und Heather, die Frau des

Pastors, versuchten, mich zu überzeugen, dass ich auf dem Rücksitz eines Autos fahren sollte, das vom Bestattungsunternehmen zur Verfügung gestellt wurde und das den Trauerzug anführte. Wenn ich in dem Auto des Bestattungsunternehmens fuhr, würde ich von meinen Kindern getrennt sein, und das wollte ich auf keinen Fall. Schließlich gab ich nach, als ich sah, dass mein Vater sich mit keinem Nein abfinden würde.

Heather fuhr mit mir in der Limousine des Bestattungsunternehmens, direkt hinter dem Leichenwagen. Meine Eltern fuhren in meinem Auto mit meinen Kindern hinter uns, und dann folgte die Familie von Charlie. Der anfangs leicht bewölkte Himmel war jetzt völlig verhangen; es war dunkel, kalt und windig. Wir fuhren nicht auf dem direktesten Weg zum Friedhof, und als wir uns durch die Nebenstraßen schlängelten, fragte ich mich, ob diese Route gewählt wurde, damit alles möglichst unauffällig war.

Als wir auf einer kleinen Anhöhe angekommen waren, erwartete ich, rechts die kleine weiße Kirche und den Friedhof zu sehen. Stattdessen japste ich vor Schreck nach Luft und verstand, warum all die Maßnahmen zu meinem Schutz ergriffen worden waren. Auf der Wiese zu unserer linken Seite, gegenüber dem Friedhof, drängte sich eine Gruppe von Reportern und Fotografen, die Kameras hielten, die wie Teleskope aussahen. Am liebsten wäre ich im Erdboden versunken. Die ganze Woche lang hatten meine Angehörigen mir erklärt, dass unser Dorf Schauplatz einer regelrechten Medieninvasion war. Aber bis zu diesem Augenblick hatte ich nicht wirklich begriffen, was das bedeutete. Die Ermittler hatten mir gesagt, dass die Polizei die Straße absperren würde. Deshalb hatte ich hier keine Medienvertreter erwartet. Doch jetzt konnte ich sehen, dass die Reporter und Kameramänner ihre Autos hinter der Sicherheitskontrollstelle geparkt hatten und ziemlich weit zu Fuß bis zu diesem Straßenrand gegangen waren, von dem aus sie den Friedhof sehen konnten. Alle Kameras waren auf uns gerichtet. Wie dankbar war ich für die dunkel getönten Scheiben.

Doch wie konnten wir am offenen Grab dem Medienrummel entgehen? Die ganze Woche hatte ich alles getan, damit unsere Gesichter nicht auf den Titelseiten der Zeitungen und im Fernsehen erschienen. Ich hatte Interviews abgelehnt und meine Familie von der Öffentlichkeit ferngehalten. Doch was blieb uns jetzt übrig? Wir konnten nicht in Deckung gehen. Wie konnte ich meine Kinder abschirmen?

Ich war am Boden zerstört. Dies war einer der schlimmsten Tage meines Lebens, und dieser Eingriff in unsere Privatsphäre machte die Qual noch schlimmer.

Ich wollte nicht, dass die Welt Zeuge wurde, wie mir das Herz brach. Ich wollte schreien: *Lasst meine Kinder in Ruhe am Grab ihres Vaters weinen!*

Langsam bog der Trauerzug nach rechts ab in die enge Einfahrt neben der Kirche und fuhr dann zu dem kleinen Parkplatz und dem Friedhof hinter der Kirche.

So weit das Auge sehen konnte, umgaben uns sanft geschwungene Maisfelder, auf denen vereinzelt weiße Silos standen. Auf unserer rechten Seite lag der kleine rechteckige Friedhof, der nicht länger und nicht breiter als fünf Autolängen war. Auf unserer linken Seite, auf dem Grundstück meines Großvaters, befand sich seine lange grüne Lkw-Garage, die bestimmt doppelt so lang wie der Friedhof war.

Hinter uns drängten sich die Reporter mit ihren Teleobjektiven. Die Kameras klickten. Ich konnte fast spüren, wie sie sich in meinen Hinterkopf bohrten.

Als wir noch auf dem Zufahrtsweg waren, noch bevor wir auf dem kleinen Parkplatz angekommen waren, sah ich vorne links eine Bewegung, hinter der Ecke der Garage meines Großvaters. Ein unklarer schwarzer oder blauer Farbklecks. Ich betrachtete die Stelle näher und fürchtete, dass ein paar Fotografen sich auf das Grundstück meines Großvaters geschlichen hatten, um Nahaufnahmen zu machen.

Dann erblickte ich den Rand eines schwarzen Hutes, eindeutig ein Amisch. Er hatte sich hinter der Garage versteckt, zweifellos, um nicht im Blickfeld der Kameras zu stehen.

Der amische Mann schaute kurz auf den Trauerzug, dann trat er hinter der Garage hervor und bewegte sich langsam in unsere Richtung. Es folgte ein anderer, hinter ihm eine Frau, deren langer schwarzer Umhang im Wind flatterte und deren schwarze Haube ihr Gesicht schützte. Immer mehr kamen hervor, und schließlich schritten mehr als drei Dutzend amische Männer und Frauen auf uns zu. Der Leichenwagen fuhr bis zum Grab, aber unser Auto blieb stehen und wartete.

Tränen strömten mir übers Gesicht, als ich ungläubig beobachtete, wie diese Reihe der Amisch vor uns eine halbkreisförmige Wand bildete, die das Grab und uns vor den Blicken der Reporter und Fotografen schützte.

Langsam fuhr unser Auto weiter, die Wand der Amisch teilte sich in der Mitte und ließ mein Auto und das Auto mit meinen Kindern und Eltern durchfahren. Kaum waren unsere Autos innerhalb des Halbkreises, schlossen diese guten Menschen die Lücke hinter uns.

Sie schirmten uns ab! Die Amisch schützten die Familie von Charlie Roberts.

Die Kameras konnten nur eines sehen: die Rücken der Amisch.

Innerhalb des Halbkreises konnte ich nur Gesichter voller Gnade sehen. Wir wurden von Liebe, Aufopferung und unverdienter Güte beschirmt. Gott schützte uns mit einer Mauer der Gnade.

Sie müssen das unbedingt verstehen: Die Amisch lassen sich nicht fotografieren. Sie glauben, dass Fotografieren eine Art Götzenbild schafft. Diese Tat war ein echtes Opfer, eine bedingungslose Liebe, die der Frau und den Kindern des Mannes entgegengebracht wurde, der ihnen ihre Töchter weggenommen hatte. Dass sie uns ein solches Geschenk machten, war unbegreiflich.

Ich stieg aus dem Auto, nahm meine Kinder bei der Hand und ging die paar Dutzend Schritte an alten und neuen Grabsteinen vorbei. Einige waren seit über zweihundert Jahren Wind und Wetter ausgesetzt, andere Steine glänzten immer noch blank. Ein weißer Baldachin stand über Charlies Sarg, der bereits neben dem offenen Grab stand. Auf der rechten Seite stand der herzförmige Grabstein aus rosafarbenem Granit mit der folgenden Inschrift:

Elise Victoria Roberts
Gott geweiht
Tochter von
Charles & Marie
geboren & gestorben
14. Nov. 1997

Als ich durch einen Tränenschleier auf die frisch ausgehobene Erde schaute, dachte ich an die fünf anderen Beerdigungen, die in dieser Woche stattgefunden hatten. Die Familie Miller hatte zwei Töchter begraben. Die Familien Ebersol, Fisher und Stoltzfus hatten je eine Tochter beerdigen müssen. Ihre Welt war zerbrochen, ausgehoben wie die Erde, die vor mir lag. Verlorene Kostbarkeiten, begrabene Hoffnungen und zerstörte Träume. Doch in diese Abgründe des Verlustes flossen keine Bitterkeit und keine Wut, kein Hass und keine Rache, sondern überfließende Liebe.

Meine Augen schauten über den Friedhof hinaus auf die Landschaft, die ich von Kind auf kannte. Ich war auf diesen Straßen mit dem Fahrrad gefahren, hatte diese Bauernhöfe besucht, war in diesen Ställen und Scheunen willkommen geheißen worden, war in Milchtankwagen über die Feldwege geholpert und hatte von der Milch dieser Kühe Proben genommen und sie gewogen. Mein Urgroßvater und mein Großvater hatten das Gleiche vor mir getan, wie mein Vater, der neben mir stand, und mein Charlie.

Unser Pastor erhob die Stimme zum Gebet. Meine Kinder und ich nahmen eine Blume aus dem Bukett auf dem Sarg, eine letzte Erinnerung an diesen Tag. Dann bewegte sich die Mauer der Gnade. Die Menschen gingen auf mich zu, drückten ihr Beileid aus, teilten ihre Trauer mit uns, drückten uns die Hand, umarmten uns, und ihre Tränen mischten sich mit unseren. Es war unerträglich schmerzlich und gleichzeitig außerordentlich heilsam, über den Verlust von Charlie in der Umarmung der Amisch-Gemeinde zu trauern.

Als wir einander am Grab begrüßten, kam meine Mutter mit einer entzückenden Amisch-Frau auf mich zu. »Marie«, sagte sie. »Das ist Mrs Miller, die Mutter der beiden Schwestern, die an jenem Tag ums Leben gekommen sind.«

Von Angesicht zu Angesicht stand ich vor der Mutter von Lena, sieben Jahre alt, und von Mary, acht Jahre alt, die durch Charlies Hand das Leben verloren hatten. Ich konnte es kaum glauben: Eine der Familien, die in der Schule Töchter verloren hatten, war gekommen?

»Es tut mir so leid«, stieß ich mit erstickter Stimme hervor. Dann fielen wir einander in die Arme und ließen den Tränen freien Lauf.

»Ihr Verlust tut mir auch so leid«, sagte sie schließlich. Sie trat einen Schritt zurück und stellte mir den Mann vor, der hinter ihr stand. »Das ist mein Mann.«

Eine Amisch-Familie nach der anderen begrüßte mich mit Worten des Trostes und des Mitgefühls. Ich war sprachlos, dass *alle* Eltern der Mädchen, die in der Schule gestorben waren, gekommen waren, um mit mir zu trauern, um mir zu zeigen, dass ich nicht alleine war.

Ich war noch nie so leer gewesen.

Ich war noch nie so erfüllt gewesen.

Gottes Kraft durchströmte mich in den Armen dieser Mauer. Danach war ich nie mehr dieselbe.

An jenem Tag, am Grab meines Mannes, konnte ich die Dunkelheit unseres Verlustes nicht sehen. Alles, was ich sah, war das Licht Gottes, das unsere Familie umgab. Dieses Licht war so hell, dass ich dachte, ich hätte einen kurzen Blick von dem erhascht, was uns erwartet, wenn wir einmal im Paradies von Angesicht zu Angesicht vor Gott, dem Allmächtigen, stehen werden.

Jahre sind seit jenem Tag vergangen. Doch während ich diese Worte schreibe, bekomme ich immer noch Herzklopfen, und es wird mir schwindlig, wenn ich über die Zärtlichkeit nachdenke, die mir entgegengebracht wurde. An jenem Tag hat die Mauer der Gnade eine Liebesgeschichte erzählt.

Teil 3

Das Licht der Morgendämmerung

Zu Hause

Pastor Dwight stand am Sonntagmorgen vor einer ungewöhnlich großen Gemeinde. Jeder Platz war besetzt. Er begrüßte die vielen Besucher, die gekommen waren, um meiner Familie ihre Unterstützung zu zeigen. Wir waren gerne am Sonntag hier zum Gottesdienst gekommen, mit meinen Eltern, Charlies Eltern, den Großeltern und weiteren Verwandten. Die ganze vergangene Woche hatte diese Gemeinde für uns gebetet und uns ihre Liebe gezeigt. Trotzdem hatten meine Kinder und ich bis zur letzten Minute gewartet, bis wir eintraten, denn an diesem ersten Tag nach der Beerdigung scheuten wir uns noch vor dem Umgang mit anderen Menschen. Ich sehnte mich zwar nach dem Gottesdienst, fühlte mich aber noch nicht imstande, Beileidsbekundungen und Tränen zu verkraften.

Die Entscheidung, Charlies Trauerfeier in unserer alten Kirche, der *High View*, der Kirche meiner Vergangenheit und dem Ort der Erinnerungen, abzuhalten, erwies sich als richtig. Heute war ich zurück in der Kirche meiner Gegenwart, der *Living Faith Church of God*, die von der Kirche *Church of God* gegründet worden war. Ich war dankbar, dass ich nicht jeden Sonntag beim Gottesdienst das Bild von Charlies Sarg vor mir sehen musste.

Abigail, Bryce und Carson waren nach ihrer letzten Nacht bei Tante Linda aufgeregt aufgewacht. Heute durften sie nach Hause! Bevor wir zur Kirche gingen, waren wir umhergehuscht und hatten all die Siebensachen, die wir in Lindas Haus gebracht hatten, zusammengepackt. Die Kinder hatten die ganze Zeit darüber geplaudert, wie sie sich auf ihr eigenes Bett und unseren Hund Dale freuten. Es war süß, wie sie sich ausmalten, wie froh Dale sein musste, weil er nach einer Woche bei meiner Schwester und meinem Schwager nach Hause kommen durfte. Es war schön, die Vorfreude in ihren Stimmen zu hören, als ob sie ins normale Leben zurückkehrten.

Normal. Ich hatte keine Ahnung, was das für uns jetzt bedeutete. Ein *neues* normales Leben, nahm ich an. Wie würde es sein, wieder zu Hause zu wohnen? Charlie war überall und nirgendwo. Wollte ich überhaupt zurückkehren? Ich wusste, was vor mir lag, und das rief Gedanken hervor, für die ich nicht bereit war. Deshalb verdrängte ich sie, wohl wissend, dass ihre Zeit schnell genug kommen würde.

Als wir auf den Parkplatz der Kirche fuhren, war ich erleichtert, weil ich keine Anzeichen von Medienvertretern sah. Vor einigen Tagen hatte ich bei einem Gespräch mit meinem Pastor, Mr Dwight, den Wunsch geäußert, einige Worte an die Gemeinde zu richten, um den Mitgliedern etwas von meinem Weg in der vergangenen Woche zu berichten. Sie sollten wissen, dass es uns so weit gut ging. Seit neun Jahren gehörten wir zu dieser eng verbundenen Gruppe von Gläubigen. Ich wollte ihnen versichern, dass ihre Gebete mir Kraft verliehen hatten. Ich versteckte mich nicht irgendwo unter einer Bettdecke, war nicht von Panik erfasst und kein Nervenbündel, weil Gott inmitten dieser Tragödie etwas Erstaunliches wirkte.

Pastor Dwight berichtete der Gemeinde kurz über die Ereignisse der letzten Woche und wie er Zeuge von Gottes heilendem Wirken inmitten von Zerrissenheit wurde. Eine ziemlich überraschende Vorstellung: Gott kann mitten in einem solch großen Verlust die Bruchstücke wieder zusammensetzen. Dann rief mich Pastor Dwight nach vorne, und noch auf dem Weg hörte ich, wie manche tief Luft holten, und ich sah viele erstaunte Blicke. Ich störte mich nicht daran, und erstaunlicherweise war mir egal, was die Leute dachten. Ich war in der unendlichen Liebe Gottes geborgen, und obwohl meine Welt wie mit einer Abrissbirne, die vom Bagger aus zuschlägt, zersplittert worden war, wusste ich, dass das Fundament fest war.

Als ich vor diesen vielen Menschen stand, deren Blicke auf mich gerichtet waren, erkannte ich, dass sie sich nach einer guten Nachricht sehnten. Vor sechs Tagen war nicht nur *mein* Leben erschüttert worden. Meine ganze Gemeinde litt, schrie voller Trauer zu Gott und versuchte, zu verstehen, wie ein Freund aus ihrer Mitte so etwas tun konnte. *Wo ist Gott? Wie kann er zulassen, dass so etwas bei uns, in unserer Kirchengemeinde, in unserer Stadt geschieht?* Diese Fragen quälten meine Freunde und Nachbarn. Ich musste ihnen sagen, was sie *nicht* gesehen hatten: wie Gott kam, mir Kraft schenkte, meine Familie mit seiner Liebe umgab, für unsere Bedürfnisse sorgte.

Die Marie, die jetzt vor ihnen stand, war nicht die gleiche Marie wie noch einen Sonntag zuvor. Ich frage mich heute noch, ob sie die Veränderung sehen konnten, die ich spürte. Die schüchterne, zurückhaltende Hausfrau und Ehefrau des Milchfahrers, die immer das Rampenlicht scheute, die immer in der Menge untertauchte, sich nie in den Vordergrund drängte, stand jetzt vor ihnen und brannte darauf, zu berichten, wie Gott ihr in der vergangenen Woche seine unendliche Barmherzigkeit und seine unermessliche Kraft geschenkt hatte. Die alte Marie wäre zitternd vor ihnen gestanden. Die Marie von heute konnte es kaum erwarten, das Wort zu ergreifen. Also begann ich.

»Ich muss Ihnen heute Morgen einiges erzählen, das Sie überraschen wird«, sagte ich. »An Ihrer Stelle hätte ich erwartet, dass

Marie sich irgendwo unter einer Bettdecke versteckt und Angst hat, in die Welt hinauszutreten. Und ich gestehe, es ist nicht leicht, den sicheren Hort zu verlassen, in dem wir uns in der vergangenen Woche aufgehalten haben. Aber ich habe keine Angst. Gottes Kraft zeigt sich in unserer Schwäche, und seine Kraft ist in dieser Woche deutlich sichtbar geworden.

Zunächst möchte ich Ihnen danken. Sie haben für uns gebetet und uns Gutes getan, und Gott erhört diese Gebete.«

Dann berichtete ich, wie Gott in großartiger Weise auf meine Hilferufe geantwortet hatte. »Ich weiß nicht, was die Zukunft bringen wird, aber ich weiß, dass Gott Heilung bewirkt. Es ist, als hätte ich in dieser einen Woche schon zwei Jahre Heilung erfahren.

Zu den Dingen, die ich jetzt besser verstehe als vor einer Woche, gehört Gottes Rolle als mein Erlöser. Erlösen bedeutet eine Sache gegen eine andere eintauschen, sie zurückkaufen, den Besitz von etwas wiedererlangen, indem man es gegen etwas anderes eintauscht. In den letzten Tagen hat Gott meine Schwäche durch seine Kraft, die Hässlichkeit der Sünde durch die Schönheit der Vergebung, die schwärzeste Dunkelheit durch sein helles Licht ersetzt. Auch wenn es unmöglich erscheinen mag, ich vertraue fest darauf, dass Gott alles Zerbrochene in unserem Leben instand setzen, ja, unser ganzes Leben erneuern kann, sodass es wieder unter dem Zeichen von Hoffnung und Freude steht.

Bitte beten Sie weiter für mich und meine ganze Familie. Beten Sie für die amischen Familien. Beten Sie für die Notfallhelfer und die Last, die sie tragen. Freuen Sie sich mit mir darüber, dass Gott dadurch im Leben von uns allen wirkt.«

Die Gemeinde hing an meinen Lippen. Es tat den Menschen gut, zu hören, dass Gott mit uns allen war. Ich hatte sie in eine Tiefe des Glaubens schauen lassen, wie ich sie vorher nicht gekannt hatte, und während ich darüber sprach, spürte ich, wie dieser Glaube sich vervielfältigte.

~

Während der zwanzigminütigen Fahrt von der Kirche nach Hause bemerkte ich, dass mir ein unbekanntes Auto folgte. Es hatte direkt nach mir den Parkplatz der Kirche verlassen und blieb hinter mir, auch nachdem ich mehrmals abgebogen war, sogar, als ich die Schnellstraße verließ und auf Landstraßen weiterfuhr. Vielleicht ein Reporter, der hoffte, insgeheim ein paar Schnappschüsse von meinen Kindern zu machen, wenn sie nach Hause zurückkehrten? Möglicherweise auch nicht. Es konnte einfach ein Nachbar auf dem Nachhauseweg vom Gottesdienst sein, so wie ich. Aber ich wollte es nicht darauf ankommen lassen. Ich versuchte, ihn abzuhängen, indem ich einen Umweg über unbefestigte Nebenstraßen fuhr. Dauernd schaute ich in den Rückspiegel – es war wie eine Filmszene. Ich redete mir ein, dass ich übertrieben albern reagierte, aber je länger das Auto hinter mir herfuhr, umso mehr wuchs meine Angst. Ich konnte nicht glauben, dass dies ausgerechnet jetzt passierte, wo ich das erste Mal seit Charlies Tod das Auto ohne einen anderen Erwachsenen an meiner Seite fuhr! Die wenigen Male, die ich seit vergangenem Montag hinter dem Steuer gesessen hatte, war mein Vater an meiner Seite gewesen.

Als ich südwärts durch Strasburg und in Richtung Georgetown fuhr, bemühte ich mich, mit den Kindern so normal wie möglich zu plaudern. Sie brauchten nicht zu wissen, dass wir verfolgt wurden. *Wenn nur Charlie hier wäre, dann hätte ich keine Angst.* Ein dummer Gedanke, sagte ich mir. Wenn Charlie hier wäre, würde das alles nicht geschehen. Gott und nur Gott allein war nun mein Beschützer. Jetzt hatte ich die Aufgabe, dafür zu sorgen, dass die Kinder sich in Sicherheit fühlten, auch ohne ihren Vater. Deshalb beschloss ich, niemanden mit meinem Mobiltelefon anzurufen, denn ich wollte meine arglosen Kinder nicht beunruhigen.

Schließlich überlistete ich das Auto, das hinter mir her war. Es ist wirklich von Vorteil, wenn man auf dem Land aufgewachsen ist und alle Abkürzungen kennt. In der Nähe meines Hauses verließ ich die Hauptstraße und fuhr nach rechts über den hinteren Teil des Anwesens meines Großvaters, holperte sogar über ein Stück Wiese. Ich versuchte, es den Kindern als lustiges Abenteuer hinzustellen, dass ich genauso wie Papa mit Allradantrieb fahren konnte. Sie lachten und dachten, es sei lustig, in solch großem Stil nach Hause zurückzukehren. Sie konnten nicht ahnen, wie verunsichert, wie verletzlich und im Stich gelassen ich mir vorkam.

Erleichtert ließ ich das Steuerrad los, als ich mein Auto in der Garage meiner Großeltern abstellte. Die Medien brauchten nicht zu wissen, dass wir zurückgekehrt waren. Sollten sie sich doch den Kopf zerbrechen. Ich drängte die Kinder über die Einfahrt meines Opas zu unserem Haus, denn ich wollte so schnell wie möglich eintreten und außer Sichtweite sein. Die Kinder hatten keine Ahnung von meiner Angst. Doch da sie schnell nach Hause kommen wollten, leisteten sie keinen Widerstand. Dann, kurz vor der Tür, blieben wir alle plötzlich stehen und freuten uns, dass Opa auf uns wartete. Er umarmte uns herzlich, und wir lächelten froh.

Wir waren zu Hause.

~

Zehn Minuten später war unser Haus voller Verwandter, die uns ihre Unterstützung zeigen wollten. Einige hatten in einem Schnellimbiss etwas zum Mittagessen gekauft. Während der Tisch gedeckt wurde, eilten andere durchs Haus, putzten, räumten auf und versuchten, sich nützlich zu machen. Obwohl das alles gut gemeint war, konnte ich diese hektische Aktivität nicht verkraften. Ich wollte gar nicht, dass meine Küche aufgeräumt wurde, und es war mir egal, dass nach einer Woche Abwesenheit mein Wohnzimmer staubig war. In diesem Augenblick war das alles unwichtig. Ich wollte nur einfach dasitzen und die Wirklichkeit der Zukunft auf mich einwirken lassen. So viel war geschehen, seit ich das letzte Mal in meinem eigenen Haus aufgewacht war. Es war schwierig, das alles zu erfassen, und die Rückkehr in meine eigenen vier Wände wühlte mich so auf, dass ich fast wie gelähmt war.

Bei all dem Durcheinander und Lärm verlor ich Abigail aus den Augen. Das hatte ich nicht gewollt. Was ging in meiner Siebenjährigen vor?

Ich fand sie in ihrem Zimmer und setzte mich zu ihr aufs Bett. Wir saßen still da und schauten aus dem Fenster. Eine Träne stahl sich aus meinem Auge und floss über meine Wange, gefolgt von immer mehr. Was würde aus uns werden?

Bryce und Carson kamen zur Tür herein. »Mama, können wir Fotoalben anschauen?«, bat Bryce. Ich konnte es ihm von den Augen ablesen: Sein Papa fehlte ihm.

Ich war sicher, dass mein Sohn nach einer Möglichkeit suchte, um uns aufzumuntern und uns zuversichtlicher zu stimmen.

Wir würden das gemeinsam durchstehen.

Ein paar Minuten später saßen wir alle vier zusammengekuschelt auf der Couch und blätterten langsam die Seiten unserer Familienalben um. Obwohl die Verwandten um uns herumliefen und miteinander sprachen, saßen wir vier wie auf einer einsamen Insel. Beim Betrachten der Fotos aus vergangenen schönen Zeiten konnte ich nicht verhindern, dass der Schmerz aus mir hervorbrach. Meine Tränen flossen unaufhörlich. Bryce schaute mich fragend an, suchte nach der Versicherung, dass es mir bald wieder gut gehen würde. Meine Kinder waren durch meinen Gefühlsausbruch verunsichert. »Man darf weinen«, erklärte ich. »Wenn wir traurig oder verletzt sind, müssen wir diese Gefühle ausdrücken, und Weinen ist eine solche Möglichkeit.« Ich wollte ihnen klarmachen, dass es in Ordnung wäre, wenn sie weinten. Charlie konnte seinen tiefen Gefühlen keinen Ausdruck verleihen, aber das musste auf das Leben seiner Kinder nicht zutreffen.

Allmählich wurde es Abend, und die Angehörigen gingen, einer nach dem anderen. Zum ersten Mal seit einer Woche war ich alleine mit meinen Kindern. So seltsam es klingt, ich empfand tiefen Frieden. Ich hatte keine Angst davor, auf mich alleine gestellt zu sein. Ich tat mein Bestes, um die abendliche Routine so »normal« wie möglich ablaufen zu lassen, badete die Kinder und brachte sie zu Bett. Wir lasen Geschichten und beteten zusammen. So hatten wir es ihr ganzes Leben lang gemacht. Papa arbeitete nachts, und Mama brachte sie zu Bett. Normal.

Aber was wird am Morgen geschehen?

Ich verdrängte diese quälende Frage. Morgen, zur gegebenen Zeit, würde ich mich damit beschäftigen.

Ich war erstaunt, dass jedes Kind ohne Schwierigkeiten einschlief. Ich hatte mir Sorgen gemacht, dass der Abend für uns alle belastend würde. Ich dankte Gott und spürte, wie mein Vertrauen darauf wuchs, dass er die Lücke in unserem Leben ausfüllen und die fehlenden Bruchstücke aufsammeln würde.

Ja, zweifellos fehlte mir viel. Ich ging durch das Haus – nur nicht in mein Schlafzimmer – und ließ meine Augen über das Zuhause schweifen, das Charlie und ich zusammen aufgebaut hatten. Offensichtlich waren die Polizisten mehrmals durch mein Haus gegangen und hatten nach Dingen gesucht, die als Beweismittel dienen könnten. Ich merkte, dass einige Dinge fehlten. Doch eines stach mehr als alles andere hervor, und es war unersetzlich. Charlie fehlte.

Ich ging in die Küche und öffnete die Tür zur Vorratskammer. Da war die Polizei offensichtlich auch gewesen – in meinen normalerweise so ordentlich gefüllten Regalen herrschte ein heilloses Durcheinander. Zumindest reichte mein Vorrat an unverderblichen Lebensmitteln für mehrere Tage, und dank meiner Freunde und Angehörigen war mein Kühlschrank jetzt so gefüllt wie der von Tante Linda.

Doch als ich die Vorratskammer meines Herzens durchsuchte, fand ich nichts. Keine Kostbarkeit, kein verborgenes Überbleibsel. Ich sah mich auf Zehenspitzen, wie ich mich ausstreckte und suchte, doch meine Hände blieben leer. Ich fühlte mich elend und verzweifelt.

Jetzt hatte ich es lange genug hinausgeschoben. Ich atmete tief durch und betrat zum ersten Mal seit unserer Rückkehr mein Schlafzimmer. Kleidung lag überall verstreut herum, der Beweis, dass die Polizei alles durchsucht hatte. Es bedrückte mich, dass sie alles, was ich besaß, ja, jedes Kleidungsstück angefasst hatten. Ich begann, Berge von Wäsche zu sortieren. Ich wollte jedes einzelne Stück waschen, bevor ich es wieder anzog. Ich holte einen Haufen schmutziger Wäsche aus dem Wäschekorb im Badezimmer, sortierte aber Charlies Sachen aus, bevor ich sie in die Waschmaschine steckte. Ich brachte es nicht fertig, Charlies Kleidung zu waschen. Ich würde sie eine Zeit lang in dem Korb aufbewahren. Auf seltsame Weise bot mir das die Möglichkeit, kurzzeitig der rauen Wirklichkeit meines Lebens zu entrinnen.

Wenn seine Dinge hier in unserem Schlafzimmer sind, dann ist das Leben normal, und nichts von alledem stimmt.

In den nächsten Stunden wusch ich mehrere Maschinen voller Wäsche und legte meine durchwühlten Sachen dahin zurück, wo sie hingehörten. Es war lange nach Mitternacht, als alles sauber und ordentlich war. Meine Kinder schliefen fest. Danach wusste ich nicht, was ich tun sollte. Ich hatte kein Buch darüber gelesen, kannte niemanden, der so etwas erlebt hatte. Ich war keine typische junge Witwe, falls es so etwas überhaupt gibt. Mein Mann war nicht einfach gestorben. Er war freiwillig von mir und von den Kindern fortgegangen, und er hatte noch viel mehr als das aus dieser Welt mitgenommen: Unschuld und Leben.

Ich erinnerte mich an ein Gespräch mit einer der Freundinnen meiner Mutter am Tag des Amoklaufs. Ich saß bei meinen Eltern am Küchentisch und versuchte, herauszufinden, was die nächsten Schritte für meine Kinder und mich wären.

»Was soll ich jetzt tun?«, hatte ich gefragt.

Ruhig und bestimmt hatte sie geantwortet: »Marie, so etwas ist noch nie geschehen. Egal, was du tust, es wird die richtige Entscheidung sein.«

Ich warf mich auf Charlies Seite im Bett und weinte. Als ich die Laken umklammerte und mein Gesicht auf das Kissen presste, konnte ich ihn riechen. Sein Wesen durchdrang immer noch diesen Ort. Einerseits wünschte ich mir, dass der Geruch immer hierbleiben würde, andererseits wollte ich, dass er sofort wegging. Der Kampf zwischen meiner Trauer über seinen Verlust auf der einen Seite und dem Albtraum im Zusammenhang mit seinem Tod auf der anderen Seite beutelte mich, riss mein Herz in entgegengesetzte Richtungen.

Ich weiß nicht, wie lange ich so dalag. Ich weiß nur, dass ganz langsam das erstickende Gewicht der Trauer so weit von mir wich, dass ich mich aufrappeln und zum Schlafengehen fertig machen konnte. Ich schaltete meinen CD-Player an. Als ich wieder im Bett lag, ließ ich mich von den Anbetungsliedern berieseln. Ich musste mich an jemanden wenden, der größer war als meine Lebensverhältnisse und meine Fähigkeit, vernünftige Lösungen zu finden. Ich dachte daran, wie mein Herr und Gott sich mir seit dem vergangenen Montag immer wieder gezeigt hatte. Vom ersten Augenblick an war er mit Macht gekommen, und die ganze Woche über hatte ich mich auf seine Gegenwart und Kraft verlassen können. Nie zuvor hatte ich ihn so konkret gespürt. Es war, als sei er leibhaftig direkt neben mir gewesen. Mit allen Sinnen war ich mir seiner Nähe bewusst gewesen. Etwas über Gott wissen und ihn wirklich kennenlernen sind zwei grundverschiedene Dinge. Mein ganzes Leben lang hatte ich von Gott gewusst. Aber in der vergangenen Woche hatte ich ihn wirklich in einer Tiefe kennengelernt, wie ich es nie für möglich gehalten hätte.

Als ich in jener Nacht im Bett lag, war er hier im Zimmer bei mir. Ich wusste, dass er sah, wie ich mich nach ihm sehnte, und deshalb wurde mein Herz von seinem noch mehr angezogen. Er freute sich nicht über meine Lebensumstände, wollte nur, dass ich mich ihm vollständig zuwandte und das bisschen, was mir noch geblieben war, ihm hingab. Ich wurde durchströmt von dem Bewusstsein seiner Gegenwart und seines Wunsches, bei allen meinen Schritten mit einbezogen zu werden.

In diesem Augenblick konnte ich mir zwar nicht vorstellen, dass die Zukunft für mich Gutes bereithielt, aber Gott konnte es. Er schrieb eine neue Geschichte: die Geschichte von mir und meinen Kindern.

Mit Gott war alles möglich. Hatte ich mich nicht als Blütenblatt einer Tulpe gesehen, das fällt, aber von der Hand Gottes aufgefangen wird?

War ich nicht von einer übernatürlichen Leidenschaft erfüllt worden, mit der ich Gottes Wort über meine Familie ausgesprochen hatte, bevor die Polizei kam und mir berichtete, was mit Charlie passiert war?

Hatte ich nicht gesehen, wie mein weinender Vater von einem Mann umarmt wurde, dessen Familie ein Kind durch die Hand meines Mannes verloren hatte?

War ich nicht unter dem Schutz von Gottes Flügeln im Haus meiner Tante Linda geborgen gewesen? Hatte ich nicht erlebt, wie Geschenke für meine Kinder an der Tür abgegeben wurden und wie wir durch die Freundlichkeit von Fremden Essen bekamen? Hatte ich nicht gehört, wie Gott mich zu einem heiligen Tausch aufforderte?

Wurde ich nicht von einer Mauer der Gnade geschützt?

Ich schlug meine Bibel auf und las Johannes 1,1-5.

Am Anfang war das Wort. Das Wort war bei Gott und das Wort war Gott. Er war am Anfang bei Gott. Durch ihn wurde alles geschaffen, was ist. Es gibt nichts, was er, das Wort, nicht geschaffen hat. Das Leben selbst war in ihm, und dieses Leben schenkt allen Menschen Licht. Das Licht scheint in der Dunkelheit, und die Dunkelheit konnte es nicht auslöschen.

Christus ist das Wort. Er ist bei Gott, und er *ist* Gott. Ich ließ die Bibel aufgeschlagen auf dem Bett neben mir liegen. Da Jesus das Wort ist, lag er jetzt neben mir.

Ich schlief friedlich bis zum Morgen.

Der Bildteppich

Wie lebt eine Familie weiter, wenn das ganze Umfeld, in dem sich ihr Leben abspielte, zerbrochen ist?

Ein Schritt nach dem anderen. Es gab keine andere Möglichkeit.

Einerseits fand ich Trost in dem Wissen, dass der Meister im Himmel einen großartigen Bildteppich von unserem Leben webt. Alle Szenen – sowohl die furchterregenden, beängstigenden als auch die wunderbaren, hellen – werden irgendwie zusammenpassen und zeigen, wie Gott in das Leben dieser Mutter und ihrer drei kleinen Kinder eingegriffen hat.

Andererseits konnte ich in meinem derzeitigen Zustand den ganzen Bildteppich nicht sehen. Es gab viele Augenblicke, in denen ich nichts als eine Menge verwirrter Fäden sah, die sich um meine Hände wickelten, um meine Füße schlängelten und um mein Herz knoteten.

So gerne ich auch wissen wollte, wohin Gott uns führte, es war mir nicht möglich, das ganze Bild zu sehen, nur immer einen Teil. Meine Aufgabe bestand darin, einfach jeden einzelnen Tag zu leben und zu vertrauen, dass Gott alles in der Hand hatte und genau wusste, wie er jeden Faden mit allen übrigen verweben wollte.

In seiner unendlichen Weisheit wusste Gott, warum er mir das gewebte Meisterwerk meiner Zukunft nicht zeigte. Ich hätte über die vermeintliche Absurdität gelacht, die er im Auge hatte. Er wusste, dass ich Zeit brauchte, bevor er mir die Geheimnisse meiner Zukunft offenbaren konnte.

~

Am Montagmorgen wachte ich dankbar darüber auf, dass ich vier Stunden geschlafen hatte. Es war der Tag, an dem die Kinder in die Schule bzw. den Kindergarten zurücksollten. Ich machte mir keine Sorgen, war aber etwas beunruhigt. Waren sie bereit? War ich bereit?

Der Grundstein war sorgfältig gelegt worden. Abigail, Bryce und ich hatten in der vergangenen Woche bei Tante Linda viel miteinander gesprochen. Jedem Kind hatte ich die Einzelheiten des Blutbads in der Schule berichtet. Ich wusste nicht, wie ihre kleinen Herzen mit diesen Informationen umgingen, aber es schien, dass sie unter dem Wissen um die Ereignisse nicht zusammengebrochen waren und sich zu meiner Erleichterung sogar auf diesen neuen Tag freuten. Die Schulleitung, meine Eltern und ich hatten gemeinsam einen Plan ausgearbeitet, und ich war dankbar für die Unterstützung der psychologischen Beraterinnen und des Personals, das darin ausgebildet war, Kindern und Erziehern durch Krisen und traumatische Erlebnisse hindurchzuhelfen. Die Lehrer waren bereit, den Schülern zu helfen, und machten Vorschläge für die richtige Wortwahl bei Gesprächen mit meinen Kindern.

Ich konnte sehen, dass Abigail etwas ängstlich war, als ich sie für die Schule fertig machte; sie fragte sich, was ihre Freundinnen von der zweiten Klasse wohl sagen oder fragen würden. Bryce, der vormittags in den Kindergarten ging, wollte vor allem nicht im Mittelpunkt stehen. Das kam mir bekannt vor. Wir wollten uns am liebsten alle ganz normal vorkommen und so sein wie die anderen. Doch ich betonte, dass es eine gewisse Zeit dauern könnte, bevor wir uns wirklich auch so fühlten. Wir mussten geduldig sein und darauf vertrauen, dass Gott uns durch unangenehme Augenblicke hindurchhalf.

Ich hatte vor, sie im ersten Monat zur Schule bzw. zum Kindergarten zu fahren und wieder abzuholen, als zusätzliche Vorsichtsmaßnahme gegen unerwünschte Gespräche, die im Bus stattfinden könnten. Lehrer, überlegte ich mir, konnten in der Klasse die Dinge im Auge behalten, aber ein Busfahrer konnte unmöglich auf Gespräche im Bus achten. Ich kam mir vor wie eine Tigerin, die entschlossen ist, ihre Jungen zu schützen.

Wir hatten beschlossen, ganz allmählich mit der Schule zu beginnen, zunächst stundenweise und jeden Tag etwas länger, um dann am Ende der Woche wieder Ganztagsunterricht zu haben. Nachdem ich Abigail in der Schule und Bryce im Kindergarten abgesetzt hatte, fuhr ich mit Carson nach Hause. Zum ersten Mal in unserem neuen Leben waren wir alleine miteinander.

Es wurde elf Uhr. Genau um diese Zeit vor einer Woche hatte Charlie mich zum letzten Mal angerufen. Elf Uhr ging vorbei. Ich atmete immer noch. Ein weiterer Faden in dem Bildteppich.

Carson baute mit seinen Lieblingsbausteinen einen Turm. Hatte er wirklich verstanden, was ich ihm über seinen Papa erzählt hatte? Was würde um zwölf Uhr mittags geschehen? Um diese Zeit hatte Carson üblicherweise Charlie aufgeweckt, wenn er Nachtschicht gearbeitet hatte und gegen vier Uhr morgens zum Schlafen nach Hause gekommen war. Würde mein Kleiner nach seinem Papa suchen? Ich fürchtete, es nicht ertragen zu können, wenn er mit seinem strahlenden Lächeln ins Schlafzimmer rennen und dann enttäuscht sein würde, weil er seinen Papa dort nicht fand. Hatte er verstanden, dass Charlie nicht mehr da war?

Ich war erleichtert, als die Mittagsstunde ohne Zwischenfall vorüberging. Vielleicht hatte Carson mehr verstanden, als ich annahm. Der ganze Tag verlief eigentlich problemlos. Ein Geschenk. Ein paar weitere Webfäden.

~

Wie leicht hält man den Alltag für selbstverständlich, und wie schade ist es, dass man wertvolle Augenblicke erst dann als solche erkennt, wenn sie vorbei sind. In meiner neuen Wirklichkeit freute ich mich über ein Spülbecken voll schmutzigem Geschirr, über Wäsche, die auf die Waschmaschine wartete, und über Gras, das zu mähen war. Der Schmerz meiner Trauer pochte immer noch hinter jedem Gedanken, aber der normale Alltag hatte etwas von einer unergründlichen Schönheit an sich, die mich beruhigte.

Mit dem Gedanken, dass Normalität schön ist, gingen die Kinder und ich am Montagnachmittag nach der Schule zur Post, die in der Nähe unseres Hauses lag. Wir spazierten am Haus der Nachbarn vorbei und überquerten die Straße, direkt gegenüber von *Village Dry Goods*, einem Amisch-Laden. Charlie hatte Abigail oft dorthin mitgenommen und ihr eine Kleinigkeit gekauft. Wo ich auch hinschaute, sah ich Erinnerungen an meine Kindheit, meine Jugend und mein Leben als Ehefrau. Gute Erinnerungen.

Meine ganze Post für die vergangene Woche hatte ich in einem Postfach lagern lassen. Als ich mit dem Schlüssel in der Hand eintrat, um es aufzuschließen, lachte der Postbeamte freundlich: »Es hat nicht alles reingepasst.«

»Wie meinen Sie das?«, fragte ich und öffnete die kleine Blechtür. Ich sah nur ein paar Briefe.

»Der Rest ist hier hinten in einer Kiste. Ich hole sie gleich.«

Ich bin sicher, dass meine Kinnlade nach unten geklappt ist, als ich sah, wie er mit einer weißen Postkiste zurückkam, die bis zum Rand mit Briefen und Päckchen gefüllt war. »Sie können diese Kiste mit nach Hause nehmen und sie später zum Nachfüllen wiederbringen. Ich nehme an, dass noch mehr Post für Sie kommt.«

Ich war fassungslos. Vermutlich war ich so sehr von den Medien abgeschirmt worden, dass ich trotz der Erklärungen meiner Angehörigen und der Ermittler nicht begriffen habe, dass dieses schreckliche Ereignis weltweit Aufsehen erregt hatte. Bald jedoch sollte ich es herausfinden.

»Was! Ist das alles für uns?«, fragte Bryce mit weit aufgerissenen Augen.

Abigail half mir, die Kiste nach Hause zu tragen, da ich Carson auf dem linken Arm trug. Wir stellten uns alle die gleichen Fragen: Von wem waren die Briefe? Woher hatten die Leute unsere Adresse?

Zu Hause legte ich die Briefe auf den Boden des Wohnzimmers. Zu meinem Erstaunen stand auf den meisten Umschlägen gar nicht unsere vollständige Adresse. Offensichtlich genügten Aufschriften wie »Frau des Amokläufers« oder »Marie Roberts, Bart, PA«, um Briefe aus vielen US-Bundesstaaten und zu meiner tiefsten Betroffenheit auch aus dem Ausland richtig ankommen zu lassen. Die Kinder saßen bei mir, und wir starrten auf die Stapel und fragten uns, welche Briefe wir zuerst öffnen sollten.

Ich griff nach einem Umschlag und hielt ihn nervös in der Hand. *Und was wäre, wenn einige dieser Briefe voller Hass und Anschuldigungen wären?* Ich steckte den Finger in eine Ecke des Umschlags und riss ihn auf.

Als ich die sorgsam geschriebenen Worte las, durchströmte mich eine Welle der Erleichterung, der Liebe und des Trostes.

Ich weiß nicht, wie ich Ihnen helfen kann, aber ich bete für Sie und Ihre Kinder. Es war nicht Ihre Schuld, Sie dürfen keine Schuldgefühle haben. Versuchen Sie, genug zu essen, und freuen Sie sich an Ihren Kindern. Nehmen Sie alle Hilfe an, die Ihnen angeboten wird. Ich hoffe, dieses kleine Geschenk unterstützt Sie und Ihre Familie.

Wie konnte diese Frau wissen, was ich dachte und fühlte? Ich war berührt von dem konkreten Ausdruck ihrer Sorge in Form eines kleinen Schecks.

Dann öffnete ich eine andere Karte.

Ich denke an Sie, wenn Sie in Ihrem Schmerz und Ihrer Trauer weinen. Ich hoffe, dass die liebevolle Unterstützung von Angehörigen und Freunden Ihre Last etwas leichter macht.

In dem Umschlag lag auch eine Kinderzeichnung für meine Kinder.

Worte des Lebens wurden mir zugesprochen und ließen die Ängste und die Schwere verfliegen. Jede Botschaft erfüllte mich mit Zuversicht und Trost.

Eine Frau aus Schottland schrieb:

Das Leben enthält viele schreckliche Geheimnisse, die wir am Ende eines jeden Tages in Gottes Hände legen müssen. Ich weiß, dass der Herr Jesus stark genug ist, um Sie durchzutragen.

Diese Karten zeigten, dass viele Menschen auf der ganzen Welt für meine Familie beteten und uns in dieser Tragödie ermutigten.

»Ich bete, dass Sie spüren, wie die Arme unseres Vaters im Himmel Sie umhüllen und festhalten«, stand in einem Brief. Dank dieser konkreten Liebesbeweise spürte ich, dass das stimmte.

Einer der Briefe, die ich an jenem Tag erhielt, stammte von einer Frau namens Dara. Sie war in einer kleinen Stadt nur wenige Kilometer von meinem Wohnort entfernt aufgewachsen. Auch sie hatte den Schmerz eines plötzlichen Verlustes erlebt. Ihre Worte drangen mir direkt ins Herz:

Liebe Marie, mein erster Mann kam bei einem Verkehrsunfall ums Leben, als ich achtundzwanzig Jahre alt war. Ich stand alleine mit vier kleinen Kindern da … Sie müssen mehr Schmerz ertragen, als die meisten Menschen sich vorstellen können … Gott kennt Ihr Herz und freut sich darüber … und das ist doch eigentlich alles, was zählt.

Sie hatte ihre E-Mail-Adresse aufgeschrieben, und am selben Tag antwortete ich ihr per Mail. Nach ihrem Verlust war ihr Leben weitergegangen, und das war eine Botschaft, die ich brauchte. Ich erfuhr, dass sie in den Jahren nach dem Tod ihres Mannes einen Missionar kennengelernt und geheiratet hatte und dass sie jetzt mit ihrer Patchwork-Familie in Guatemala lebte. Wir wurden Freundinnen und sind es heute noch – ein unerwartetes Geschenk auf diesem Weg.

Bevor ich diese Briefe las, hatte ich die Medien für einen Feind gehalten, der rücksichtslos in unser Leben und in unsere Stadt eindrang, eine hungrige Truppe, die darauf aus war, die Privatsphäre meiner Kinder und den Frieden meiner Familie zu verschlingen, um ihren unersättlichen Appetit auf Einschaltquoten und Auflagenstärken zu stillen. Das stimmte sicherlich alles, von *einem* Standpunkt aus betrachtet. Ich hatte zugehört, als meine Familie versuchte, mir zu vermitteln, wie fasziniert die ganze Welt von der Vergebung der Amisch war, doch ohne es selber gesehen oder gehört zu haben. Nun wurde das Lesen dieser zutiefst persönlichen Briefe für mich zum Aha-Erlebnis: *Gott* benutzte die Medien, um die Macht der Vergebung zu verbreiten, und er weckte Barmherzigkeit und Freundlichkeit in den Herzen guter Menschen auf der ganzen Welt. Licht strahlte aus der Dunkelheit.

~

Im Lauf der Woche gab es einige aufregende Augenblicke für meine Kinder in der Schule. Aber ich war jederzeit telefonisch erreichbar und hätte in weniger als zehn Minuten in der Schule sein können. Ein solcher Anruf kam jedoch nie. Da Bryce nur vormittags im Kindergarten war, verbrachten wir den Nachmittag zusammen, wenn Carson seinen Mittagsschlaf hielt. Nachmittags war ich oft nervös, wenn wir Abigail abholten, denn es bedeutete, mit den anderen Eltern zu warten, bis die Kinder aus der Schule strömten. Ich erkannte, wie stark ich den Drang verspürte, mich zu verstecken. Wussten sie, wer ich war? Was dachten sie über mich? Manchmal plauderten Mütter mit mir, aber keine von ihnen stellte eine Frage über das Verbrechen oder seine Folgen. Wir sprachen über Hausaufgaben, schulische Aktivitäten und lustige Momente mit unseren Kindern. Für diese »normalen« Gespräche war ich dankbar, denn ich wollte nicht auffallen – genauso wenig wie meine Kinder!

Als der Freitag kam, waren wir alle erstaunt, dass wir in der Schule und im Kindergarten keine beunruhigenden oder verletzenden Erfahrungen gemacht hatten. Es schien wie ein Wunder. Die Freundinnen und Freunde von Abigail und Bryce hatten sich fürsorglich und rücksichtsvoll verhalten, wie auch ihre Eltern, und viele hatten konkret ihre Warmherzigkeit gezeigt: neue Videos, nette Knabbereien, Briefchen mit Ermutigungen. Wir fühlten, dass uns von allen Seiten her Liebe entgegengebracht wurde – ein Beweis für Gottes Liebe zu uns. Ich betrachtete das als unerwartetes Geschenk.

Wenn wir eine Geschichte in den Nachrichten hören oder etwas Fesselndes in der Zeitung lesen, verspüren wir eine allgemeine Neugier. Ein Teil von uns möchte mehr wissen, und wir fragen uns, wie wir in einer solchen Situation handeln würden. Ich bereute aufrichtig jedes Urteil, das ich nur aufgrund dessen, was ich über jemanden gelesen oder gehört hatte, gefällt hatte, und war fest entschlossen, nie mehr einen solchen Fehler zu begehen. Und ich war dankbar für unsere Schulgemeinde und die Freundlichkeit, die uns entgegengebracht wurde.

Ein paar weitere Fäden in unserem Webteppich.

~

Ich freute mich, dass das Leben in der Schule und im Kindergarten ziemlich normal verlief. Der Rest des Lebens war es allerdings nicht. Das Telefon klingelte ständig, ebenso die Klingel an der Haustür. Meine engsten Freundinnen und meine Angehörigen riefen mich auf meinem Mobiltelefon an. Viele Anrufe auf dem Festnetzapparat waren zwar rührende Anrufe von Nachbarn und Bekannten, aber die meisten Anrufe, die mein Anrufbeantworter entgegennahm, kamen von Rundfunk- oder Fernsehleuten, die wollten, dass ich an ihrer Sendung teilnahm. Diese Nachrichten wurden schnell gelöscht und vergessen. Die Anrufe füllten den Anrufbeantworter so schnell, dass ich oft schon am frühen Nachmittag die Anzeige blinken sah: »Sprachbox voll«, obwohl ich sie am Abend zuvor erst geleert hatte.

Eine Nachricht war einzigartig. Eine ruhige männliche Stimme teilte mit: »Ich habe Ihre Nummer von Ihrer Tante bekommen.« Den Rest der Nachricht hörte ich gar nicht, da meine Gedanken sich selbstständig machten. *Jemand, den ich kenne, hat meine Telefonnummer jemandem gegeben, den ich nicht kenne?* Das gefiel mir nicht. Dann entspannte ich mich. Schließlich war meine Tante vertrauenswürdig.

Ich ließ die Nachricht noch einmal abspielen.

»Hallo, Marie, hier ist Dan Monville. Ihre Tante hat mir Ihre Nummer gegeben. Meine Kollegen und Freunde der Kirchengemeinde haben für Sie gebetet. Diese Leute wissen, dass ich ein entfernter Verwandter Ihrer erweiterten Familie bin, und sie haben mir ein paar Sachen gegeben und mich gebeten, sie Ihnen zu geben. Rufen Sie mich an, damit ich die Dinge irgendwann vorbeibringen kann.«

Ich konnte mich dunkel an Dan Monville erinnern. Im Alter von dreizehn Jahren war ich bei seiner Hochzeit gewesen, als er eine jüngere Cousine meines Vaters geheiratet hatte. Seitdem hatte ich gelegentlich gehört, wie meine Tante Shirley und mein Onkel Barry sich lobend über Dan äußerten, meistens vor meinen Großeltern, die neben uns wohnten. Ich wusste, dass er zwei Kinder hatte, eine Tochter, die einige Jahre älter als Abigail war, und einen

Sohn im Alter von Abigail. Er und seine Frau waren seit mehreren Jahren geschieden, aber ich wusste, dass er trotzdem von seiner angeheirateten Verwandtschaft, meiner Tante, meinem Onkel und meinen Großeltern, sehr geschätzt wurde. Das war ungewöhnlich, denn oft ergreifen Familien für ihre Angehörigen Partei, ohne Rücksicht auf die wahren Hintergründe.

Er muss ein anständiger Mensch sein, dachte ich, wollte mich aber mit niemandem treffen, den ich nicht gut kannte. Er würde mich bestimmt mit fragenden und mitleidigen Augen anschauen. Die Augen verraten viel, zeigen oft die innerste Absicht, bevor auch nur ein Wort ausgesprochen ist.

Ich löschte die Nachricht. Er musste eine andere Möglichkeit finden, mir das, was er hatte, zukommen zu lassen.

Anfragen von Nachrichtenagenturen und Medienunternehmen aus der ganzen Welt strömten unablässig herein und forderten mich zu Interviews auf – so verstand ich es jedenfalls. Sie sprachen von »Einladungen«, aber ich stellte mir, zu Recht oder zu Unrecht, vor, dass es sich um Verhöre handelte, mit dem einzigen Ziel, ihre Einschaltquoten zu erhöhen. Da sie keine Polizeibehörde waren, konnten sie mir nichts vorschreiben, und ich hatte kein Bedürfnis nach weiteren Vernehmungen. In einer einzigen Woche hatte ich mehr davon durchgestanden als die meisten Menschen in ihrem ganzen Leben.

Ich wollte unbedingt meine Familie vom Rampenlicht fernhalten, meine Kleinen schützen wie ein Henne, die ihre Küken unter ihre Flügel nimmt. Ich war fest entschlossen, koste es, was es wolle, ein normales Leben zu führen; möglicherweise jetzt noch nicht, aber eines Tages. Die Tragödie in der Schule war zwar ein unentrinnbarer Teil unseres Lebens geworden, doch ich nahm mir vor, dass sie nicht unser Geschick festlegen und uns nicht davon abhalten durfte, ein gesundes, normales Leben zu führen. Wir würden uns nicht von den Medien zur Schau stellen lassen. Das war mein felsenfester Entschluss.

Eines Tages forderte ein Journalist von den Abendnachrichten die Familie von Charlie auf, einen Angehörigen zu einem Interview zu schicken. Er versprach, dass die Einnahmen in einen Treuhandfonds fließen würden, der während der Sendung auf dem unteren Teil des Bildschirms erscheinen sollte. Manche dachten, er versuche, uns einen Gefallen zu tun. Doch ich war wütend. Ich wollte mich nicht kaufen lassen, und Gott hatte bestimmt nicht diesen Mann nötig, um für unsere Familie zu sorgen. Ich lehnte ab. Es handelte sich nicht nur um eine Geschichte; es ging um mein Leben.

An einem anderen Nachmittag klingelte es an der Haustür. Ich schaute aus dem Fenster und sah, dass es ein Blumenlieferservice war. Als ich die Tür öffnete, war die obere Hälfte der Lieferantin von dem größten Strauß langstieliger weißer Rosen, den ich je gesehen hatte, verdeckt.

»Sie werden es nicht glauben, von wem die sind«, vernahm ich eine Stimme hinter den Rosen.

»Lassen Sie hören«, antwortete ich lachend.

Sie senkte die Blumen etwas, damit sie mich sehen konnte, und nannte den Namen eines berühmten Talkshow-Stars. »Hier ist eine Karte«, säuselte sie und gab deutlich zu erkennen, dass ich sie sofort lesen solle, damit sie den Inhalt mitbekam. Stattdessen dankte ich ihr, verabschiedete mich, schloss die Tür und öffnete erst dann die Karte. Es war die Rede von Sorge um meine Kinder und um mich, und man sprach mir herzliches Beileid aus. Ich war bewegt, aber skeptisch. Zumindest stand hier nicht, dass ich mich telefonisch melden sollte, es schien also keine Hintergedanken zu geben.

Keine fünf Minuten später klingelte das Telefon. Einen Augenblick hatte meine Wachsamkeit nachgelassen, und ich nahm den Hörer ab.

»Hallo, Mrs Roberts?«

»Ja, wer …«

»Gefallen Ihnen die Rosen, die wir Ihnen geschickt haben?«, unterbrach mich die Person am anderen Ende der Leitung. Ohne auf die Antwort zu warten, ratterte sie maschinengewehrartig etwas herunter, das wie auswendig gelernt klang. »Ich bin die Produzentin von ...« Sie erwähnte eine bekannte Nachmittags-Talkshow, die von der Dame moderiert wurde, die die Rosen geschickt hatte. »Wir sind so besorgt um Sie und Ihre Kinder und wollten Ihnen die Möglichkeit bieten, exklusiv bei ...«

Jetzt war sie diejenige, die nicht dazu kam, ihren Satz zu Ende zu sprechen. »Nein danke«, unterbrach ich sie. »Und bitte rufen Sie nicht noch einmal an.«

Ich legte auf und kam mir manipuliert und ausgenutzt vor. Nicht die geringste Sorge um uns hatte ich herausgehört, nur den Wunsch nach einer sensationellen Geschichte.

Die Karte kam nicht in die Andenkenkiste mit den vielen anderen, sondern direkt in die Mülltonne.

Ich hatte keinen Zweifel daran, dass Gott die Medien wirksam benutzte, und ich verstand das Interesse der Öffentlichkeit, den Hintergrund der Geschichte zu erfahren. Aber mein Hauptanliegen war der Schutz meiner Kinder und die Wahrung der Privatsphäre unseres Zuhauses. Ich war sicher: Wenn Gott wollte, dass ich an die Öffentlichkeit trat, dann würde er es mir zeigen.

~

Als ich noch bei Tante Linda war, hatte ein ortsansässiger Therapeut angerufen, der nach dem Blutbad vielen im Wohnort geholfen hatte, unter anderen auch einigen der amischen Familien. Er wollte ein Treffen zwischen der Amisch-Gemeinde, meinen Eltern, Charlies Eltern und mir vereinbaren. Er bot an, die Gesprächsleitung zu übernehmen, und schlug vor, dass wir uns im Bart-Feuerwehrhaus trafen.

In unserer kleinen Gemeinde war dieses Gebäude seit Langem der Ort für Quilt-Versteigerungen, Spendengalas, Handwerks- und Antiquitätenmärkte sowie Empfänge. So wurde es ganz natürlich zum Knotenpunkt aller Aktivitäten im Zusammenhang mit dem Blutbad, zum Sammelpunkt der Reporter und Journalisten und zur Abgabestelle von Geschenken und allen möglichen Dingen für die Amisch-Gemeinde und für uns. Mir wurde berichtet, dass die meisten Fernsehsendungen vor der Kulisse des Feuerwehrhauses gedreht wurden.

Das Treffen fand einige Wochen nach unserer Rückkehr in unser Haus statt. Ich war nervös, als ich mit meinen Eltern die kurze Strecke von ihrem Haus bis zum Feuerwehrhaus ging. Es war ein wolkenverhangener, grauer Tag. Da es an den Tagen zuvor geregnet hatte, waren überall Pfützen, und die Luft war kalt und rau. Die Witterungsverhältnisse passten zu meiner Gemütslage.

Je näher wir kamen, umso unruhiger wurde ich. Ich hatte Angst, dass ich in einem Raum, der mit so viel Leid gefüllt war, das mein Mann verursacht hatte, die Fassung verlieren würde. Dann erinnerte ich mich daran, dass ich mir vorgenommen hatte, in der Erwartung auf Gottes Wirken zu leben, und ich zwang mich, weiterzugehen.

Im Feuerwehrhaus waren die Stühle in mehreren Reihen in einem Kreis aufgestellt. Ich saß mit meinen Eltern und den Eltern von Charlie auf einer Seite des Kreises. Unser Pastor, die psychologischen Beraterinnen, die mit unserer Familie gearbeitet hatten, und ein paar enge Freunde saßen bei uns. Direkt gegenüber befanden sich die Familien aus der Amisch-Schule. In den folgenden Reihen hinter ihnen saßen andere Amisch-Familien sowie viele Polizisten und andere Notfallhelfer.

Der Gesprächsleiter begann mit einem Gebet. Innerlich flehte ich Gott um Kraft an. Als ich all diese Familien vor mir sah, wurde mir die Schwere des Verlustes ganz neu vor Augen geführt. Natürlich hatte ich das Ausmaß der Tragödie verstanden. Aber es schmerzte zutiefst, diesen Familien von Angesicht zu Angesicht gegenüberzusitzen. *Charlie, warum hast du das getan? Wie hast du so etwas tun können?* Ich richtete eine inständige Bitte gen Himmel. *Gott, tröste du uns alle.*

Die amischen Familien wurden aufgefordert, ihre Gedanken mitzuteilen oder Fragen zu stellen. Ein bleiernes Schweigen hing über dem Raum, als ob jeder den Atem anhielte und wartete, bis das erste Wort gesprochen würde.

Ein amischer Mann begann und sagte das Gleiche, das ich an jenem ersten Tag vor ein paar Wochen gedacht hatte: »Wir haben nicht gewusst, wie wir das durchstehen werden.« Er und seine Frau berichteten, dass sie sich aneinander und an Gott festhielten, um Kraft für jeden Tag zu bekommen. Gottes Gnade habe sie bis hierhin durchgetragen. Ich saß neben meinen Eltern, nahm das Gewicht dieser Worte in mich auf und versuchte vergeblich, die Tränen zurückzuhalten. Jeder berichtete von einem Herzeleid, das uns ins Mark traf. Es war ein einfühlsamer Austausch von Wahrheit, Gnade und Barmherzigkeit. All das war schmerzlich, aber dieser Schmerz enthielt einen heilenden Balsam.

Dann waren wir an der Reihe. Meine und Charlies Eltern gaben mir zu verstehen, dass ich anfangen sollte. Was konnte ich Hilfreiches sagen? Was konnte ich anbieten? Die Familien, die vor uns saßen, hatten einen unsäglichen Verlust erlitten. Und doch waren sie auf mich zugegangen, hatten uns allen Vergebung für alles zugesprochen, was Charlie getan hatte.

Ich erinnere mich nicht an meine genauen Worte, aber ich sprach aus tiefstem Herzen.

»Euer Verlust tut mir so schrecklich leid. Ich finde keine Worte, die meine Dankbarkeit gegenüber jedem von euch und eurer ganzen Gemeinschaft ausdrücken können. Gott gebraucht eure Vergebung für das, was Charlie getan hat, und eure Gnade unserer Familie gegenüber zu unserer Heilung.«

Dann wandte ich mich an die Notfallhelfer, betonte, wie quälend es war, was sie erleben mussten, und wie sehr ich ihnen dankte, dass sie uns allen so selbstlos gedient hatten. Meine Stimme versagte fast vor Ergriffenheit, und angesichts des Albtraums von

Leid in dem Raum hielt ich meine Worte für unzulänglich. Charlies Taten hatten so viele Menschen verletzt.

Schließlich erzählte ich ihnen, dass wir persönlich erlebten, wie Jesus Christus uns trug. Ich beschrieb die Heilung, die Gott in meinem Herzen und im Herzen meiner Kinder bewirkte. Ich war völlig unvorbereitet auf die spontane Reaktion in dem Raum, die einsetzte, sobald ich meine Kinder erwähnte. Viele lehnten sich nach vorne, andere neigten den Kopf, und alle Augen waren auf mich gerichtet, als ich sagte: »Ich habe mir wegen der Schule und des Kindergartens große Sorgen um sie gemacht. Ich hatte Angst, dass andere Kinder oder Eltern grausame Dinge sagen und ihnen Verletzungen zufügen könnten, an denen sie vielleicht ihr ganzes Leben lang leiden müssen. Doch Gott hat sie beschützt. Zu meinem Erstaunen wurde in der Schule und im Kindergarten kein einziges unfreundliches Wort an sie gerichtet. Nicht ein einziges.«

Auf den Gesichtern der Amisch machte sich Erleichterung breit, eine Erleichterung, die mich tief im Inneren berührte. Einige Männer und Frauen gingen darauf ein und sagten, dass auch sie sich um meine Kinder Sorgen gemacht hatten und für sie beteten. Mir fehlten die Worte. Sie beteten für die Kinder des Mannes, der ihre Kinder umgebracht hatte.

Charlies Eltern und meine Eltern ergriffen dann das Wort; dafür war ich dankbar. Auch sie litten sehr, und während sie sprachen, betete ich, dass Gott sie heilen und ihnen helfen möge, den Schmerz loszulassen.

An jenem Tag wurden viele Bekundungen von Mitgefühl und echter Liebe ausgetauscht. Doch eine Äußerung werde ich nie vergessen. Ein Amisch, der Vater eines der getöteten Mädchen, richtete seine Worte direkt an mich. Als er sprach, wurde mir weich ums Herz, und es war, als würden mich nicht nur seine Worte, sondern die Arme Gottes liebevoll umfangen.

Er stand auf, als er sprach. »Wir denken an Sie und beten für Sie, denn wenn der Tag vorüber ist und wir in der lautlosen Nacht spüren, wie die Trauer auf uns einstürmt, dann haben meine Frau und ich einander. Wir können zusammen weinen, uns in den Armen halten. Aber wir empfinden Mitgefühl für Sie, weil Sie alleine sind.«

Das Wissen, dass sie inmitten ihrer Trauer in der Lage waren, die Wahrheit meines Lebens und den Schmerz, der mich im stillen Kämmerlein quälte, zu erkennen, schickte ein strahlend helles, himmlisches Licht in mein Herz.

Ihr Schmerz war tief, aber er ließ sie trotzdem nicht für den Kummer eines anderen leidenden Menschen blind werden.

Etwa eine Stunde lang tauschten wir unsere Gedanken und Gefühle in diesem Kreis aus. Dann wurde uns gesagt, dass Geschenke und Pakete für meine Familie und die Amisch-Familien im Feuerwehrhaus abgegeben und bereits für uns sortiert worden waren. Ich war nicht in der Lage, die Worte für mein Erstaunen zu finden, als wir zu einem Tisch voller Lebensmittel, Karten und Geschenken für meine Kinder und mich geführt wurden. Eine amische Familie hatte ein handgefertigtes Puppenbett für meine Abigail gebracht, die natürlich genauso alt war wie einige der Mädchen, die ihr Leben verloren hatten. Ich ließ meinen Tränen freien Lauf.

Mir hatte vor diesem Treffen gegraut, ich hatte Angst gehabt, dass ich nicht die rechten Worte finden würde, hatte gefürchtet, dass ich die Tiefe des Leids in diesem Raum nicht ertragen könnte. Ich ging bereichert nach Hause, erfüllt und tief verbunden mit allen, die in unserem Kreis geteilter Trauer saßen. Mein Herz war zwar immer noch zerbrochen, aber ich erfuhr eine beispiellose Heilung aus der Hand der Menschen, die das Leid und die Leere erduldeten, die von Charlie verursacht worden waren. Die Dunkelheit unserer Tragödie wurde durch Schönheit und ein unvorstellbares Licht wiedergutgemacht, ausgetauscht und ersetzt.

Der Glanz dieses Lichtes drang tief in mein Herz ein. Und es strahlt immer noch. Ich bin sicher, dass bei dem Bildteppich, den Gott von unserem Leben webt, diese Szene mit goldenen Fäden gewebt wurde.

Der Durchbruch

Es klopfte an der Tür, und ich zuckte zusammen. Ich ärgerte mich, dass ich so schreckhaft war, ließ die Kinder beim Frühstück in der Küche und schaute durch die Glastür.

Eine Frau in Freizeitkleidung, etwas älter als ich, stand auf der Terrasse. Sie sah nicht wie eine Reporterin aus. Ich öffnete die Tür einen Spalt.

»Sind Sie Marie Roberts?«, fragte die Frau.

Kein höflicher Gruß. Ich wurde etwas stutzig. »Ja«, antwortete ich.

»Ich habe nur selber vorbeikommen wollen und fragen, ob es stimmt, was gesagt wird, nämlich, dass Sie wirklich *nichts* davon gewusst haben, dass Ihr Mann geplant hat, diese Mädchen umzubringen.«

Das war es. Ich hatte gefürchtet, dass genau das die Leute über mich dachten. *Eine Lügnerin, die ihre Mitschuld vertuscht, oder eine Idiotin, die blind für das Offensichtliche gewesen ist.* Bis jetzt hatte mich noch nie jemand direkt darauf angesprochen.

Ich trat auf die Terrasse und schloss die Tür hinter mir, in der Hoffnung, dass das Gespräch nicht lange dauern würde. Ich war dabei, die Kinder für die Schule fertig zu machen, und hatte nicht viel Zeit für eine Unterhaltung.

»Ich habe es nicht gewusst.« Ich kam mir vor wie ein Mädchen, das ins Büro des Direktors gerufen wird und eine Mogelei erklären soll, von der es nichts weiß. »Ich hatte überhaupt keine Ahnung.«

»Wie ist das *möglich*?« Ihre Stimme, die bisher so geklungen hatte, als würde sie ein Verhör führen, hörte sich jetzt flehentlich an, nicht wirklich wie eine Frage, sondern eher wie der verzweifelte Versuch, das Unfassbare zu begreifen. »Es muss doch irgendwelche Hinweise gegeben haben!«

»Nein«, sagte ich. »Nicht an einem einzigen Tag in seinem Leben war Charlie gewalttätig. Kein Zorn, keine Drohungen. Ich habe nichts gewusst, bis ich an jenem Morgen den Anruf von der Schule bekommen habe.«

Sie starrte mir in die Augen, also, wolle sie mir in die Seele schauen. Ich konnte sehen, wie sie sich inständig bemühte, das Unverständliche zu verstehen. Dieses Gefühl kannte ich. Im Spiegel hatte der gleiche Blick auf mich zurückgestarrt.

»Gut«, meinte sie unvermittelt. »Das habe ich wissen wollen.« Sie drehte sich um, ging die Treppe hinunter, stieg in ihr Auto und fuhr davon. Ihren Namen habe ich nie erfahren, und ich habe sie auch nie wiedergesehen. Doch das war nicht nötig. Für mich war sie die misstrauische Öffentlichkeit, die ich in jedem Geschäft, in jeder Tankstelle, in jeder Bank und auf jedem Schulhof vermutete, die mir anklagende Blicke zuwarf und geringschätzig über mich tuschelte. Sie war der Grund, weshalb ich mich verstecken wollte.

~

Ein paar Tage später, als ich mit den Kindern von der Schule zurückkam, hatte Dan Monville eine zweite Nachricht auf dem Anrufbeantworter hinterlassen – neben den zahlreichen anderen. Sie enthielt mehr oder weniger die gleichen Informationen wie die erste. Doch dieses Mal berichtete er, dass er meiner Tante gesagt hatte, dass ich ihn nicht zurückgerufen hatte. Er hatte sie deshalb gefragt, ob nicht sie die Sachen, die er mir zukommen lassen wollte, bei mir abgeben könnte, da sie ihren Bruder (meinen Großvater, der neben mir wohnte) oft besuchte. Doch, wie er in seiner Nachricht erklärte, hatte sie abgelehnt, da ich wahrscheinlich sehr beschäftigt sei, und ihm gesagt, er solle mich noch einmal anrufen.

Dieses Mal verdrehte ich genervt die Augen, als ich die Nachricht löschte. Es stimmte, ich war sehr beschäftigt, und ich wünschte keinen Besuch. Zurzeit vertraute ich nur den Menschen, die ich bereits vor dem Amoklauf gekannt hatte. Ich wollte mir den Stress, den Neues mit sich bringt, ersparen. Ich bekam Schuldgefühle und kam mir unhöflich vor, weil ich nicht zurückrief, aber ich hatte einfach keine Kraft für solche Dinge.

~

Der Versuch, wieder ins »normale« Leben zurückzufinden, war mehr als anstrengend.

Die Heilung brauchte Zeit und war kräftezehrend. Nicht nur ich, sondern alle, die von diesem Ereignis betroffen waren, brauchten sehr viel Zeit, um das zu verarbeiten, was Charlie innerhalb weniger Minuten angerichtet hatte.

Ich tat, was ich für das Beste hielt: Ich suchte bei Gott Trost, bat um seinen Schutz vor den Lügen des Feindes, wiederholte immer wieder, was Gott bisher für mich getan hatte, und sang Loblieder, auch wenn mir nicht danach zumute war.

Eines Morgens, als ich vor der aufgeschlagenen Bibel saß, wurde mir bewusst, dass ich mich vor allem, was vor mir lag, fürchtete, ja, dass ich fast resigniert hatte.

Ich sehnte mich nach Frieden. Deshalb vertiefte ich mich in die Psalmen, bevor ich mich an die Aufgaben des Tages machte. In den Versen, die ich dort las, forderte Gott mich zu einem großen Schritt nach vorne auf.

Lobt den Herrn, weil er meinen Hilferuf erhört hat.

Ich betete: *Mein Gott, ich weiß, dass du alleine alle meine Hilferufe gehört hast.*

Der Herr ist meine Stärke und beschützt mich. Ich habe von ganzem Herzen auf ihn vertraut und er hat mir geholfen. Darum freue ich mich und danke ihm mit meinem Lied. Der Herr beschützt sein Volk und rettet seinen gesalbten König. Rette dein Volk und segne Israel, das dir allein gehört! Führe es wie ein Hirte und trage es allezeit auf deinen Armen.

(Psalm 28,7-9)

Das habe ich getan. Ich habe ihm vertraut und geglaubt, dass er meine Stärke ist und mich beschützt. Ich habe großartige Momente übernatürlicher Freude erlebt – Gott hat sein Wort gehalten! Doch Gott wusste auch, dass dieser Friede hin und wieder verfliegt und ich erschöpft und mutlos werde. *Führe mich wie ein Hirte, Herr. Trage mich allezeit auf deinen Armen.*

Du hast meine Trauer in einen Tanz voller Freude verwandelt. Du hast mir die Trauergewänder ausgezogen und mir Freude geschenkt, damit ich dich preise und nicht schweige. Herr, mein Gott, für immer will ich dir danken!

(Psalm 30,12-13)

Ich konnte kaum glauben, wie schön für mich die Zusage Gottes in diesen Versen klang: Er wird mir die Trauergewänder ausziehen und mir Freude schenken.

Ich spürte, wie Gott mich sanft ermutigte, daran zu denken – nein, wieder daran zu denken –, dass jeder Teil meines Lebens mit der versprochenen Freude umgeben sein würde, anstatt mit erdrückender Furcht. Ich hatte nicht versagt, als ich mir wieder der Schwere meiner Situation bewusst geworden war. Doch wenn ich diese Schwere hinter mir lassen wollte, musste ich zulassen, dass Gott die Umstände meines Lebens in die Zusagen verwandelte, die ich in seinem Wort las. Je mehr ich mich seinem Versprechen fügte, umso mehr würde die Schwere von mir weichen und durch Gottes Frieden und Freude ersetzt werden.

Ich dachte über meine Lebensumstände nach: Ich hatte drei wunderbare Kinder auf der Erde und zwei andere im Himmel. Und ich hatte meinen Mann verloren. Schreckliche Dinge geschehen tatsächlich. Tragödien schlagen unerwartet zu. Und doch gibt es inmitten dieser schrecklichen Dinge Freude.

Gott forderte mich nicht auf, die harte Wirklichkeit zu vergessen, sondern, das Leben so anzunehmen, wie es war, und Freude daran zu haben!

Daran soll ich Freude haben?, fragte ich ehrfürchtig, nicht ironisch. So schockierend es klingen mag, seine Antwort lautete einfach: *Ja.* Während ich noch über seine Worte nachdachte, änderte sich mein Blickwinkel: *Er ist ein guter Vater, der seinen Kindern gute Gaben schenkt. Es scheint unglaublich, aber irgendwie hat er vor, mir Gutes zu geben. Mein Herz kann nicht fassen oder verstehen, was dazugehört oder dazu erforderlich ist, aber ich will, was Gott will. Hilf mir, mich an diesem Leben zu freuen, und zwar an allem, was dazugehört.*

Er forderte mich nicht auf, mich über die Umstände, die Tragödie, den Verlust und die Verwüstung zu freuen. Das alles machte auch ihn traurig. Auch ihm gefiel das nicht. Doch er rief mich auf, durch all das hindurchzuschauen und Freude an jedem Tag, an jeder Stunde, an jeder Minute meines Lebens zu haben.

Das erforderte ein Opfer mit ganzer Hingabe. An jenem Morgen ergriff ich seine Hand, schloss die Augen und sprang auf ihn zu. Ich wollte nicht sehen, über was ich alles sprang, auch nicht wissen, ob ich es schaffe. Ich wusste, dass ich auf die andere Seite hinüberwechseln musste, wenn ich meinen Blickwinkel ändern wollte.

Ich will mich an meinem Leben freuen. Zeigst du mir, wie?

~

Die Kinder schienen sich gut an die Situation anzupassen. Keine Albträume, kein auffälliges Verhalten, womit ich laut Seelsorgerinnen rechnen musste. Ich wusste, dass das nicht bedeutete, dass ihr Kummer vorüber war. Jedenfalls wollte ich alles tun, damit sie positive Erinnerungen an ihren Vater behielten.

Bryce hatte immer gerne etwas mit seinem Vater unternommen, mit ihm an verschiedenen Vorhaben gearbeitet und mit ihm im Garten gespielt, wenn das Wetter schön war. Viele Nachmittage verbrachten sie auch mit Fußballspielen. Dabei stürmte Bryce immer den Garten hinunter und versuchte, den Ball um seinen Papa herumzukicken und auf der anderen Seite ein Tor zu schießen. Wie jeder gute Vater tat Charlie oft so, als könne er mit der rasenden Geschwindigkeit von Bryce nicht mithalten. Bryce und Charlie klatschten einander nach jedem Tor ab und wechselten dann die Seiten, was bedeutete, dass jetzt Bryce versuchen musste, Charlies Schuss zu halten. Fast jedes Mal rannte Charlie auf ihn zu, und die Wucht seines Schusses richtete sich nach dem Können von Bryce. Mein Sohn gewann Selbstvertrauen und begeisterte sich immer mehr für das Spiel. Er konnte es jedes Mal kaum erwarten, bis er sich wieder mit seinem Papa messen durfte.

Ich war nicht Charlie. Ich war kein Fußballspieler! Doch ich tat mein Bestes und kickte an manchen Nachmittagen den Ball mit Bryce im Garten herum. Dann wurde mir klar, dass ich nicht etwas sein musste, was ich nicht war. Gott hatte dafür gesorgt, dass ich einen Bruder und einen Vater hatte, die liebend gern mit meinem Jungen tobten und Ball spielten.

Carsons lebhaftes Wesen und fröhliches Gemüt waren immer eine Freude für Charlie und mich gewesen. Eigentlich war es hauptsächlich Charlie, der spontan mit den Kindern spielte, während ich meistens mit den Aufgaben im Haushalt beschäftigt war.

Eines Morgens, als die beiden Großen in der Schule bzw. im KIndergarten waren, packte ich Carson, als er an mir vorbeirannte, warf ihn auf mein Bett und kitzelte ihn. »Rate mal, an was ich heute gedacht habe?«, fragte ich meinen kleinen, sich windenden Jungen. »Manchmal, wenn dein Papa und ich miteinander sprechen wollten, nur wir beide, dann sind Papa und ich in dieses Zimmer geschlichen und haben uns an dieser Stelle auf unser Bett gesetzt.« Unser Schlafzimmer, das neben dem Wohnzimmer lag, gab Charlie und mir die Möglichkeit, auf dem Bett zu sitzen und miteinander zu sprechen, während die Kinder spielten. Wir konnten sie sehen, waren aber trotzdem etwas ungestört.

»Aber *du*« – ich kitzelte ihn wieder – »du hast immer gerne Türen zugemacht. Wenn du gesehen hast, dass wir da sitzen, bist du auf uns zugerannt, hast die Tür gepackt und zugezogen. Papa und ich haben dann immer gelacht und die Tür wieder aufgemacht, und du hast gequietscht und sie immer wieder zugemacht. Eines Tages hast du wieder die Tür zugemacht, und Papa hat sich so auf den Fußboden gelegt.« Ich führte es ihm vor, schloss die Tür, drückte mein Gesicht auf den Teppich, schaute unter der Tür durch und beobachtete meinen kleinen Sohn.

»Ich weiß«, sagte Carson. Ich wusste, dass er sich daran erinnerte, denn das war ein Lieblingsspiel zwischen Charlie und Carson gewesen.

»Papa hat mit seinen Fingern unten an der geschlossenen Tür so geklopft«, erklärte ich und klopfte an die Tür. »Du bist dann auf der anderen Seite der Tür herangeschlichen und hast geschaut, was das für ein Geräusch ist, und plötzlich hat Papa seine Finger unter der Tür durchgesteckt. Und was hast du dann gemacht?«, fragte ich.

»Papas Finger gepackt!«, jubelte er.

»Schau mal, ob du meine packen kannst«, schlug ich vor. Mit der geschlossenen Tür zwischen uns spielten wir das Finger-Pack-Spiel. Carson quietschte vor Lachen auf seiner Seite der Tür. Ich war froh, dass er meine Tränen nicht sehen konnte.

~

Gelegentlich hatte ich immer noch Gespräche mit den Seelsorgerinnen. Ich wollte nicht für den Rest meines Lebens unbeantwortbare Fragen über Charlie mit mir herumtragen. Ich musste mich so gut wie möglich mit diesen Fragen auseinandersetzen, sie begraben wie Charlie und dann weitermachen.

Was wusste ich also?

Ich wusste, dass Charlie nicht in der Lage gewesen war, seine innersten Gefühle mitzuteilen. Ich wusste, dass er es nicht für nötig gehalten hatte, seinen Schmerz herauszulassen. Er dachte, dass er alles in sich hineinfressen und selber damit fertig werden könnte.

Obwohl wir ein schönes und erfülltes Leben mit drei Kindern führten, die er von Herzen liebte, klaffte in Charlies Herzen eine schwärende Wunde. Er tat sein Bestes, um damit fertig zu werden, doch sie war da, auch wenn wir sie nicht sehen konnten. Er konnte nicht verstehen, wieso ein Gott der Liebe solch leidvolle Erfahrungen in unserem Leben zugelassen hatte. In seinem Brief am Tag des Blutbads schrieb er, dass er es »Gott heimzahlen« wollte, dass er uns unsere Tochter genommen hatte. Wie konnten seine Gedankengänge so schwer gestört sein? Ich musste diese Frage unserem barmherzigen Gott hinlegen und sie in seinen Händen lassen.

Neun Jahre lang hatte Charlie mit dem Schmerz des Verlustes gelebt. Dieser Schmerz war wie ein Krebsgeschwür gewesen, das ihn innerlich aufzehrte. Ich war dankbar, dass er nicht mehr litt, aber erschüttert über den Schmerz, den er so vielen Menschen zugefügt hatte.

Obwohl ich meinen Mann liebte, verabscheute ich, was er diesen Kindern, ihren Familien, unserer Familie und dem Wohnort angetan hatte. Außerdem war ich erschüttert, weil er mich im Stich gelassen hatte und ich die Folgen seines Tuns alleine ausbaden musste. Es war mir unverständlich, dass er unsere Kinder verlassen und andere Kinder umgebracht hatte und dadurch deren Familien denselben Schmerz zufügte, der ihn selbst so lange gequält hatte. Ehrlich gesagt, war ich nicht wütend auf *ihn*, denn seine innere Zerrissenheit verletzte mich innerlich so tief, dass ich keinen Zorn empfinden konnte. Aber ich finde keine Worte, die ausdrücken, wie weh mir seine Entscheidungen taten.

Bisher habe ich Folgendes über Verlust und Schwierigkeiten gelernt: Gottes Liebe zu uns wird durch unsere Lebensumstände weder bewiesen noch widerlegt. Seine Liebe kann nicht an unseren Verhältnissen gemessen werden. Sie zeigt sich vielmehr in seinem Opfer, seiner Gnade und seiner Erlösung. Wir leben in einer gefallenen Welt. Jeder Mensch ist fähig, selbst zu entscheiden, wie er sich verhält, und diese Entscheidungen haben letztendlich Folgen, sowohl positive als auch negative, in unserem eigenen Leben und im Leben unserer Mitmenschen.

Charlie hat eine Entscheidung getroffen, die verheerende Auswirkungen auf die Amisch-Gemeinde, unsere Familie und viele andere Menschen hat. Indem er seinem eigenen Leiden ein Ende setzte, fügte er den Menschen, die er zurückließ, noch viel größeres Leid zu. Ich werde nie all die Gründe verstehen, denn es gibt keine vernünftigen Gründe für solch eine Entscheidung. Aber ich erinnere mich an Zeichen seines inneren Ringens. Zum Beispiel, wie ich auch den Ermittlern berichtete, hatte ich von Zeit zu Zeit im Lauf der Jahre bemerkt, dass sich Charlie immer noch mit dem Tod unserer Töchter schwertat. Er wollte konkrete Antworten, aber die gab es nicht.

Was mich betraf, so hatte meine Freude an Abigail, Bryce und Carson meinen Schmerz über diese verlorenen Freuden verringert. Als Abigail in der ersten Klasse war, hatten Charlie und ich während der Elternwoche eine oder zwei Stunden in der Schule verbracht. Danach hatte ich zu Charlie gesagt: »Hast du gesehen, wie Abigail in der Pause mit den anderen Mädchen seilhüpft?« Ich lächelte. »Es ist so lustig, wie sie ihre Seilspring-Lieder singen und versuchen, den Doppelseilsprung hinzubekommen ... Ich habe heute daran gedacht, dass Elise zwei Jahre älter wäre als sie. Wie sie wohl miteinander ausgekommen wären?«

Charlie dachte eine Minute lang nach. Dann meinte er: »Abigail kommt anscheinend mit jedem zurecht, wie ihre Mama.« Er lächelte mich verschmitzt an. »Ich glaube, sie wären sehr gerne zusammen gewesen. Ich wollte, Elise wäre hier.«

»Ich auch, Charlie. Zwar verstehe ich überhaupt nicht, warum wir sie verloren haben, aber ich klammere mich an Römer 8,28, nämlich dass für die, die Gott lieben, alles zum Guten führt. Irgendwie erschafft Gott auch aus Verlust Gutes«, erklärte ich in der Hoffnung, dadurch ein Gespräch zu beginnen.

Doch er schwieg.

Es ist seltsam, welche Dinge Traurigkeit auslösen können. In einem Augenblick, in dem man es am wenigsten erwartet, stockt einem plötzlich der Atem. Worte, ein Geruch, ein Bild, anscheinend ganz unbedeutende Dinge erwecken schmerzliche Erinnerungen und Gedanken. *Was wäre, wenn sie jetzt hier sein könnte? Wie würde ihr Lachen klingen? Hätte sie lockiges Haar wie ich?* Charlie war nicht der Einzige, dem unser kleines Mädchen fehlte. Doch aus irgendeinem Grund heilten meine Wunden im Lauf der Zeit, während Charlies Schmerz vermutlich im Stillen toxisch wurde.

Charlies »depressive Anfälle« dauerten selten länger als ein paar Tage und hinderten ihn nie daran, seinen täglichen Pflichten und seiner Arbeit nachzugehen. In diesen Zeiten, die mehrmals im Jahr auftraten, zog Charlie sich zurück. Ich versuchte, dem entgegenzuwirken, indem ich alles in meiner Macht Stehende tat, um das Leben erfreulich und optimistisch zu gestalten, in der Hoffnung, dass dadurch seine Heilung gefördert würde. Ich wusste, dass es ihm besser gehen würde, wenn er einfach nur über seinen Schmerz spräche. Aber das wollte er nicht. Je mehr ich ihn drängte, mit jemandem zu reden, umso mehr zog er sich zurück. Ich wollte, dass zu unserer Ehe auch das gemeinsame Tragen von Lasten gehörte, mit einer Offenheit, die uns füreinander verwundbar machte, in der wir aber auch unsere gegenseitige Liebe ausdrücken konnten. Stattdessen errichtete Charlie allmählich eine Mauer des Schweigens, durch die er mich nicht hindurchdringen ließ.

Ich war enttäuscht; das war nicht, was wir einander versprochen hatten: uns zu lieben und zu ehren und gemeinsam durchs Leben zu gehen. Sein Schweigen schwächte die Lebendigkeit unserer Ehe, und mit der Zeit trauerte ich über den Verlust unserer Gemeinsamkeit.

Meinerseits hörte ich auch auf, ihn an vielem teilhaben zu lassen, was in mir vorging.

Im Rückblick kann ich erkennen, dass ich meine Alltagsprobleme mit Gott ausmachte. Ich verlor die Gewohnheit, Charlie in mein Glaubensleben einzubeziehen.

Natürlich traten Charlies offenkundige depressive Phasen nur gelegentlich auf. Und obwohl wir unsere tiefsten Gedanken einander nur selten mitteilten, war unser Familienleben voller Freude. Mein Mann liebte seine Familie, und er war ein zärtlicher Vater, der jeden Augenblick mit seinen Kindern genoss. Er ging mit unserer Tochter einkaufen, baute alles Mögliche mit unserem Sohn und wechselte, ohne zu zögern, die Windeln unseres Jüngsten. Ich habe viele glückliche Erinnerungen an die gemeinsamen Jahre und daran, wie er auf die unterschiedlichste Weise seine Liebe gezeigt und für unsere Familie gesorgt hat.

Wie die meisten jungen Ehepaare nahmen Charlie und ich das Leben einfach so, wie es kam.

Ja, mein Mann war ein schweigsamer Typ, besonders, wenn es um seine Gefühle ging. Viele Männer sind so. Es stimmt, Charlie hatte Phasen anhaltender Traurigkeit, aber sie gingen immer vorüber.

Mein Mann hatte keine tiefer gehenden Beziehungen zu anderen Männern, bei denen die Gesprächsthemen über die Arbeit, das Wetter und den Sport hinausgingen. Aber wie viele Frauen würden nicht dasselbe von ihrem Mann sagen?

Wie viele Frauen hatte ich meine Gebetsliste für Charlie. Ich betete inständig um alles, was meiner Meinung nach der Wille Gottes für ihn war. Mein Wunsch war es, dass mein Mann eine enge Beziehung zu Gott aufbaute. Und auch da lag ich sicher auf einer Linie mit Hunderttausenden christlicher Ehefrauen. In den Wochen vor seinem Tod hatte ich zu Gott geschrien: »Herr, tu etwas Großes in seinem Leben.«

Zwar fehlte uns vieles, aber ich freute mich an dem, was wir hatten. Schließlich waren wir jung. Es würden andere Lebensabschnitte kommen, in denen wir unsere emotionale Nähe wiederbeleben konnten. Wir hatten ja das ganze Leben noch vor uns.

Doch da täuschte ich mich.

~

»Marie, du bist so stark.« Diese und ähnliche Worte hörte ich in der Kirche, im Lebensmittelladen, sogar im Flur, wenn ich Abigail vom Ballettunterricht abholte. Es stimmte nicht. Was die Leute sahen, war nicht meine Kraft, sondern die Kraft Gottes.

Ich wunderte mich über mich selbst. Die mit Kraft gefüllte Frau war nicht das Mädchen, das ich einmal gewesen war. Ich hatte immer das Rampenlicht gescheut und Konfrontationen vermieden, war das mittlere Kind, der Friedensstifter und Problemlöser, fragte mich immer unsicher, was die anderen von mir dachten, versuchte, jeden Gedanken und jede Tat perfekt auszufeilen, bevor ich handelte oder ein Wort äußerte. Alles wollte ich vorhersehen, planen, organisieren, immer einen Schritt voraus sein, *nie* um Hilfe bitten, damit ich anderen nicht zur Last fiele. Damit wollte ich meine Schwächen wettmachen und verbergen.

Jetzt war ich stark, aber nicht aufgrund irgendeines angeborenen Charakterzugs, sondern, weil ich mir so intensiv bewusst war, wie hilflos ich war, und deshalb Gott auf vielerlei Weise um Hilfe anflehte. Und er erhörte meine Gebete! Auf der Suche nach Frieden ließ ich mich auf sein Flüstern ein, und er antwortete mit einem Ruf, der mich total veränderte.

Jesus zog mir mein altes, abgetragenes Gewand der Selbstwahrnehmung aus und zeigte mir stattdessen, was ich in seinen Augen war: seine Tochter, die jeden Augenblick genug Gnade empfing. Seine Augen waren voll bedingungsloser Liebe und unausweichlicher Wahrheit auf mich gerichtet.

Das Ergebnis war ganz anders, als ich erwartet hatte. Nie in einer Million Jahre hätte ich gedacht, dass dieses Zerbrechen meines Seins zu einem ganz neu hervorsprudelnden Selbstvertrauen führen würde! Mitten im Leid, im Verlust und in all den Fragen fand ich Zeiten unbändiger Freude und nicht zu bremsender Hoffnung. Ich war inzwischen völlig davon überzeugt, dass Gott nicht nur alles tun konnte, sondern dass er auch alles tun *würde*, was erforderlich war.

~

Bis November hatten sich die neuen Tagesabläufe für unsere Familie eingespielt. Ich versuchte, die normalen, alltäglichen Augenblicke bewusst wertzuschätzen und jeden einzelnen Tag zu genießen, ohne Rücksicht auf das, was vor mir lag. Der Kalender wies jedoch eine Konzentration von traurigen Meilensteinen in den kommenden Wochen auf. Am 9. November hätten wir unseren zehnten Hochzeitstag gefeiert. Der 14. November war Elises neunter Geburtstag, danach würde das Erntedankfest folgen, im Dezember hatten ich und Charlie Geburtstag, und dann stand schon Weihnachten vor der Tür. Ich konnte mir keinen dieser Tage ohne Charlie vorstellen; alleine schon die Anhäufung dieser Gedenktage empfand ich als erdrückend. Obendrein litten alle Menschen in meinem Umfeld ebenfalls, denn auch sie mussten sich mit dem Verlust und ihrem inneren Aufgewühltsein aufgrund von Charlies Taten und seinem Tod auseinandersetzen. Je näher diese Daten rückten, umso mehr sah ich alles grau in grau, und eine tiefe Traurigkeit ergriff mich, trotz der neuen Kraft, die Gott mir geschenkt hatte.

Das Leben einer alleinerziehenden Mutter ist nicht attraktiv. Meine Tage waren lang und anstrengend. Ich stand früh auf und kam mir oft dabei so vor, als müsste ich eine ganze Sinfonie alleine aufführen, indem ich von einem Instrument zum anderen rannte und versuchte, jedes perfekt nach den jeweiligen Vorgaben zu spielen.

Aufstehen, mich fertig machen, den Hund füttern, die Kinder aufwecken. Sinnvolle Gespräche auf Grundschulniveau führen, bevor es Zeit war, ins Auto zu steigen und zur Schule und zum Kindergarten zu fahren. Nach Hause fahren, fünf Minuten durchatmen, dann die Waschmaschine füllen, das Haus putzen, den Anrufbeantworter abhören. (*Löschen von Nachrichten* wäre zutreffender, aufgrund der immer noch beharrlichen Journalisten und Sendeleiter.) Mit meinem Kleinkind spielen, einen Weg zu seinem Herzen finden, Neugierde und Kreativität wecken. Aus dem Haus und zurück zum Kindergarten eilen, wenn der Vormittag vorüber war. Dann nach Hause zurück, meinen hungrigen Kleinen etwas zu essen machen, Geschichten vorlesen, zusammen spielen, das Kleinkind zum Mittagsschlaf hinlegen. Liebe in meinen Sohn investieren, für besondere Augenblicke der Mutter-Sohn-Beziehung sorgen. Das Kleinkind aufwecken, zur Schule zurückfahren, in der Eingangshalle auf meine Älteste warten. Dann zurück nach Hause, meine drei

Schätze miteinander spielen lassen, während ich das Abendessen vorbereitete, dann Hausaufgaben, Baden und Schlafengehen.

In meinen einsamen Augenblicken am Abend, wenn die Kinder schliefen, verbrauchte ich meine letzte Kraft für etwas Sport auf meinem Crosstrainer, um meinen Körper zu kräftigen. Dabei befasste ich mich in Gedanken mit Gottes Wort. Ich wusste, dass Gott die stickige Luft in meiner Seele durch die frische Brise des Himmels ersetzen wollte, und genau danach sehnte ich mich.

Es gab Tage, an denen ich zuversichtlich war, meine kleine Familie durch die nächsten vierundzwanzig Stunden bringen zu können. Am Tag darauf konnte es sein, dass ich völlig ausgelaugt war und immer wieder weinte. Obendrein wurde ich ständig von den Medien bedrängt, die aufdringlich nach Interviews verlangten. Wann würden sie endlich aufgeben? Doch auch an den Tagen, an denen ich am Ende war, schob ich meine Zweifel beiseite und betete, dass Gottes Weisheit und Wahrheit tief in mich eindrangen.

~

Mein neu gefundener Friede beantwortete viele meiner Fragen über den Trauerprozess. Doch je leiser diese Fragen wurden, umso mehr verschaffte sich ein ganz sanftes Flüstern Gehör. Schon als kleines Mädchen war mir bewusst gewesen, dass Gott schon zu der Zeit, als er mich im Leib meiner Mutter erschaffen hatte, mir den Wunsch ins Herz gegeben hatte, Ehefrau und Mutter zu sein. Doch als ich erwachsen war, wurden diese sehnlichsten Wünsche meines Herzens von Verlust und niederschmetternden Erfahrungen begleitet: dem Tod von Elise, Isabella und jetzt Charlie.

Warum hast du mich so gemacht?, fragte ich Gott. *Warum muss ich mit ansehen, wie meine Sehnsucht nach einer Familie vom Feuer des Verlustes verzehrt wird?*

Ich dachte an all die Gebete, die ich für meine Ehe gesprochen hatte. Ich hatte um größeres Glaubenswachstum für Charlie gebetet, dass wir unseren Weg Arm in Arm gemeinsam gehen würden, dass wir unbefangen Gespräche über Gott führen könnten, dass ein gegenseitiges Geben und Nehmen möglich wäre und wir uns einander auf dem Weg zu neuen Höhen stärken würden. Waren diese Gebete vergeblich gewesen?

Als ich mitten in dieser Frage nach Gottes guten Gaben suchte, betete ich plötzlich für mich überraschende Worte: *Ich habe immer eine Ehefrau sein wollen. Aber, Jesus, es gibt nur dich und mich, auf ewig. Ich bin damit zufrieden. Du wirst mich beschützen, erfrischen, ermutigen und für mich sorgen. Du bist alles, was ein Mann sein sollte. Wenn es auf der ganzen Erde keinen Mann gibt, der in der Lage ist, mein Leben, so, wie es jetzt ist, mit mir zu teilen, dann bin ich enttäuscht, aber ich kann es verstehen.*

Ich spürte, wie der Herr antwortete, dass Gebete nie vergeblich sind. Er ermutigte mich, daran zu glauben, dass es möglicherweise einen neuen Partner für mich gab. Und er sagte mir, dass ich weiterhin die gleichen Gebete, die ich für Charlie gesprochen hatte, für den neuen Mann beten solle, den er bringen würde.

Doch ich verspürte nicht den Wunsch, so schnell wieder einen Mann kennenzulernen. Mein erster Traum war erst vor Kurzem zerbrochen, und ich war immer noch damit beschäftigt, die Scherben auf Charlies Weg der Zerstörung aufzusammeln. Deshalb war ich noch nicht bereit, eine neue Beziehung ins Auge zu fassen.

Außerdem hatte ich eine Bitte: *Wenn es in meiner fernen Zukunft einen Ehemann gibt, dann bringe mir nur* einen *Mann, Herr. Ich habe keine Lust darauf, verschiedene Männer auf Dates zu treffen.* Das Thema war für mich erledigt. Gott hatte gezeigt, dass er mein Herz kannte, und das genügte mir.

~

Eines Tages erhielt ich einen Anruf, der mich ermutigte, mich auf das zu konzentrieren, was wirklich wichtig war, und Prioritäten zu setzen. Ein amischer Nachbar rief mich an. Er war mit der Familie King eng befreundet, deren sechsjährige Tochter Rosanna bei dem Amoklauf eine schwere Hirnverletzung davongetragen hatte und seither im Klinikum Hershey lag. Der Mann fragte mich, ob ich seine Familie die fünfzig Kilometer nach Hershey fahren könnte, damit sie die Familie King besuchen könnten, die an Rosannas Bett wachte. Er meinte, dass der Besuch, in Anbetracht ihres und meines Kummers, eine Gelegenheit für die Aufnahme einer persönlichen Beziehung sei.

Von dieser Einladung war ich stark beeindruckt. Ich sah Gott am Werk, sagte, ohne lange zu überlegen, zu und traf Vorkehrungen, dass meine Kinder bei meinen Eltern bleiben konnten.

Ich war nervös, als ich ein paar Tage später über Berg und Tal und holprige Wege zu der amischen Farm fuhr. Die Fahrt über das unebene Gelände schien zu meinen Gefühlen zu passen. Ein dichter Nebel hing an diesem Morgen über der Erde, und ich konnte nur das sehen, was direkt vor mir lag. Erstaunlicherweise machte mir das einiges klar. Ich musste nicht alles im Voraus in den Griff bekommen. Es war in Ordnung, einfach den Tag so zu nehmen, wie er kam, ohne unbedingt auf jeden Augenblick vorbereitet zu sein. Ich empfand diese einfache Lebensanschauung als befreiend, insbesondere angesichts der zu hohen Anforderungen, die ich ständig an mich stellte.

Als meine Gäste im Auto saßen, plauderte ich ungezwungen mit der amischen Familie – Mann, Frau und drei Kindern – während der vierzigminütigen Fahrt. Als mein amischer Bekannter und ich den Aufzug im Klinikum Hershey betraten, trat auch ein anderes Paar ein. Der Mann hatte die Zeitschrift *People* in der Hand, und auf der Titelseite prangten Einzelheiten über das Blutbad.

»Tragisch, nicht wahr?«, fragte er und hielt die Zeitschrift hoch, damit wir alle es sehen konnten. »So schrecklich, dass man gar keine Worte findet.«

Offensichtlich hatte er keine Ahnung, dass wir alle direkt betroffen waren.

»Ja«, antwortete ich, ohne mich zu erkennen zu geben. »Niemand kann sich vorstellen, wie schrecklich ein solcher Verlust ist.« Die Tür öffnete sich, wir traten heraus, und als die Tür hinter uns geschlossen war, schauten wir einander an. Mit einem schmerzerfüllten tiefen Blick gaben wir uns zu verstehen, was Worte nicht ausdrücken konnten. Im Inneren fühlte ich mich dunkel und kalt. Doch ich bat Gott, meine Augen wieder auf das Gute auszurichten, das er inmitten der Tragödie tun würde.

Habe Freude am Augenblick. Habe Freude an deinem Leben. Rechne damit, Gott am Werk zu sehen. Ich tat mein Bestes, und Gott gab mir die Kraft, einen Fuß vor den anderen zu setzen und auf Rosannas Krankenhauszimmer zuzugehen.

Als ich das Zimmer betrat, standen Rosannas Eltern auf, um mich zu begrüßen. Ich umarmte Mr und Mrs King und war zu Tränen gerührt, als die beiden amischen Väter, offensichtlich enge Freunde, einander umarmten und Freude gemischt mit Schmerz ausdrückten.

Einen Augenblick lang herrschte peinliche Stille, dann kämpfte ich gegen die Angst, die in mir hochstieg. Ich konzentrierte mich auf eine Thermoskanne mit Kaffee, Bücher auf einem Fensterbrett, Essen, das von Freunden gebracht worden war. Diese typischen Annehmlichkeiten eines Zuhauses beruhigten das Zittern in mir und erinnerten mich daran, dass es Liebe und Freundlichkeit auch an einem Ort geben kann, der sonst von Gewalt und Grausamkeit entstellt ist.

Rosannas Mutter begleitete mich zum Bett ihrer Tochter. Ich war nicht sicher, ob sie bewusstlos war oder schlief. Die Monitoren summten leise, und aus einem Beutel tropfte Medizin in eine Infusion.

Mitten im Leben standen wir im Angesicht des Todes. Die Eltern erzählten mir von Rosannas Verletzungen. *Verletzungen durch die Hand meines Mannes*, dachte ich. *Wunden im Körper des Mädchens und Wunden in unserem Herzen. Ein schweres Trauma im Leben der Eltern und in meinem.*

Rosannas Vater wechselte das Gesprächsthema: »Wie geht es Ihren Kindern?«

»Sie schlafen gut und sind froh, dass sie wieder in die Schule gehen können. Sie gehen auch wieder in ihren Fußballverein.« Ich machte eine Pause.

»Es freut uns, das zu hören«, sagte Rosannas Mutter. »Wir haben für sie gebetet.« Die Erleichterung auf ihren Gesichtern machte mich betroffen.

»Und wie geht es Ihnen?«, fragte Rosannas Vater, während ihre Mutter mich zärtlich anschaute. Es lag auf der Hand, dass sie es ehrlich wissen wollten.

In diesem Zimmer brauchte ich nicht vorgeben, stark zu sein. Das tat keiner von uns.

»Es ist jetzt nicht leicht, eine Mutter zu sein«, sagte ich, und Tränen stiegen mir in die Augen. »Ich will alles sein, was die Kinder brauchen, aber ich weiß, dass ich das nicht kann. Ich bitte Gott um Kraft, denn ich bin mir meiner Grenzen bewusst.«

Sie nickten, und wir schauten alle auf Rosanna. Es war offensichtlich, dass ich auch ihnen aus dem Herzen gesprochen hatte, und sie weinten mit mir. Ich spürte, dass ich in Gnade und Güte angenommen war und nicht verurteilt wurde.

Dann hörte ich den behutsamsten Satz, ausgesprochen von Rosannas Vater: »Am Ende des Tages haben wir jemanden, den wir in den Arm nehmen und mit dem wir weinen können. Wir haben einander. Wir denken dann an Sie. Sie haben niemanden.« Diese Worte waren auch schon im Bart-Feuerwehrhaus von einer anderen amischen Familie ausgesprochen worden. Die Sorge dieser Familien um mich war mir unbegreiflich.

Ich kam mir so unwürdig vor. Ich schämte mich immer noch für Charlies Taten, doch Gott wollte nicht, dass ich diese Bürde trug. Die Güte dieser Familie mir und meinen Kindern gegenüber war das Bild von Gottes Einstellung zu uns. Keine Schuld. Keine Schande. Nur überfließende Gnade – und die leise Aufforderung, in seiner Wahrheit heil zu werden.

Ich konnte die Tränen nicht mehr zurückhalten.

Wer bin ich, fragte ich mich. *Welches Recht habe ich, an diesem Austausch beispielloser Gnade teilzunehmen? Ich habe nichts zu bieten, das für diese Menschen von Wert ist, und doch schenken sie mir etwas unbeschreiblich Schönes.*

Was in diesem Krankenhauszimmer in mir vorging, war ein heiliges Geheimnis, für das man keine Worte finden kann. Die Gnade ist ein Same, der ausgestreut wird, und an Rosannas Bett ist er in mir aufgekeimt.

Die Liebe dieser Menschen war übergroß, selbstlos und außergewöhnlich. Es war, als ob eine Schar Engel dort versammelt war, die Ströme der Gnade aus den Gefäßen des Himmels gossen. Mein Herz wurde reingewaschen, vom beißenden Geruch Satans gereinigt und dann mit heiligem Öl übergossen. Ich konnte fast in den Himmel schauen. Wenn ich einmal nach Gottes vollkommenem Zeitplan dort ankomme, wird er mir nicht fremd sein, denn im Krankenhauszimmer von Rosanna habe ich einen kurzen Blick in diesen heiligen Bereich geworfen.

Der Gabenbaum

»Darf ich zu Opa rübergehen?«, fragte Bryce eines Nachmittags nach dem Kindergarten. Ich wusste, was er im Schilde führte. Wahrscheinlich wollte er sich mit einer Leckerei verwöhnen lassen.

»Natürlich!«, antwortete ich. »Geh schon voraus. Ich komme gleich nach. Lass Dale auf die Terrasse, wenn du gehst.« Ich hörte, wie er unseren gelben Labrador-Retriever rief, die Tür öffnete – und dann kam mir ein Gedanke. »Bryce, frag Opa, wie es war, als er so getan hat, als würde er zur Schule gehen, sich aber den ganzen Tag unter der Veranda versteckt hat.« Ich wusste, dass Opas Geschichte Bryce gefallen würde.

»Okay, Mama«, rief er und schloss die Tür hinter sich.

Seit Charlies Tod war ich dankbarer als je zuvor, dass meine Großeltern direkt neben uns wohnten. Wenige Monate nach Abigails Geburt waren wir in dieses Haus eingezogen. Dass ich mit meinem Mann und meiner neugeborenen Tochter neben meinen Großeltern wohnen konnte, empfand ich sofort als eines der schönsten Geschenke. Nachdem wir einige Jahre in Lititz gewohnt hatten, bedeutete unsere Rückkehr nach Georgetown, dass mein Vater jeden Tag kurz vorbeischaute und das Baby bewunderte oder dass wir zur Lkw-Garage gingen, um ihn zu begrüßen, wenn er mit seinem Sattelzug heranfuhr. Auch meine Mutter half gerne bei der Versorgung von Abigail.

Jeden Tag plauderte ich mit meinen Großeltern, bekam von ihnen Tipps für den Garten und hörte die Geschichten aus ihrer Kindheit. Sie freuten sich, wenn meine Kinder im Garten spielten, und luden sie an heißen Tagen immer zu Eis am Stiel und Limonade ein. Sie sagten, dass sie durch die Kinder jung blieben!

Kurz nachdem Charlie und ich in unser Haus eingezogen waren, erinnerte ich mich, dass ich als Kind beobachtet hatte, wie die Amisch-Familien gemeinsam im Garten arbeiteten. Die Ratschläge meiner Großeltern weckten in mir den Wunsch, mich auch mit Gartenarbeit zu beschäftigen, obwohl mir das als Kind überhaupt nicht gefallen hatte. Aber nun genoss ich es, wie sich die reiche braune Erde unter meinen Füßen und unter meinen Fingernägeln anfühlte, und da Opa direkt neben uns wohnte, arbeiteten wir oft zusammen. Oma schimpfte immer, dass er zu viel arbeitete und zu viel pflanzte, doch er zwinkerte mir zu und achtete nicht auf ihre Bemerkungen. Sein Garten hatte fast die Größe eines Fußballfeldes und war gefüllt mit Reihen von Mais, Erbsen, Kartoffeln, Limabohnen, Tomaten und Zwiebeln.

Begierig beherzigte ich seine Ratschläge, wie zum Beispiel, wann man Rhabarber erntet (von Mai bis Juli) und wie man Stangenbohnen richtig an Rankhilfen anbindet (und die Holzstangen mit Schnüren verbindet). Opa mochte keine Kirschtomaten. Deshalb versuchte ich dann und wann, ein paar von meinen Pflanzen in seine Körbe mit Eiertomaten und Fleischtomaten zu schmuggeln. Wenn er sie fand, lachte er immer und warf sie mir nach.

Charlie und ich legten Blumenbeete vor unserem Haus an, und er schenkte mir mehrere Rosenstöcke, die wir gemeinsam pflegten. Oft schnitt ich ein paar duftende Blüten als Tischschmuck ab.

Ich zwang meine Gedanken in die Gegenwart zurück – einen späten Oktobernachmittag. Ich fragte mich, ob es mir als viel beschäftigte alleinerziehende Mutter wohl möglich wäre, später mit meinem Großvater im Garten zu arbeiten. Ich machte die Hausarbeit fertig, räumte den Staubsauger auf und beschloss, die Nachrichten auf dem Anrufbeantworter abzuhören, bevor ich auf ein Schwätzchen zu meinen Großeltern ging.

Schon wieder eine Nachricht von Dan Monville. Seine dritte. Konnte er sich nicht denken, dass ich ihn nicht zurückrufen wollte, wenn ich es bisher nicht getan hatte? Warum ließ er mich nicht in Ruhe?

Ich rief meine Mutter an. »Hallo, ich bin's. Du und Papa, ihr kennt doch Dan Monville, oder?«

Sie bejahte und erinnerte mich daran, dass ich mit meinen Großeltern bei seiner Hochzeit gewesen war, als ich dreizehn Jahre alt gewesen war. »Warum fragst du?«

»Weil Tante Shirley ihm kurz nach dem Amoklauf meine Telefonnummer gegeben hat. Die Leute in seinem Büro wussten, dass wir entfernt verwandt sind, und haben ihn gebeten, Geschenke, die sie gesammelt haben, bei mir abzugeben. Er hat ein paar Mal angerufen, aber ich habe seine Nachrichten gelöscht.«

»Ich glaube, er arbeitet irgendwo nördlich von uns; wenn ich mich nicht täusche, für eine Versicherung. Er muss inzwischen neununddreißig oder vierzig Jahre alt sein. Zwei Kinder. Wir haben ihn schon lange nicht mehr gesehen, aber er ist ein guter Mann. Die Verwandten deines Vaters halten große Stücke auf ihn. Sie kennen ihn besser als wir. Warum lässt du ihn nicht einfach die Geschenke vorbeibringen, Marie?«

Das war eine vernünftige Frage, aber … »Mama, ich habe einfach keine Kraft für Small Talk mit jemandem, den ich nicht kenne. Ich glaube nicht, dass ich ihn außer dem einen Mal, als ich ein Mädchen war, getroffen habe. Er mag ja nett sein, aber es ist mir unangenehm. Macht es dir etwas aus, wenn wir vereinbaren, dass er die Sachen irgendwann abends bei dir vorbeibringt? Ich würde die Kinder mitbringen, dann sind wir viele, und mir wird zumindest der Small Talk erspart.«

So wurde es geplant. Erleichtert hängte ich auf und machte mich auf den Weg zu Opa.

Dale sprang zu mir, als ich aus der Tür trat, also ließ ich ihn mitkommen. Schwanzwedelnd rannte er ein paar Mal im Kreis um mich herum. *Armer Kerl. Charlie muss ihm fehlen.* Er war immer Charlies Hund gewesen. Charlie hatte schon immer Hunde gerngehabt, da er mit Hunden aufgewachsen war. Dale war sein ständiger Begleiter im Haus und im Garten gewesen. Wenn Charlie draußen war, blieb Dale immer bei ihm und ging nie weg. (Ich hatte nicht so viel Glück. Dale schien es Spaß zu machen, wegzulaufen, wenn ich rief, als ob er Gottes Erinnerung daran sei, dass nicht alles so geht, wie ich will!) Oft hatten Charlie und die Kinder nachmittags mit Dale draußen gespielt, ihm Bälle zugeworfen, ihn gebürstet und ihm Leckerlis gegeben. Sie alle – Papa, Kinder und Hund – hatten ihren Spaß dabei, und ich freute mich über ein paar ruhige Minuten im Haus. Seit Charlies Tod erhielt Dale nicht mehr die Aufmerksamkeit, die er gewohnt war.

Bryce saß mit Opa auf der Treppe vor seinem Haus. Sie strahlten, schlürften Limonade und leckten Eis am Stiel. Genau, wie ich es erhofft hatte!

»Ich glaube, Dale will ein bisschen spielen«, sagte ich. »Wenn ihr fertig seid, spielen wir mit ihm im Garten Apportieren. Erinnerst du dich, was Papa über die Hunde beim Milchfahren erzählt hat?«

»Ja, aber kannst du es mir noch mal erzählen?«, bat Bryce und leckte den Rest des tröpfelnden Eises von seinen Fingern.

»Er hatte fast immer Leckerlis für Hunde in seinem Lkw. Wenn Papa mit seinem großen Lastauto vor einem Bauernhof angehalten hat, sind die Hofhunde sofort direkt auf das Auto zugerannt und haben mit dem Schwanz gewedelt. Sie haben nämlich gewusst, dass dein Papa mit ihnen spielt und ihnen ein Leckerli gibt. Er hat mir erzählt, dass er sie alle mochte, dass er aber ein paar Lieblinge hatte. Wenn sie sich gut benahmen und die ganze Zeit beim Füllen des

Tanks bei ihm geblieben sind, hat er sie mit einem Schluck Milch belohnt, wenn er den Schlauch abkoppelte. Er hat gesagt, dass sie auf diese leckere Milch so sehr aus waren, dass er ihren Zungen und Pfoten ausweichen musste, so aufgeregt waren sie.«

Bryce hatte mit dem Lecken seiner Finger aufgehört und schaute mich mit einem strahlenden Lächeln an, als ich seinen Papa beschrieb.

Opa lachte leise. »Das habe ich auch immer so gemacht.«

»Kann ich Dale ein bisschen Milch geben, wenn wir zu Hause sind?«, fragte Bryce.

»Na klar. Papa hätte sich darüber gefreut.«

Es fiel mir immer leichter, den Kindern »Papa-Geschichten« zu erzählen. Gerade hatte ich eine ganze Geschichte erzählt, ohne dass ich ein einziges Mal einen Kloß im Hals gespürt hatte. Das war ein echter Fortschritt.

~

Nachdem ich an jenem Abend die Kinder ins Bett gebracht hatte, setzte ich mich hin und rief Dan an. Es kam mir seltsam vor, von mir aus einen Mann anzurufen – ich konnte mich nicht erinnern, dass ich das schon einmal getan hatte! *Konservativ* hätte mein zweiter Name sein können. Mein ganzes Erwachsenenleben lang war ich verheiratet gewesen, seit Jahren Hausfrau, und ich hatte nur sehr eingeschränkten Umgang mit Erwachsenen außerhalb meines kleinen kirchlichen und familiären Umfeldes. Obwohl sich vor einigen Wochen alles, was ich kannte, verändert hatte und meine Mauerblümchen-Mentalität langsam zu schwinden schien, fragte ich mich, ob mein neu gefundenes Selbstvertrauen mir helfen würde, diesen Anruf durchzustehen.

Ich schluckte und wählte. Das Gespräch dauerte keine zwei Minuten.

»Hallo. Hier ist Marie Roberts. Spreche ich mit Dan?«

Er sagte mir, er freue sich über meinen Rückruf. »Ihre Tante Shirley, meine ehemalige Schwiegermutter, schlug vor, dass ich meine Kinder mitbringe, wenn ich die Geschenke abgebe, damit sie mit Ihren Kindern spielen können. Halten Sie das für eine gute Idee?«

Der Gedanke gefiel mir. Er und mein Vater könnten im Garten mit den Kindern spielen, und ich würde mit meiner Mutter im Haus bleiben und so vielleicht ein Gespräch ganz vermeiden können. Perfekt. Möglicherweise gab mir meine neue Lebenseinstellung innere Kraft.

Wir beschlossen, uns am folgenden Mittwochabend bei meinen Eltern zu treffen. Als ich auflegte, sagte ich zu Gott, dass es besser wäre, wenn Dan mir kein »Selbsthilfe-nach-Tragödie«-Buch mitbrachte. In den vergangenen drei Wochen war meine Bibliothek stark gewachsen und enthielt inzwischen eine stattliche Sammlung. Doch ich hatte gar nicht die Zeit, das alles zu lesen. Ich war dankbar für die reichliche Unterstützung, aber meine Probleme wurden durch kein anderes Buch als die Bibel gelöst.

~

Ich war erstaunt, dass ich mich auf das Abendessen bei meinen Eltern freute. Für meine Kinder war es eine Gelegenheit, am Abend mit meinem Vater und ein paar anderen Kindern im Garten zu spielen. Ich hatte mir schon Sorgen gemacht, dass die Kinder einsam wurden. Seit dem Amoklauf hatten wir keinen Umgang mit anderen Familien gepflegt. Und auch wenn ich mich noch so anstrengte, ich war nicht so lustig wie ihr Papa.

Aufgrund seiner Arbeitszeiten hatte Charlie fast jeden Nachmittag Zeit gehabt, mit den Kindern zu spielen. Normalerweise ging er um 19 Uhr abends weg, um Milch zu fahren. Deshalb waren wir daran gewöhnt, dass er beim Zubettgehen nicht da war. Seit über sieben Jahren brachte ich die Kinder fast an jedem Abend alleine ins Bett. Charlie kam zwischen vier Uhr und fünf Uhr morgens zurück. Als Carson laufen konnte, weckte er Charlie immer gegen Mittag auf. Wenn ich nicht aufpasste, schlich er ins Schlafzimmer und weckte seinen Papa viel früher auf. Charlie konnte dem Lächeln auf seinem Gesicht und dem Funkeln in seinen Augen, wenn er Papas Wange streichelte und seinen Kopf küsste, nicht widerstehen. Egal, wie müde er war, er reagierte immer liebevoll auf seinen Sohn. Wenn dann die größeren Kinder nach Hause kamen, hatten sie Zeit, bis zum Abendessen mit ihrem Papa zu spielen. Danach ging Charlie wieder zur Arbeit.

Der Mittwochabend kam. Die Kinder und ich genossen das köstliche Essen bei meiner Mutter. Dan und seine Kinder sollten nach dem Essen kommen. *Das ist eine gute Zeit für die Kinder*, dachte ich. Es war dumm, dass ich mir darüber Sorgen gemacht hatte. Insbesondere Carson strahlte immer, wenn neue Spielkameraden auftauchten. Ich freute mich auf die Freudenschreie der Kinder. In letzter Zeit schien Bryce einsam zu sein, und Abigail war ungewöhnlich still. Ein paar lebhafte Gespräche und ein wenig Spaß im Freien würden allen guttun.

Dan und seine Kinder, Nicole, vierzehn Jahre alt, und DJ, sieben Jahre alt, kamen, als wir gerade mit dem Essen fertig waren. Das gegenseitige Vorstellen war unkompliziert. Meine Eltern kannten Dan, und als ich ihn sah, erinnerte ich mich an sein offenes, freundliches Gesicht. Aufgrund der vielen Geschichten, die mir erzählt worden waren, hatte ich den Eindruck, dass ich seine Familie schon kannte. Die Kinder sprangen in den Garten, Dan und mein Vater folgten, und meine Mutter und ich hatten in der Küche zu tun. Sie spülte das Geschirr, und ich trocknete ab und beobachtete nebenbei das Geschehen im Garten.

Als Mutter habe ich es immer geschätzt, wenn jemand Zeit und Kraft in meine kostbaren Kinder investiert. Deshalb war ich auch jetzt damit zufrieden, bei meiner Mutter zu sein und das fröhliche Lachen im Hintergrund zu hören.

»Mama, ich habe zurzeit einfach keine Kraft, mit den Kindern zu spielen. Ich zwinge mich regelrecht dazu. Seit Wochen ist es für mich eine Herausforderung, wie das Gehen durch Treibsand, mit all den Aufgaben einer alleinerziehenden Mutter fertig zu werden: Haushalt, Rechnungen, Gartenarbeit, Papierkram.«

»Das ist doch ganz normal, Marie. Du hast deinen Partner verloren und musst jetzt alleine die Familie führen. Du musst eben einige Dinge schleifen lassen, damit du Zeit für das findest, was wichtig ist. Dein Haus muss nicht blitzsauber sein, und manche Hausarbeiten können liegen bleiben. Dann schaffst du es.«

»Charlie konnte so gut mit den Kindern spielen. Ich fürchte, dass es bei uns nicht mehr so lustig wird.«

Das Lachen aus dem Garten lenkte meinen Blick zum Fenster. Ich beobachtete, wie mein Vater und Dan selber wie Kinder spielten.

»Gott ist ihr Vater, Marie. Er sorgt für sie.«

Sie hatte recht. Meinen Kindern ging es gut, und mir würde es auch eines Tages wieder gut gehen.

Alles verlief nach Plan, bis meine Mutter sagte: »Ruf jetzt alle zum Nachtisch herein.«

»Mama«, beklagte ich mich. »Mir ist nicht nach einem Gespräch zumute.«

»Es wäre unhöflich, nicht wenigstens ein paar Minuten mit ihm zu sprechen. Los, mach schon.«

Ich kam mir vor wie eine Zwölfjährige, die widerwillig den Befehlen ihrer Mutter gehorcht. Aber ich ging in den Garten und lud alle zu Keksen und Eistee ein. Alle sieben, auch Dan und mein Vater, eilten in die Küche.

Glücklicherweise musste ich an jenem Abend nicht viel zum Gespräch beitragen; die Kinder übernahmen problemlos die Unterhaltung. Dan und seine Kinder waren rücksichtsvoll, freundlich und mitfühlend. Es wurden keine peinlichen Fragen gestellt, und die Atmosphäre war nie angespannt. Als sie sich zum Aufbruch fertig machten, brachte er einen weißen Korb mit hübschen handgemachten Quilts, DVDs und Büchern für die Kinder. Dann gab er meinen Eltern und mir seine Visitenkarte und bot seine Hilfe an, falls wir diese benötigten. Ich nahm die Visitenkarte, lachte aber innerlich. *Ich werde nicht um Hilfe bitten und brauche ganz bestimmt nicht die Angaben auf dieser Karte.*

Mein mittleres Kind hatte jedoch andere Pläne. Mit Freunden spielen war seine Lieblingsbeschäftigung, und er und DJ hatten sich bestens verstanden. In den nächsten Tagen bestand Bryce darauf, dass wir uns wieder trafen, und bat eindringlich, wieder mit DJ spielen zu dürfen. Ich lehnte ab, ich sagte Nein. Doch mein Fünfjähriger hatte es sich in den Kopf gesetzt.

Ich überlegte, ob ich stattdessen einen Freund von der Schule einladen sollte, konnte mich aber nicht zu einem Anruf aufraffen. Was dachten die anderen Eltern jetzt wirklich über unsere Familie? Würden sie ihre Kinder in das Haus eines Mörders schicken? Wie würde ich mich an ihrer Stelle verhalten? Was lag unter den angenehmen, oberflächlichen Wortwechseln, und was tuschelten die Familien der Freunde meiner Kinder hinter meinem Rücken? Seit dem Amoklauf waren meine Kinder noch nie zu Freunden eingeladen worden.

Bryce fragte weiter nach DJ. Schließlich überwand er mit seiner Entschlossenheit meinen Widerstand, und ich fragte mich schließlich, warum ich überhaupt abgelehnt hatte.

Ich schrieb Dan eine E-Mail und war froh, dass ich aufgrund der Visitenkarte, die ich fast verschmäht hätte, diese Alternative zum Anruf hatte. Wir vereinbarten, uns am folgenden Sonntag nach dem Gottesdienst in einem Park zu treffen.

Das war eine völlig neue Situation für mich. Der Gedanke an eine Verabredung mit einem Mann, auch wenn wir unsere Kinder im Schlepptau hatten, war mir unangenehm. Ich tat es nur für sie. Wenn es nach mir gegangen wäre, wären wir zu Hause geblieben. Doch hier ging es nicht um mich. *Ich werde jederzeit mein Leben für meine Kinder hingeben.* Dieser Satz hallte jeden Morgen in meinem Kopf wider und bestimmte den vor mir liegenden Tag. Wenn ich mein Leben hingeben würde, dann konnte ich auch einen Spieltermin für meine Kinder ertragen. Was war denn nur los mit mir? Trotzdem informierte ich meine Eltern und Charlies Eltern, damit es nicht den Eindruck erweckte, ich würde etwas »im Geheimen« tun. Dann dachte ich nicht mehr daran. Es war Ende Oktober, und aufgrund der vielen Geburtstage und Feiertage in den nächsten acht Wochen hatte ich an Wichtigeres zu denken.

~

In der Tat kam ein gefühlsgeladener »Gedenktag« nach dem anderen. Jeden dieser Tage hatten wir früher gefeiert, das war jetzt vorbei. Unser zehnter Hochzeitstag kam und verging am 9. November. Irgendwie überstand ich ihn ohne schmerzerfüllten Zusammenbruch. Am 14. November war dann Elises neunter Geburtstag. Ich empfand Gottes Freundlichkeit ganz konkret, auch in den wunderschönen Karten und Briefen mit Ermutigungen und Gebeten, die immer noch in unser Haus strömten. In dieser Woche waren sie für mich ein Geburtstagsgeschenk vom Himmel.

Das Erntedankfest zeichnete sich bedrohlich für mich ab. Das Feiern von Festen hatte für unsere Familie eine große Bedeutung. Die Lücke, die Charlie hinterlassen hatte, schien immer tiefer und schwärzer zu werden, je näher der Tag kam. Da kann man sich vorstellen, wie überrascht ich war, als ich eine Einladung erhielt, mit meinen Kindern und Eltern das Erntedankfest in Südfrankreich zu verbringen, eine Reise, bei der alle Kosten übernommen werden sollten!

Michelle, eine gute Freundin von mir, und Ben, ihr Mann, waren Missionare in Frankreich. Sie hatten eine Tochter, die nur ein paar Monate älter als Carson war. Als Michelle die Nachricht von dem Amoklauf hörte, sprach sie mit ihren Eltern, die auch Missionare waren, und ihrem Bruder darüber. Gott bewog sie dazu, Großzügigkeit zu erweisen und die Reise zu bezahlen, um zu unserer Heilung beizutragen. Wir ergriffen diese Gelegenheit mit Freuden, bekamen unsere Reisepässe von der Passstelle in Philadelphia zugeschickt, packten die Koffer und befanden uns bald in einem kleinen, malerischen Dorf in Frankreich, umgeben von der Herzlichkeit von Freunden und fasziniert von der Geschichte und Kultur der Gegend. Eine französische Familie aus Michelles Kirchengemeinde öffnete uns ihr Zuhause, und gemeinsam schlenderten wir durch das Dorf, hielten an der Dorfbäckerei und genossen frisch gebackene Croissants. Bei Michelle feierten wir das Erntedankfest mit Kürbiskuchen und selbst gebackenem Brot. Es war eine friedliche, beschauliche Zeit, und wir kehrten ausgeruht und erholt nach Hause zurück.

Es war ein weiterer heiliger Tausch: Ein Feiertag, vor dem mir gegraut hatte, wurde durch ein großzügiges Geschenk neuer Erinnerungen abgelöst, die man das ganze Leben lang nicht vergisst.

Die nächsten Hürden waren mein neunundzwanzigster Geburtstag am 5. Dezember und Charlies dreiunddreißigster Geburtstag am 7. Dezember. Meine Kinder und ich feierten meinen Geburtstag still mit meinen Eltern, und an Charlies Geburtstag tauschten wir Erinnerungen aus, schauten Fotoalben an und weinten und lachten miteinander.

Täglich betete ich um heilsamen Frieden für uns alle.

Weihnachten näherte sich mit großen Schritten. *Herr*, betete ich, *hilf uns noch durch diese Feiertage hindurch, und sei mit uns bis zum Ende dieses Jahres. Sicher wird 2007 einen Neuanfang mit sich bringen.*

Der Wohnort umgab unsere Familie weiterhin ganz konkret mit Liebe und Entgegenkommen. Gott bewegte das Herz einer Frau namens Tiffany, die einen »Gabenbaum« organisierte. Die ortsansässigen Familien wurden aufgefordert, an einem bestimmten Tag Anfang Dezember im Bart-Feuerwehrhaus vorbeizukommen und einen Geschenkgutschein, Christbaumschmuck oder ein Ermutigungsbriefchen für uns an einen Weihnachtsbaum zu hängen. Wir waren zum »Fest des Gabenbaums« am Ende des Tages eingeladen. Also gingen meine Kinder und ich in Begleitung meiner Eltern gemeinsam zum Feuerwehrhaus. Das letzte Mal, als ich mit meinen Eltern dort gewesen war, hatte das Treffen mit der Amisch-Gemeinde und den Ersthelfern stattgefunden. Zwar war ich dieses Mal ein bisschen nervös, doch innerlich viel ruhiger als damals. Abigail, Bryce und Carson waren begeistert über die Einladung zu einem Fest, hielten die Hände meiner Eltern fest und versuchten, sie zur Eile anzutreiben.

Bei unserer Ankunft war ich ergriffen, als ich den Baum sah, der mit einer Fülle von Geschenkgutscheinen für Lebensmittelläden, Tankstellen, Supermärkte und örtliche Restaurants geschmückt war. An dem Baum hingen ebenfalls so viele Weihnachtskarten und Grüße, dass ich sie nicht alle an Ort und Stelle lesen konnte. Ich wollte sie in den kommenden Wochen und Monaten lesen und wertschätzen. Eines der wertvollsten Geschenke, die wir an jenem Abend erhielten, war ein handgemachter Schaukelstuhl aus Eiche, den ein amischer Mann eigens für Carson angefertigt hatte. Er steht heute als ständige Erinnerung an Gottes Gnade neben unserem offenen Kamin.

Die Schönheit des Baumes sprach alle meine Sinne an. Die weichen tiefgrünen Nadeln und der Tannenduft strahlten Leben und reine, selbstlose Liebe aus. Ich war überwältigt.

Mein Vater, Tiffanys Vater und einige andere Männer halfen mir, den Baum zu mir nach Hause zu bringen und aufzustellen. Die Lichter blinkten in der Dunkelheit und erfüllten den Raum mit einem ganz eigenen Zauber.

Charlie und ich hatten gerne Feste gefeiert und unsere eigenen Familientraditionen geschaffen. Jedes Jahr, seit unserem ersten gemeinsamen Weihnachten, hatten wir uns gegenseitig Weihnachtsschmuck geschenkt. Als wir Eltern geworden waren, schlossen wir die Kinder in diese Tradition ein. Sie bekamen von uns jedes Jahr mindestens eine Weihnachtsdekoration. Meine eigene persönliche Sammlung enthielt Gegenstände, die ich bereits in der Vorschule gemacht hatte, sowie Geschenke, die ich im Lauf der Jahre von meinen Großeltern und Eltern erhalten hatte. Das gemeinsame Schmücken des Weihnachtsbaums mit der Familie war ein Höhepunkt der Vorbereitung auf Weihnachten, und wir erzählten uns dabei immer wieder die Geschichte des jeweiligen Anhängers, den wir gerade an unseren Baum hängten.

Mir war bange gewesen, wenn ich daran gedacht hatte, wie ich in diesem Jahr mit dieser Tradition umgehen sollte. Doch wie immer hatte Gott einen heiligen Tausch im Sinn. Ich war überwältigt von der Liebenswürdigkeit unseres Wohnortes und freute mich wirklich, als ich mit den Kindern unsere eigenen Weihnachtsdekorationen an den Baum hängte. Von meiner persönlichen Sammlung hängte ich in diesem Jahr nur die Dinge auf, die Charlie mir geschenkt hatte. Die Kinder hängten ihren Weihnachtsschmuck an die Vorderseite des Baums, ich fügte meinen an den Seiten hinzu. Der hintere Teil des Baumes, der der Ecke zugewandt war, wurde leer gelassen. Früher hatte ich immer darauf geachtet, dass der Schmuck gleichmäßig verteilt wurde, aber dieses Mal war mir das nicht wichtig. Die Kinder waren glücklich mit dem Ergebnis, und ich war dankbar für ihre Ausgelassenheit.

Als ich sie an diesem Abend ins Bett brachte, kam mir unsere Welt ein bisschen normaler vor. Schließlich saß ich im Schein des Gabenbaums und ließ zu, dass der Geber aller guten Gaben sein Licht in meine Dunkelheit schickte. Heilung ist ein fortwährender Prozess, und das war ein weiterer Schritt in die richtige Richtung. Nach einer Stunde konnte ich kaum noch die Augen offen halten und ging ins Bett. Ich fiel schnell in einen tiefen Schlaf, ein weiteres Geschenk.

Gegen zwei Uhr morgens wachte ich von einem Krach auf. Ich wusste sofort, dass der Baum umgefallen war. Ich blieb einen

Augenblick lang liegen und fragte mich, ob ich es einfach ignorieren und weiterschlafen sollte. Doch ich wollte nicht, dass die Kinder morgens aufstanden und ihr Meisterwerk auf dem Boden liegen sahen.

Erstaunlicherweise waren sie durch den Krach nicht wach geworden. Dafür war ich dankbar. Ich machte nur wenig Licht und versuchte, leise zu arbeiten, um sie nicht zu stören. Ich stellte den Baum wieder hin, kroch darunter und befestigte die Klammern im Ständer. Es war klar, was geschehen war: Das Gewicht auf der Vorderseite hatte den Baum nach vorne gezogen, bis er umgekippt war. Ich befestigte ihn, so gut ich konnte, und wollte wieder aufstehen. Doch da begann er wieder, zu kippen. Schnell griff ich nach dem Stamm und bekam ihn gerade noch rechtzeitig zu fassen, bevor er wieder umfallen konnte.

»Was soll ich jetzt tun?«, fragte ich in die Dunkelheit. Ich saß in der Klemme. Wenn ich hervorkroch, würde er wieder umfallen. *Das ist ja toll. Ich kann doch nicht die ganze Nacht hierbleiben, und niemand ist da, der mir helfen kann.* Ich überlegte mir, wie ich den Baum auf irgendeine ausgefallene Art und Weise an etwas festbinden konnte; zweifellos war ich von den vielen MacGyver-Sendungen* inspiriert, die ich als Kind gesehen hatte.

Dann sah ich zu meiner großen Freude Abigails Springseil in Reichweite liegen. Ich war froh, dass sie es nicht aufgeräumt hatte, und konnte es greifen, ohne den Baum loszulassen. Ich band ein Ende um den Stamm und das andere an den Türgriff der vorderen Haustür; nur gut, dass wir diese Tür nur selten benutzten. *Geschafft!* Jetzt konnte ich wieder ins Bett gehen.

Doch zuerst suchte ich auf dem Boden nach heruntergefallenen Anhängern und zerbrochenen Stücken. Ich konnte kaum glauben, dass nur zwei Schmuckanhänger, beide von »meiner Seite« des

---

* Amerikanische Actionserie, in welcher der Hauptdarsteller sich durch Einfallsreichtum und handwerkliches Geschick immer wieder aus unmöglichen Situationen befreit.

Baumes, zerbrochen waren. Obwohl der Baum nach vorne gefallen war, war keiner der Gegenstände der Kinder zerbrochen.

Ich hob die beiden zerbrochenen Stücke auf und schaute, welche es waren. Schließlich war mit jedem Weihnachtsschmuck, den Charlie und ich einander geschenkt hatten, eine Erinnerung verbunden.

Mir blieb der Mund offen stehen. Ich prüfte noch einmal genau nach, um sicher zu sein. Die zerbrochenen Stücke waren der erste und der allerletzte Weihnachtsschmuck, den ich von Charlie bekommen hatte.

In dem Augenblick, als ich mir dessen bewusst wurde, hörte ich die Worte »Es ist vorbei« durch mein Inneres hallen.

»Es ist vorbei.« Ich wiederholte die Worte laut und versuchte, den Kern dieser Aussage in mir zu bestätigen. *Ich weiß, was du sagen willst, Herr. Charlie und ich. Es ist vorbei. Ich weiß nicht, was ich mit dieser Botschaft jetzt anfangen soll, aber ich vertraue, dass du mich durchführst.*

Ich ging in die Küche und holte ein leeres Glasgefäß. Sanft legte ich jedes Bruchstück dieser beiden Anhänger in das Gefäß. Ich umfing diesen Schatz mit meinen Händen, trug ihn in mein Schlafzimmer und stellte ihn auf die Kommode. Dann kroch ich ins Bett zurück und schlief sofort tief ein.

Flüstern und Rufen

Ich nehme an, alle großen Liebesgeschichten, die wirklich unvergesslichen, reißen uns in ungläubigem Staunen mit, und wir können nur denken: »Das habe ich nicht kommen sehen!« Warum sollte also Gottes Liebesgeschichte für mein Leben anders sein?

Wenn ich persönlich berichte, was nach der schrecklichen Tragödie, die so viele Menschen erschüttert hat, geschehen ist, achte ich an dieser Stelle in meiner Geschichte immer ganz besonders darauf, wie ich erkläre, was Gott jeweils als Nächstes getan hat. Die Reaktion ist unterschiedlich: manchmal das Hochziehen einer Augenbraue, oft verblüffte, ungläubige Blicke und mitunter sogar schroffe Missbilligung. Zum Glück stoße ich dann und wann auch auf ein erstauntes, herzhaftes Lachen, das ausdrückt: »Gott ist doch einfach spitze!«

Ich gestehe: Diese Reaktion ist mir die liebste.

Ich gestehe aber auch, dass ich nicht so reagiert habe, als Gott mir den nächsten Schritt in seinem Plan für mein Leben zeigte.

~

In der Zeit nach der Tragödie erhielt der biblische Bericht über die Verwandlung des Fanatikers Saulus in den Apostel Paulus eine ganz neue Bedeutung für mich. Wie bei ihm ist auch in mein Leben ein Blitz vom Himmel eingeschlagen. Das gleichzeitige Vorhandensein von herzzerreißendem Schmerz und heilender Gnade war in jeder Hinsicht weltbewegend. Danach war ich nicht mehr dieselbe. Ich sah die Welt mit neuen Augen. Ich hatte keine Geduld mehr für Dinge, die unwichtig waren, und setzte meine Prioritäten ganz neu.

Vor diesem Hintergrund ist es wahrscheinlich leichter, mein neu gefundenes Vertrauen auf das Flüstern und Rufen Gottes in meinem Leben zu begreifen. Der Gott, der nach Charlies Anruf zu mir in mein Wohnzimmer kam, der im Haus meiner Eltern mit mir am Fenster stand, als ich sah, wie die Amisch-Männer meinen Vater umarmten, der im Haus von Tante Linda, am offenen Grab, in meinem Schlafzimmer, im Feuerwehrhaus und in Rosannas Krankenhauszimmer an meiner Seite war, hatte mein Vertrauen so sehr gewonnen, wie ich es nie für möglich gehalten hätte.

Den Tagesanfang verbrachte ich jetzt mit Jesus und meiner Bibel. Ich las das Wort Gottes, das Leben schenkt, dachte still über seine Schätze nach und ließ sie auf mich einwirken. Das wurde zum Fundament eines jeden vor mir liegenden Tages. Manchmal offenbarte Gott mir seine überwältigende Liebe so, dass ich tagelang davon fasziniert war. Dann wieder badete ich in den Worten, ließ mich von ihnen überströmen.

An einem bestimmten Tag Anfang November hat Gott mir jedoch durch sein Handeln die Sprache verschlagen!

~

Zum besseren Verständnis des Wunders an diesem Tag muss ich auf den geplanten Spieltermin im Park für meine Kinder und die Kinder von Dan Monville zurückkommen.

Da Bryce mich ständig anbettelte, mit Dans Sohn DJ spielen zu dürfen, hatte ich Dan, wie gesagt, eine E-Mail geschrieben, und wir hatten ein Treffen nach dem Gottesdienst in einem nahe gelegenen Park am Sonntag, den 29. Oktober, vereinbart. Innerlich überlegte ich mir eine Liste möglicher Gesprächsthemen, die nichts mit dem Amoklauf oder meiner Anpassung an das Leben als alleinerziehende Mutter zu tun hatten. Ich plante (manche würden sagen: *über*plante) Aktivitäten für den Nachmittag, packte Bälle, Baseball-Handschuhe, Seifenblasen-Sets, kleine Zwischenmahlzeiten und Obstsaft ein. *Ich kann das. Tief durchatmen.*

Der Samstagnachmittag war windig, mit Böen von fünfzig Stundenkilometern, und für den nächsten Tag waren noch stärkere Stürme vorausgesagt. Mir rutschte das Herz in die Hose. *Bei diesem Wetter können wir nicht draußen spielen. Carson würde wahrscheinlich fortgeweht werden!* Das war eigentlich auch eine gute Ausrede. Mein erster Gedanke war: *Wir verschieben den Termin.* Doch schnell wurde mir klar, dass mein Sohn der Meinung sein würde, dass ein Sturm kein Grund für eine Absage sei. Er würde meutern. Wie konnte ich unsere Pläne abblasen und seinen Wunsch nach einem Spielkameraden übergehen?

Ich rief Dan an. Er antwortete spontan: »Dann komm doch mit den Kindern zu mir. Wir können im Haus spielen.«

Mir fiel fast der Hörer aus der Hand.

Als Teenager hatte ich keine Freunde gehabt, nur Freundinnen. Und als Erwachsene war ich nie in das Haus eines Mannes gegangen, um »abzuhängen«. Charlie und ich waren natürlich mit anderen Ehepaaren befreundet. Doch abgesehen von Charlie, hatte ich nie einfach so mit Männern zu tun gehabt. Termine zum Spielen? Natürlich hatte ich meine Kinder zu anderen gebracht und andere Kinder auch oft zu mir eingeladen. Aber dabei hatte ich immer nur mit anderen Müttern Kontakt gehabt, nie mit einem Vater. Eine Stimme in mir schalt mich. *Alleinstehende Erwachsene treffen sich, Kinder spielen, ein kleiner Imbiss wird verzehrt. Das geschieht die ganze Zeit. Das ist nichts Besonderes. Werde endlich erwachsen, und krieg dich wieder ein. Du bist kein Teenager mehr. Du musst das jetzt durchziehen, ob du willst oder nicht.* Mein Magen krampfte sich zusammen, Befürchtungen machten sich in mir breit. *Wo sind die Anleitungen für Menschen, die plötzlich alleinerziehend werden? Ha! Selber schuld. Die stehen wahrscheinlich in einem der vielen Bücher, die ich geschenkt bekommen habe und die ich nicht lese. Herr, lindere du meine Ängste,* betete ich.

Um mich in alle Richtungen abzusichern, informierte ich meine Eltern und die Eltern von Charlie über das bevorstehende Treffen. Wie es der Anstand befahl, sorgte ich für eine gemeinsame Wissensbasis; ich hatte nichts zu verbergen.

Nach dem Gottesdienst fuhr ich mit den Kindern zu Dan. Wir aßen belegte Brote und spielten. *Das ist einfacher, als ich gedacht habe,* beschloss ich. *Warum habe ich mir nur so viele Sorgen gemacht?* Dan war im Herzen ein Kind und amüsierte sich bei den Spielen genauso wie die Kinder. Er besaß auch die Gabe die Gesprächsführung zu übernehmen, und ich war bald davon überzeugt, dass er wahrscheinlich mit jedem über alles sprechen konnte. Da fünf Kinder um uns herum waren, drehten sich unsere Gespräche um Lieblingssportarten, Haustiere und Filme bis hin zu Witzen und Superhelden. Die Liste sicherer Themen, die ich mir in Gedanken vorbereitet hatte, war somit unnötig. Ich seufzte erleichtert auf.

In den kurzen Momenten, in denen wir uns an jenem Tag nur zu zweit unterhielten, zeigte Dan großes Interesse am Milchgeschäft, und ich stellte Fragen zu seiner Laufbahn und wie er in seine jetzige Firma gekommen war.

Die Stunden vergingen. Schon bald fuhren wir nach Hause. Das Strahlen meines Sohnes zauberte auch mir ein Lächeln aufs Gesicht. Vielleicht, so hoffte ich, war das genug, und er würde sich nicht wieder verabreden wollen. Der Tag war nicht schlecht gelaufen. Aber das Leben als plötzlich Alleinstehende brachte einfach so viele Unsicherheitsfaktoren mit sich, die mich überforderten.

~

In der Woche darauf erhielt ich einen Anruf von John Girvin, einem Cousin meines Vaters, der Trainer der Fußballmannschaft der Oberschule war. Er fragte, ob er eine Kleinigkeit für Bryce schicken dürfe, ein Geschenk des Fußballvereins. Gerührt sagte ich Ja.

Am folgenden Nachmittag spielte Bryce im Garten. Plötzlich kam er aufgeregt ins Haus gerannt. »Mama, da sind ganz viele Kerle in den Hof gefahren«, schrie er. Als wir vor die Tür traten, sahen wir eine ganze Fußballmannschaft, die ein zusammenklappbares Fußballtor und einen ganzen Vorrat an Fußbällen ablud.

John Girvin, der Trainer, kam grinsend auf uns zu und sagte: »Hallo, Bryce, ich bin der Trainer der Fußballmannschaft der Oberschule. Die Jungs haben an dich und deine Familie gedacht. Sie haben gehört, dass du gerne Fußball spielst und dass du vielleicht ein eigenes Tor zum Üben brauchen könntest.«

Bryce stand entgeistert da, und bevor ihm eine Antwort einfiel, war er schlagartig von einem Schwarm schlanker, starker Spieler im Fußballdress umringt. Sekunden später rannte er los, kickte Bälle und amüsierte sich großartig. Ich suchte nach Worten, um John zu danken, aber er zuckte nur mit den Schultern und schloss sich den Jungen an.

Ich ging ins Haus zurück und schaute aus dem Fenster. Tränen liefen mir übers Gesicht, mein Herz zerbrach fast vor Freude. Diese Mutter, die sich oft so unfähig vorkam, das zu sein, was ihr Sohn brauchte, wurde daran erinnert, dass Gott der Vater der Vaterlosen ist. Ich bin sicher, dass Bryce erleichtert war. Er hatte lange genug die kläglichen Versuche seiner Mutter, den Ball im Garten herumzukicken, ertragen. Jetzt brachten ihm diese erfahrenen Spieler die Tricks und Kniffe des Spiels bei.

Am nächsten Samstag fuhr mein Vater Bryce zu seinem Fußballspiel. Kurz vor Beginn des Spiels sah mein Vater, dass fast die gesamte Fußballmannschaft der Oberschule, angeführt von Trainer Girvin, auf Bryce zusteuerte.

»Hallo, Bryce«, begrüßte ihn der Trainer. »Meine Mannschaft hat solchen Spaß gehabt, als wir neulich mit dir gespielt haben. Deshalb sind wir gekommen, um dich heute bei deinem Spiel anzufeuern.«

Bryce schaute verwirrt meinen Vater an, dann wieder den Trainer.

»Mich? Die Mannschaft ist gekommen, weil sie *mich* spielen sehen wollen?« Ich wünschte, ich wäre dabei gewesen und hätte sein Gesicht sehen können!

»So ist es, kleiner Mann«, sagte einer der Jungen. Dann umringten sie ihn alle und klatschten ihn ab wie alte Freunde.

Mein Vater schaute seinen Cousin John an, der erklärte: »Meine Jungs wollten etwas für deine Familie tun. Sie wissen, was es bedeutet, wenn ein Papa kommt und sich ein Spiel anschaut. Da Bryce keinen Vater mehr hat, wollen sie in dieser Saison zu allen seinen Spielen kommen.«

Bei der ersten Trinkpause des Spiels rannte Bryce zu meinem Vater, der plötzlich bemerkte, dass er die Wasserflasche für Bryce vergessen hatte. »Tut mir leid. Alles, was ich habe, ist eine Thermosflasche mit Kaffee. Willst du einen Schluck?«

»Klar!« Bryce machte es nichts aus. Bei jeder Trinkpause während des Spiels nahm er einen Schluck Kaffee.

Trainer Girvin lachte. »Bryce sollte bei jedem Spiel diese Thermoskanne dabeihaben! Er ist gar nicht mehr aufzuhalten, er hat so viele Tore geschossen!«

Ich weiß, dass es nicht der Kaffee war. Es war die Begeisterung darüber, dass eine ganze Mannschaft junger Männer seinen Namen rief und ihn vom Spielfeldrand aus anfeuerte.

Sie hielten Wort, und die ganze Saison hindurch wurde Bryce bei jedem Spiel am Samstagmorgen von »seiner Mannschaft« angefeuert.

Was den Vorrat an Fußbällen betrifft, so hat Bryce sie noch alle (ziemlich abgenutzt) in der Garage.

~

Mitte November, also sechs Wochen nach dem Amoklauf, hatte ich eine Phase erreicht, in der ich tief gehende Gespräche mit Gott führen konnte und großes Vertrauen auf die persönliche Beziehung zu ihm entwickelt hatte. Obwohl ich mich an manchen Tagen nach einer menschlichen Stimme sehnte, die mir Ratschläge erteilte und Hoffnung machte, sprach mich Gottes Zusage in Jakobus 1,2-5 deutlich an.

> *Liebe Brüder, wenn in schwierigen Situationen euer Glaube geprüft wird, dann freut euch darüber. Denn wenn ihr euch darin bewährt, wächst eure Geduld. Und durch die Geduld werdet ihr bis zum Ende durchhalten, denn dann wird euer Glaube zur vollen Reife gelangen und vollkommen sein und nichts wird euch fehlen. Wenn jemand unter euch Weisheit braucht, weil er wissen will, wie er nach Gottes Willen handeln soll, dann kann er Gott einfach darum bitten. Und Gott, der gerne hilft, wird ihm bestimmt antworten, ohne ihm Vorwürfe zu machen.*

Ich brauchte Gottes Weisheit beim Neuaufbau unseres Lebens und bei der Erziehung meiner Kinder, deshalb bat ich täglich darum und horchte auf Gott. Ich betete, und Gott antwortete. Jeden Tag ging mir das mehr in Fleisch und Blut über. Bis zu dem Tag, an dem ich etwas hörte, das mir wie ein Erdbeben vorkam, mich im Innersten erschütterte und mich noch eine Weile danach zum Zittern brachte.

»Dan Monville ist der Mann, den du heiraten wirst.«

Ich saß wie gelähmt in meinem Wohnzimmer vor der offenen Bibel, mein Herz raste, dass ich es bis in den Ohren pochen hörte.

Woher war diese Stimme gekommen?

»Herr, das klingt verrückt!«, protestierte ich. »Es ist zu früh. Weißt du nicht, was in all den Büchern steht und was alle psychologischen Berater sagen? Was würden die Leute denken? Was würde Dan denken? Ich kenne den Mann doch kaum!« Ich konnte nicht verstehen, warum Gott dachte, dies sei der richtige Zeitpunkt für ein Gespräch mit mir über eine Ehe.

War das überhaupt Gottes Stimme?

Ich vertraute Gott, war mir aber bewusst, dass ich vielleicht mir selbst nicht trauen konnte. Schließlich hatte ich ein großes Lebenstrauma erlitten. Vielleicht litt ich an einer Wahrnehmungsstörung. Ohne gründliche Überprüfung würde ich diese Aussage jedenfalls nicht für bare Münze nehmen.

Die nächsten drei Tage verbrachte ich mit Gebet und Fasten. Ich schlief nicht. Das Gespräch mit Gott zehrte an mir. Ich stritt mit ihm. Doch schließlich hörte ich die Worte, die mich still werden ließen: »Du hast mich gebeten, etwas Großes für dich zu tun. Warum kannst du nicht einfach nehmen, was ich dir geben will?« Er sprach mit solcher Autorität, dass ich zur Ruhe kam und großen Frieden empfand. Ich stellte keine Fragen mehr.

»Okay, wenn es dein Wille ist, dass ich Dan heirate, dann musst du dafür sorgen, dass es geschieht, Herr. Ich werde nicht mehr mit dir streiten, aber ich tue nichts, um diese Beziehung herbeizuführen. Ich werde überhaupt nichts unternehmen. Ich werde von selbst keine E-Mail schreiben und nicht anrufen. Dan muss die Initiative ergreifen, denn ich werde es nicht tun!«

Ich tröstete mich ein wenig mit dem Gedanken, dass Gott nicht gesagt hatte, dass es *jetzt* geschehen würde; er hatte nur gesagt, dass ich Dan heiraten würde. *Nun, die Ewigkeit ist wie ein Tag für ihn. Wahrscheinlich geschieht es noch lange nicht.*

Dieses Gespräch mit Gott fand Mitte November statt, und ich hatte Dan seit Ende Oktober nicht gesehen. Am Tag vor Halloween hatte er angerufen und gefragt, ob meine Kinder Lust hätten, mit dem Spruch »Süßes, sonst gibt's Saures« von Haus zu Haus zu gehen. Ich nahm sein Angebot an, und die Kinder amüsierten sich köstlich. Ich war dankbar, dass die Kinder und ich für neue Erinnerungen sorgen konnten, anstatt die alten zu beweinen. Die Kinder hatten ihren Spaß, und außerdem war ich froh, dass Dan die Bekanntschaft von Sean, dem Mann meiner guten Freundin Deanna machte, deren Kinder mit unseren zusammen auf Bonbon-Tour gingen. Als das Thema Jazz aufkam, vereinbarten wir, dass wir in der folgenden Woche zu viert, Dan, meine Freundin, ihr Mann und ich, zu einem Jazzkonzert gehen würden, nicht als Paare, sondern als Freunde.

Wir verbrachten einen tollen Abend in der Stadt.

Seither hatten Dan und ich nur ein paar E-Mails ausgetauscht.

Und jetzt kam diese Botschaft von Gott.

Allein schon bei dem Gedanken an eine Eheschließung bekam ich ein unbehagliches Gefühl. Ich war gerade dabei, als alleinerziehende Mutter Tritt zu fassen. Ich hielt keine Ausschau nach einem Mann. *Herr, ich will nicht einmal von einem Mann träumen,* betete ich. Wer träumt, geht ein Risiko ein. Ich fühlte mich noch so leer, trauerte noch so sehr, dass ich kein Risiko eingehen wollte.

Wieder spürte ich, wie der Herr zu mir sprach: »Komm mit leeren Händen zu mir, frei von Standpunkten, die du in der Vergangenheit vertreten hast, und frei von Enttäuschungen. Lege mich nicht fest, und schränke mich nicht ein. Vertraust du mir?«

Herr, ohne dich komme ich in diesem Leben nicht zurecht. Dir vertrauen bedeutet, dass ich die Dinge nicht in der Hand habe, dass ich keine Garantie und keinerlei Sicherheit habe. Ja, ich vertraue dir. Ich vertraue dir millionenfach. Ich vertraue dir, auch wenn ich dein Handeln nicht sehe, ich vertraue dir mit allem, was ich habe, und mit allem, was mir fehlt.

Trotzdem erschien mir eine Ehe wie ein Luftschloss aus einem Märchen zu sein, und meine Wirklichkeit war nun einmal alles andere als ein Märchen. Also vergrub ich Gottes Ankündigung in meinem Herzen und sprach mit niemandem darüber. *Die Leute würden denken, dass ich verrückt bin! Ich selbst würde jeden für verrückt halten, der von einem solchen Gespräch mit Gott berichten würde!* Außerdem hatte ich viel zu tun und kaum Zeit, mir Gedanken über Dinge zu machen, die über die täglichen Anforderungen hinausgingen. Ich würde einfach weitermachen und sehen, was Gott zustande brachte.

~

Meine Reise nach Frankreich fand nach dieser schockierenden Offenbarung statt, und dort erhielt ich zu meiner Überraschung am Tag vor dem Erntedankfest eine E-Mail von Dan, in der er fragte, ob er mich anrufen dürfe. Unser Gespräch am Tag darauf machte mich etwas ratlos. Er hatte angerufen, um mir zu sagen, dass er eine Zeit lang alle Verbindungen abbrechen müsse. Er erklärte, dass davon nicht nur ich betroffen sei, sondern dass er von vielen Freundschaften Abstand gewinnen wolle und bis zum Ende des Jahres nur mit seinem engsten Freundeskreis verkehren wolle.

Einerseits war ich traurig. Vielleicht wurde das Versprechen, das ich verspürt hatte, für Dan nicht bestätigt. Ich wusste jedoch, dass Gott für mich sorgen würde. Wenn Dan nicht der Mann war, den ich heiraten sollte, dann war ich damit einverstanden. Ich hatte Gott versprochen, dass ich nichts tun würde, um unsere Beziehung herbeizuführen. Und obwohl ich immer noch die Höhen und Tiefen der Trauer erfuhr, hatte ich dies lange genug mitgemacht, um sicher zu sein, dass man auch Freude empfinden kann, ohne verheiratet zu sein. In der Tat freute ich mich allmählich an meinem wachsenden Selbstvertrauen, an meiner neuen Identität. Vielleicht hatte ich mich getäuscht, und es stimmte gar nicht, was ich geglaubt hatte, von Gott gehört zu haben. Wenn dem so war, dann war es in Ordnung. Ich beschloss, die Sache auf sich beruhen zu lassen.

In den folgenden Wochen überlebte ich Elises neunten, meinen neunundzwanzigsten und Charlies dreiunddreißigsten Geburtstag. Dann kam der Abend mit dem Gabenbaum, den zerbrochenen Weihnachtsanhängern und den Worten »Es ist vorbei«. Seit dem 2. Oktober bestand mein Leben aus einer ganzen Reihe dramatischer, unerklärlicher Ereignisse.

Als Weihnachten näher kam, suchte ich fieberhaft nach einigen neuen Traditionen für meine vierköpfige Familie. Ich hatte oft vom Weihnachtsmarkt *Hershey's Christmas Candylane* gehört, mit seinem funkelnden Lichterschmuck und weihnachtlichen Feiern. Der Hershey-Park war nur eine Stunde mit dem Auto von uns entfernt. Ich dachte, wir könnten dort umherschlendern, miteinander heiße Schokolade trinken und mit dem Zug durch den Park fahren. Anscheinend waren wir nicht die Einzigen, die diese Idee gehabt hatten, da wir überall lange anstehen mussten. Bald hatten wir genug von den Menschenmassen und der Atmosphäre, ein Anzeichen dafür, dass meine Kinder ihre Trauer noch nicht ganz verarbeitet gehabt hatten, obwohl sie dem Anschein nach zum normalen Leben zurückgefunden hatten. Wann hatten sie jemals zuvor darauf gedrängt, einen Erlebnispark zu verlassen?

Auf dem Heimweg fragte Abigail, ob sie am Abend den Weihnachtsfilm *An American Girl Holiday* anschauen dürfe, den sie in der vergangenen Woche schon mehrmals gesehen hatte.

»Nein, Mama«, protestierte Bryce. »Ich will keinen Mädchenfilm anschauen.«

»Bryce, tu es doch für Abigail heute Abend, und dann brauchst du den Film ein ganzes Jahr lang nicht mehr anzuschauen!«

Er dachte einen Augenblick nach, dann sagte er: »Wenn ich ruhig sitzen bleibe und mich nicht beschwere, gibst du mir dann zu Weihnachten einen neuen Papa?«

Ich musste schlucken. *Das* kam unerwartet! »Nun, Bryce, das ist nicht so leicht wie in einen Laden gehen und ein Päckchen Nudeln kaufen. Ich kann nicht einfach einen aus dem Regal nehmen!«

In seiner Kleinejungenart listete er die Eigenschaften, die dieser Mann haben müsste, auf: »Ich weiß, er muss dich lieben, wir müssen ihn lieben, und er muss Gott lieben.«

Ich musste eingestehen, dass er die Anforderungen richtig aufgezählt hatte.

Meine Gedanken überschlugen sich. »Ich weiß nicht wirklich, wie ich dir dieses Geschenk geben kann, aber weißt du, was wir tun können? Wir können beten und Gott bitten, dass er sich um deinen Wunsch nach einem neuen Papa kümmert.« Damit schien er zufrieden zu sein.

Ich war verwirrt. Meine Erinnerung an die Worte »Es ist vorbei« stieg plötzlich bedrängend in mir auf. Hier ging es nicht nur um mich, sondern um einen tiefen Wunsch, den Bryce in seinem Herzen hegte. Ich betete, als ich weiterfuhr. *Was du auch tust, ich bin sicher, dass du den Weg bereitest. Braucht nicht jedes Kind eine Mama und einen Papa? Meine Kinder brauchen jetzt einen Papa dringender als je zuvor.*

Gab es irgendwo einen Mann, der mutig genug war, unsere Familie zu lieben, stark genug, um zu uns zu stehen, und doch zärtlich genug, um das Zerbrochene in unseren Herzen zu erreichen? *Warum würde ein Mann ein solches Opfer bringen wollen? Wenn ein Mann die Frau von Charlie Roberts heiratet, wird er deswegen scharf kritisiert werden. Gott, wer es auch ist, ich hoffe, dass du ihn auf das, worauf er sich einlässt, vorbereitet hast.* Im Stillen betete ich um Weisheit.

Und Gott flüsterte zurück: »Das tue ich nicht nur, weil es für deine Familie das Beste ist. Auch für ihn bist du perfekt!«

Diese Worte ließen mich zusammenzucken. Ich hatte nicht an die Bereicherung gedacht, die einem Mann zuteilwerden würde, wenn er mich heiratete, sondern nur an die damit verbundenen Schwierigkeiten. Doch ich spürte, dass Gott genau darauf hinauswollte. Unsere vierköpfige Familie würde genau das sein, wonach dieser Mann sich sehnte und was er brauchte. Ich würde ihm etwas

Wunderbares geben, wenn ich all das in Empfang nahm, was er uns geben wollte! Ich brauchte einen Mann, meine Kinder brauchten einen Vater; dieser Mann brauchte eine Frau, und er brauchte meine Kinder. Es war Weihnachten, die Zeit des Schenkens, und irgendwie hielt Gott *mich* immer noch für ein Geschenk.

Wird dieser auserwählte Mann Dan Monville sein – und wenn ja, dann zweifellos in ferner Zukunft? Oder ein anderer Mann? Oder bin ich noch so traumatisiert, dass ich mich nicht darauf verlassen kann, dass ich deine Stimme richtig wahrnehme? Ich wollte mich keinesfalls auf ein bestimmtes Ergebnis festlegen. Ich vertraute zwar Gott, meinen Wahrnehmungen jedoch nicht so ganz. Die Zukunft würde es zeigen.

~

Als Weihnachten näher rückte, war ich sicher, dass die Stimmung bei uns gedrückt sein würde, denn nach einem solch großen Verlust war ich noch nicht in der Lage, die gewohnten Rituale und Festlichkeiten zu organisieren. Zu meinem Erstaunen machte ein großzügiger Spender uns ein beachtliches finanzielles Geschenk. Wir wollten es als Hilfe nutzen, Weihnachten zu überstehen, und beschlossen, eine Disney-Kreuzfahrt zu machen. Ich lud meine Familie und Charlies Familie dazu ein. Meine Eltern wollten lieber zu Hause bleiben, da sie erst über das Erntedankfest in Frankreich gewesen waren. Sie hatten vor, den Tag mit meinen Geschwistern zu verbringen. Charlies Familie nahm die Einladung an. Seine Brüder, Schwägerinnen, Eltern und Großeltern fuhren alle mit dem Auto nach Florida. Doch ich nahm das Flugzeug, da ich fürchtete, dass eine vierundzwanzigstündige Autofahrt mit drei kleinen Kindern ein schwieriger Beginn für einen Urlaub wäre.

Die Kinder und ich kamen am Kai an und standen über eine Stunde lang Schlange, um einzuchecken. Alle vier waren wir abgekämpft, müde und hungrig von der Reise. Ich riss mich mit aller Gewalt zusammen, während ich in der Schlange stand und versuchte, den Kindern schmackhaft zu machen, was sie erwartete. Dabei fragte ich mich, ob die Reise ein Fehler war. Als das Besatzungsmitglied, das uns begrüßte, sah, dass wir aus Pennsylvania kamen, stellte er eine Frage, die mir das Herz in die Hosen rutschen ließ: »Wohnen Sie in der Nähe des Ortes, in dem der Amoklauf in der Amisch-Schule verübt wurde?«

Wie betäubt hörte ich mich lügen. »Nein, wir sind aus einer anderen Gegend.« Ich log normalerweise nie, doch ich hätte die Last einer wahrheitsgemäßen Antwort einfach nicht ertragen können.

Trotzdem kam ich bald zu der Ansicht, dass die Kreuzfahrt eine sehr gute Idee gewesen war, auch wenn es auf der Reise Höhen und Tiefen sowie Momente gab, die mich innerlich fast kaputtmachten. Zum Beispiel waren überall Paare, die Hand in Hand umherschlenderten und sich beim Abendessen bei Kerzenlicht verträumt und verliebt in die Augen schauten. Papas planschten im Pool, und ganze Familien spielten, aßen und erholten sich gemeinsam. Doch meine Kinder nicht, sie hatten keinen Vater. Jedes Mal, wenn ich dachte, dass ich wieder Boden unter den Füßen hätte, erschütterte mich eine andere Auswirkung des Amoklaufs. Ich hatte gedacht, dass solche Tage des Kummers hinter mir lagen, entdeckte jedoch, dass Trauer immer wiederkehrt. Sogar in einer schwimmenden Stadt mit mehreren Tausend Menschen kann man sich völlig alleine vorkommen.

Einmal beim Abendessen übermannten mich das Verlustgefühl und die Last des Alleinerziehens so, dass ich unbedingt ein paar Minuten für mich allein brauchte, um meine Fassung wieder einigermaßen zu finden. Ich bat Charlies Familie, mich zu entschuldigen, und ging weg, um die Bilder anzuschauen, die die Disney-Fotografen am Tag zuvor gemacht hatten. Das war genau, was ich brauchte.

Als ich mich anstellte, um die Bilder meiner drei Kinder zu betrachten, schrie ich innerlich zu Gott: *Ich brauche dich, ich brauche dich jetzt, ich bin so alleine.* Doch ich verspürte keine Antwort vom Himmel. Ich hielt die Tränen zurück, atmete tief durch und versuchte, mich davon zu überzeugen, dass ich mit der Situation zurechtkam. Gott würde mir helfen.

Kurz darauf drehte sich die Frau vor mir um und begann, zu sprechen. Sie war mit ihrer Tochter und ihren Enkeln auf dem Kreuzfahrtschiff, weil sie eine schwierige Scheidung hinter sich hatten und von zu Hause weg sein wollten, um einigermaßen fröhliche Weihnachten haben zu können. Dann fragte sie mich, warum ich die Kreuzfahrt machte. Ich spürte, dass wir beide traumatische Erfahrungen hinter uns hatten, und erzählte ihr, dass mein Mann vor fast drei Monaten gestorben sei und dass ich aus dem gleichen Grund wie sie hier sei. Kaum hatte ich die Worte ausgesprochen, schlang sie die Arme um mich, zog mich an sich und drückte mich herzlich. Ich sagte ihr nicht, was diese Umarmung für mich bedeutete, aber sie hat mich gerettet. Im Augenblick meines größten Schmerzes war sie für mich Jesus auf Erden.

Wieder einmal hatte Gott sich vom Himmel herabgebeugt, mich berührt und meinen seelischen Orientierungspunkt geändert. Mein Hirte trug mich in seinen Armen, gerade hier, mitten auf dem Meer!

Lachen

Es war neun Uhr abends, und meine Kinder schliefen friedlich an diesem Januarabend. Ich saß im Sessel in unserem schwach beleuchteten Wohnzimmer. Das Feuer im Kamin flackerte vor mir. Ich wartete auf einen Anruf von Dan Monville.

Abgesehen von Dans Anruf am Erntedankfest, konnte ich mich nicht an ein einziges Mal in den vergangenen zehn Jahren erinnern, dass ein Mann (abgesehen von meinen Familienangehörigen) mich gefragt hatte, ob er mich anrufen dürfe. Ich hatte gemischte Gefühle. In seiner E-Mail hatte er geschrieben, dass er mir mitteilen wolle, was er mit Gott erlebt habe. Ich hatte schon mit vielen Menschen über Jesus gesprochen; das war eines meiner Lieblingsthemen. Doch dieses Mal spürte ich, dass Dan nicht nur geistliche Gedanken austauschen würde.

Gott hält immer seine Versprechen. Vor sechs Wochen hatte Gott mir mitgeteilt, dass ich Dan Monville heiraten würde. Damals hatte ich an meinem Wahrnehmungsvermögen gezweifelt und Gott gesagt, dass ich nichts dazu beitragen würde. Die Sache lag in seiner Hand, nicht in meiner.

Als ich auf Dans Anruf wartete, fiel es mir schwer, diese Gedanken beiseitezuschieben. War es möglich, dass Gott mit Dan so gesprochen hatte wie mit mir? Wenn ja, wie würde Dan dieses Gespräch beginnen? Ich versuchte, mir nichts vorschnell auszumalen.

Ich dachte an den Abend vor acht Wochen zurück, als Dan und ich und ein paar Freunde bei einem Jazzkonzert gewesen waren. Es war kein romantisches Rendezvous gewesen, nur eine Gruppe von Eltern, die etwas miteinander unternahmen. Aber ich erinnerte mich, dass ich mich mit ihm zusammen sehr wohlgefühlt hatte.

In den Wochen vor dem Erntedankfest hatten wir ein paar kurze E-Mails ausgetauscht, und dann hatten wir jenes seltsame Telefongespräch am Erntedankfest geführt. All das erweckte in mir die Frage, ob Gott auch in Dans Herzen wirkte.

Das Telefon klingelte. Ich ließ es einige Male klingeln, damit er nicht den Eindruck gewönne, ich sei allzu begierig, das Gespräch zu beginnen. Er sollte nicht wissen, dass ich mit dem Telefon auf dem Schoß wartete. Bei dem Gedanken musste ich lachen. Ich benahm mich wie ein alberner Teenager. Ich nahm ab und sagte Hallo.

Unser Gespräch begann mit einfachen Dingen, wie dem Wetter, was wir am Tag gemacht hatten. Es war angenehm. Dann ging er etwas in die Tiefe, erzählte von Schwierigkeiten in der Vergangenheit, wie Jesus seine Dunkelheit durchbrochen hatte und wie seine Beziehung zu Gott jetzt neu gestärkt worden war. Dan erzählte mir seine Geschichte.

Im Lauf der Jahre hatte ich schon einiges durch meine Familie gehört: über seine erste Ehe und die Scheidung, über seine Kinder, doch vieles wusste ich nicht. Dan übte das Sorgerecht für Nicole und DJ gemeinsam mit seiner ehemaligen Ehefrau aus. Er erzählte mir, was tief in ihm vorging, sprach über Fehler, die er bereute, und Dinge die er neu herausgefunden hatte, sowie von Wachstum, von seinem Anteil am Scheitern seiner ersten Ehe und früheren Problemen mit Alkoholsucht. Er verheimlichte nichts, und instinktiv vertraute ich ihm. In diesem ersten wirklichen Gespräch war er verletzlich und glaubwürdig, er gab mir die Gelegenheit, ihn so kennenzulernen, wie er wirklich war. Es schien ihm nicht schwerzufallen, über seine Gefühle zu sprechen. Das war auf jeden Fall anders als bei meinen Gesprächen mit Charlie!

Es war leicht, mit Dan zu reden. Seine Lebensumstände waren ganz anders als meine, und doch konnte ich hören, dass er ähnlichen Schmerz erlebt hatte.

Er fuhr fort: »Marie, ich will dir jetzt berichten, was Gott in den vergangenen sechs Monaten mit mir getan hat und wie ich zu diesem Punkt gekommen bin.« Ich spürte eine Änderung in seiner Stimme, eine leichte Nervosität. »Im vergangenen Frühjahr hatte ich den Eindruck, dass Gott mir versprach, dass ich wieder eine Frau und eine vollständige Familie bekommen würde. Ich hatte keine Ahnung, wer diese Frau sein könnte, da ich keine Freundin hatte. Aber ich konnte dieses Versprechen nicht einfach abtun oder verdrängen.«

Ich lächelte. *Das* kam mir bekannt vor. Mein Herz begann, wild zu pochen.

»Als ich diese Sachen bei deinen Eltern abgegeben habe, war ich ganz bestimmt nicht auf der Suche nach einer Freundin. Ich erfüllte eine Pflicht, und, ehrlich gesagt, war mir dabei nicht recht wohl. Ich wollte mich während deiner Trauer nicht aufdrängen. Auf dem Nachhauseweg nach diesem Abend ging etwas in mir vor. Ich hatte den Eindruck, dass Mauern einstürzten, von denen ich nicht einmal etwas gewusst hatte. Zwar dachte ich nicht sofort, dass du die Frau sein könntest, die Gott für mich vorgesehen hatte, aber ich wusste, dass sich in mir etwas änderte. Mir wurde bewusst, dass ich jetzt für eine tiefe Liebesbeziehung bereit war, bereit für eine Ehe und Familie.«

Er sprach jetzt so schnell, dass ich nichts entgegnen konnte, aber ich machte immer größere Augen. Zumindest war ich nicht die *Einzige*, die diese unerwarteten, verblüffenden Botschaften von Gott bekommen hatte!

»Ich war verwundert, als ich dich an jenem Abend getroffen habe«, sagte er. »Nichts an dir war so, wie ich es mir vorgestellt hatte. In dir konnte ich Jesus sehen, Vertrauen, Gnade und Liebe. Völlig unerwartet. Wenn ich mir deine Lage vorstellte, den Tod deines Mannes und wie alles nur Wochen zuvor geschehen war, dann sah ich deine wunderbare Heilung und Wiederherstellung und … und …«

Ich konnte es vor Spannung kaum aushalten und spitzte die Ohren. Wenn er meinte, dass *er* an jenem Abend verwundert war, dann hätte er mich jetzt sehen sollen!

»… und ich war verblüfft. Marie, du bist strahlend schön, innerlich und äußerlich.«

Bestimmt bin ich feuerrot geworden. Er machte eine kurze Atempause, und ich spürte, dass er sich etwas entspannte. In mir jedoch explodierte ein Feuerwerk. Er fand mich strahlend schön, innerlich und äußerlich? Er dachte, dass ich, die ganz gewöhnliche, posttraumatische, alltägliche Marie Roberts, etwas Besonderes sei? Offensichtlich, denn er sprach ruhig und aufrichtig.

Dann fuhr er fort: »Jedes Mal, wenn wir mit den Kindern zusammen spielten, hatte ich außerdem den Eindruck, dass du gerne mit mir zusammen warst. Das hatte ich nicht erwartet. Ich bat Gott, mir zu zeigen, warum das so war. Ich habe angenommen, dass er mir nur zeigen würde, dass ich bereit war, heil zu werden, bereit, wieder echte Empfindungen zu haben und zu lieben, mich auf eine Ehe vorzubereiten. Nicht mit dir, denn das konnte doch nicht recht sein. Doch jedes Mal, wenn ich dich sah, spürte ich eine Änderung in meinem Herzen, und ich wusste nicht, warum.«

Ich hätte jetzt gerne sein Gesicht gesehen.

»Dann habe ich Gott gebeten, dass er mir zeigt, wen er für mich im Sinn hat. Den ganzen November und Dezember hindurch habe ich versucht, Gottes Willen zu erkennen. Aber er hat alle Türen verschlossen, die ich für offen gehalten habe. Ich spürte, wie er mir klarmachte, dass es niemand aus meinem engeren Bekanntenkreis ist, und dass er stattdessen eine neue Tür zu einer neuen Beziehung öffnen wollte. Ich betete weiter, fragte, wer diese Frau sei.

Marie, er hat mir klargemacht, dass du die Frau bist.«

Mein Herz machte einen Sprung, und ich konnte nur staunen. Was Gott mir zuflüsterte, flüsterte er auch Dan zu, und alles mündete in einen lauten Ruf, der aus einem einzigen Wort bestand: Ehe. Jetzt war es an mir, etwas, *irgendetwas* zu sagen. Doch ich war sprachlos!

Das war auch gut so. Dan begann, eine ganze Reihe von Bedenken aufzuzählen: »Als mir bewusst wurde, welche Gefühle ich für dich empfand, musste ich mit jemandem darüber sprechen und das alles verarbeiten. Ich musste prüfen, ob das echt war. Deshalb vertraute ich mich einigen Menschen an: Freunden aus der Kirchengemeinde, meiner Mutter, meinen Schwestern, meinen Pastoren und anderen Vertrauenspersonen. Ich traf auf gemischte Reaktionen und viele Vorbehalte. Einige zweifelten an meiner Fähigkeit, die Stimme Gottes zu hören, und hielten mich für unvernünftig. Dafür hatte ich natürlich vollstes Verständnis. Ich hätte ihnen das Gleiche gesagt. Du bist erst vor Kurzem durch eine schreckliche Tragödie Witwe geworden. Du brauchst Zeit. Wir kennen einander kaum. Wir haben uns erst vor Kurzem kennengelernt.«

Ich musste innerlich lachen, wollte ihm erzählen, was Gott mir gesagt hatte. Aber er sprach weiter. Ich musste mich auf die Zunge beißen und noch etwas warten.

»Aber Gottes Botschaft war so direkt, so klar. Ich war verwirrt, wusste aber, dass ich mehr auf Gottes Stimme als auf Menschen hören musste. Deshalb habe ich in den vergangenen sechs Wochen sehr bewusst nach Gottes Willen gefragt, habe die Grundlage meiner Beziehung zu ihm gefestigt und mich mit meinen Gefühlen auseinandergesetzt. Aus diesem Grund habe ich mich fast den ganzen November und Dezember nicht bei dir gemeldet. Ich brauchte viel Zeit alleine mit Gott. Ich musste sicher sein, dass ich Gott richtig verstanden habe.«

Bei Dans Worten klopfte mein Herz erregt, nicht nur, weil er über seine Liebe zu mir sprach, sondern auch, weil er über seine

Hingabe an Gott berichtete. Das war das Wichtigste für mich. Aber Dan wusste noch gar nicht, was ich dachte. Wie viel Mut war für ihn erforderlich, um all diese Worte über die Lippen zu bringen!

Anscheinend war er jetzt fertig. Ich war an der Reihe. Würde er schockiert sein, wenn ich ihm sagte, dass seine Geschichte für mich weder ein Schock noch eine Überraschung war? Im Gegenteil, für mich war sie nur folgerichtig.

»Dan, im November habe ich morgens die Bibel gelesen und gebetet. Plötzlich hat Gott mir zugeflüstert: ›Dan Monville ist der Mann, den du heiraten wirst.‹«

Meine Worte, die sich während Dans Monolog in mir aufgestaut hatten, strömten jetzt hervor. Ich erzählte ihm, dass ich drei Tage gefastet hatte, wie ich mit Gott gestritten hatte und wie er mich dann aufgefordert hatte, ihm einfach zu vertrauen. Dabei malte ich mir aus, wie Dan es vor Spannung kaum aushielt, wie sein Mund offen stand und die Augen vor Staunen immer größer wurden. Außerdem konnte ich mir vorstellen, dass er auch ziemlich erleichtert war, weil ich ihn nicht für verrückt erklärte, sondern wir beide, jeder persönlich, diese eindrucksvolle Erfahrung mit Gott gemacht hatten.

Wir sprachen stundenlang miteinander. Es war, als würden wir den Schleier zurückziehen, der unser Leben bedeckt hatte. Wir traten problemlos in die nächste Phase unseres Gesprächs ein, sodass ich sogar im Rückblick nach mehreren Jahren über diesen geheimnisvollen Austausch nur staunen kann. Wir beide waren davon überzeugt, dass dieser Weg nicht leicht sein würde. Viele Menschen in unserem Umfeld würden uns Ratschläge erteilen, und nicht alle würden unsere Entscheidung gutheißen. Wir verstanden ihre Skepsis. Wenn es nicht um unser Leben ginge und die Botschaft, die wir selbst von Gott bekommen hatten, würden wir die Umstände anders beurteilen. Doch wir waren sicher, dass Gott uns führte. Dan betonte, dass er zu einer Beziehung bereit war, gleichgültig, was andere davon hielten. Ich war einverstanden. Wir mussten uns nur auf Gott und seinen Willen für unsere Familien ausrichten.

Wir hatten vor, uns regelmäßig zum Aufbau einer Beziehung zu treffen, mit der Absicht, zu heiraten. Was unsere Kinder betraf, so waren wir uns einig, dass wir ihnen nicht noch mehr Leid zufügen wollten. Wir beschlossen, dass wir unsere Familie am Aufbau unserer Beziehung beteiligen mussten. Wir wollten und konnten es nicht wie alle anderen machen, sondern mussten eine Ausnahme sein.

Ich erzählte ihm mehr von meinem Leben und den Erfahrungen, die ich gemacht hatte. Beide wollten wir die Wahrheit übereinander wissen, auch über Erlebnisse, die von Versagen, Verlust und Schwäche geprägt waren. Ich erklärte, dass ich nicht mehr das Mädchen war, das ich einmal gewesen war, dass Gott mich in den vergangenen Monaten grundlegend verändert hatte. Ich hatte begonnen, mich neu zu sehen, und war davon überzeugt, dass es wichtiger war, der Stimme Gottes zu gehorchen, als anderen Menschen zu Gefallen zu sein.

Ich erzählte Dan von den Briefen, die ich jeden Tag kistenweise erhielt, den Ermutigungen und Bibelversen. Lachend erklärte ich ihm: »Stell dir vor, die Bibelstelle, die ich in den vergangenen Monaten am meisten gehört habe, ist Jeremia 29,11-14.« Ich sagte sie ihm vor:

> *»Denn ich weiß genau, welche Pläne ich für euch gefasst habe«, spricht der Herr. »Mein Plan ist, euch Heil zu geben und kein Leid. Ich gebe euch Zukunft und Hoffnung. Wenn ihr dann zu mir rufen werdet, will ich euch antworten; wenn ihr zu mir betet, will ich euch erhören. Wenn ihr mich sucht, werdet ihr mich finden; ja, wenn ihr ernsthaft, mit ganzem Herzen nach mir verlangt, werde ich mich von euch finden lassen«, spricht der Herr. »Ich will euer Geschick wenden und euch aus allen Völkern und von allen Orten, wohin ich euch vertrieben habe, zusammenbrin-*

gen«, spricht der Herr. »Ich will euch wieder dorthin zurückbringen, von wo ich euch fortgejagt habe.«

»Diese Verse waren eine große Ermutigung für mich, und sie haben die Worte, die Gott zu mir gesprochen hat, verstärkt.«

»Ich kenne diese Bibelstelle gut«, entgegnete Dan. »In der Tat, ich …«

Doch ich unterbrach ihn, weil ich genau wusste, worauf er hinaus wollte. »Du wirst lachen, Dan. Als wir im November einander ein paar E-Mails geschrieben haben, habe ich nicht verstanden, was deine E-Mail-Adresse jer291114@something.com bedeutete. Deshalb habe ich meine Freundin Deanna gefragt, worauf ihrer Meinung nach die Buchstaben und Zahlen hinwiesen. Sie hat sofort erkannt, dass es um Jeremia 29,11-14 ging.« Er lachte. »So viele Leute haben diesen Vers gebetet und über mir ausgesprochen, und jetzt schickt Gott mir diese Zusage in Fleisch und Blut, mit dir.«

Nach einer Weile beruhigten sich unsere Aufregung und unser Glücksgefühl über Gottes gewaltiges Eingreifen in unser Leben etwas, und unser Gespräch wurde wieder ernst. Wir besprachen, ob es irgendein Hindernis für unsere Beziehung gab. Unsere Kinder hatten Vorrang für uns, darüber waren wir uns einig. Unsere Sorge galt nicht nur der Zukunft zweier Erwachsener, sondern schloss zwei Familien ein.

Ich verlor jedes Zeitgefühl, versank in Staunen über die Möglichkeit einer gegenseitig erfüllenden, tiefen Beziehung. Es war ein Gefühl, das ich seit Langem nicht mehr verspürt hatte. Doch trotz meiner Befriedigung und Freude mahnte ich mich zur Vorsicht. Der Beschluss, unsere Beziehung zusammen mit den Kindern zu prüfen, bedeutete nicht, auch nicht im Licht der verblüffenden Botschaften, die Gott uns beiden geschickt hatte, dass eine Ehe schon ausgemachte Sache war. Wir hatten bisher so wenig Zeit miteinander verbracht. Ein einziges Gespräch war wohl kaum genug, damit ich mich Hals über Kopf in Dan Monville verliebte. Ich hatte seine Worte gehört, und er hatte meine gehört. Jetzt mussten wir sehen, was sich daraus ergab.

~

Dan und ich planten unsere erste ernsthafte Verabredung als Familie für den folgenden Sonntag. Unsere Kinder, und zwar alle fünf, machten sofort Freudensprünge, als sie hörten, dass wir etwas gemeinsam unternehmen wollten. Wir fragten sie, was sie denn gerne machen wollten. Zu meinem Leidwesen entschieden sie sich einstimmig fürs Schwimmbad. Für die Kinder schien dies ein perfekter Ausflug im Winter zu sein, doch ich fühlte mich dabei nicht wohl. Ich wollte nicht bei unserem ersten Date im Badeanzug erscheinen! Doch ich musste mich geschlagen geben. Wir hatten die Kinder entscheiden lassen und konnten sie jetzt nicht überstimmen.

Wir trafen uns bei einem nahe gelegenen Hallenbad. Ich war neugierig, wie wohl der Nachmittag verlaufen würde. Bryce schien genau das Gegenteil von DJ zu sein: Bryce rannte, DJ ging. Bryce war wild und ausgelassen, DJ war ruhig und ausgeglichen. Ich fragte mich, wie Dan mit Bryce zurechtkommen würde. Abigail, die still und zurückhaltend war, würde eine Herausforderung für ihn sein, und Carson mit seinen einundzwanzig Monaten war viel jünger als die Kinder, an die Dan seit geraumer Zeit gewöhnt war. Konnte er damit umgehen? Wie würden die Kinder miteinander auskommen? Die Antworten kamen schnell genug.

Dans Tochter Nicole war einfach entzückend. Es machte Spaß, mit ihr zu plaudern, sie kennenzulernen und ihre Beziehung zu ihrem Vater zu beobachten. Die Zärtlichkeit und das Lachen, das ich sah, gefielen mir. Carson, verspielt wie immer, planschte vergnügt im Wasser. DJ und Bryce sprangen schnell ins Becken, spielten zusammen, tauchten nach Ringen und Stöcken. Abigail war zwar zaghaft, es schien ihr aber zu gefallen. Dan wartete, bis sie etwas aufgetaut war, dann ermutigte er sie, mit den Jungen zu spielen. Er gab ihr Ratschläge, wie sie tiefer tauchen konnte, und schwamm bei ihren ersten Versuchen, den Boden des Beckens zu erreichen, neben ihr. Als es ihr gelang, strahlte sie und kam mit den Tauchringen in der Hand an die Oberfläche zurück!

Ich war begeistert über den einen, der alle meine Gedanken kannte und auch das einfachste Gebet erhörte. Als der Nachmittag sich dem Ende zuneigte, hörten wir die Schreie von glücklichen Kindern: »Nur noch fünf Minuten, bitte!« Wir verabschiedeten uns und stiegen in unsere Autos. Ich war gespannt auf die Kommentare der Kinder auf dem Nachhauseweg und fragte mich, was wohl in der gleichen Zeit in Dans Auto gesprochen wurde.

Ich freute mich, dass meine drei auf der Fahrt aufgeregt über den Nachmittag und die gemeinsame Zeit plauderten. Das Lachen und Schwatzen wurde von Momenten zufriedener Stille abgelöst, in denen wir spürten, dass unsere Muskeln angenehm müde waren und uns der Magen vor Hunger knurrte.

Ich betete: *Gott, einen Tag nach dem anderen zeigst du uns den Weg und führst uns nach deinem Willen. Im Augenblick schmiede ich noch keine langfristigen Lebenspläne, sondern genieße einfach den Augenblick.*

Als Dan und ich unseren engsten Angehörigen erzählten, dass wir uns regelmäßig mit ernsten Absichten trafen, hielten viele dies für unüberlegt, und nur wenige fanden es gut. Doch Dan und ich wussten, dass der Schöpfer des Universums in unseren Herzen etwas Neues erschuf und dass er sich nicht um die Meinung anderer kümmerte. Er forderte mich nicht auf, auf andere Stimmen zu hören. Nur ihm allein war ich Rechenschaft schuldig. *Ich werde bereitwillig annehmen, was du tust. Zeige mir deine Weisheit, fülle mich mit deiner Liebe, und hilf, dass ich dir immer gehorsam bin.*

Wir planten einen zweiten Familienausflug.

~

Dan und ich hatten eine Beziehung begonnen, mit der Absicht, zu heiraten. Ich muss gestehen, dass ich wusste, wie seltsam das war. Doch seit dem 2. Oktober war mein ganzes Leben seltsam. Anders als andere zu sein, war meine neue Normalität.

Je mehr Zeit wir miteinander verbrachten, umso klarer wurde mir, warum ich gar nicht anders konnte, als mich in diesen Mann zu verlieben, den Gott ausgewählt hatte. Wir waren zwei Instrumente, die lernten, die wunderbare Sinfonie der Liebe gemeinsam zu spielen. Die Musik begann sanft, eine einfache Melodie. Doch während wir zusammen spielten, zeichnete sich eine Tiefe und Wärme ab, eine Harmonie, die viel herrlicher war als meine Solovorstellung.

Nachdem ich Witwe geworden war, hatte ich mit Jesus darüber gesprochen, wie Gott mich im Leib meiner Mutter geschaffen hatte. *Warum*, fragte ich ihn, *wurde ich mit der Sehnsucht nach einer Familie, einem Mann und Kindern geschaffen, nur um zu erleben, wie entsetzlich weh es tut, wenn man beides verliert?* Jetzt spürte ich seine beruhigende Zusicherung, als wollte er mir zusprechen: *Du bist zur Kämpferin geschaffen, die sich nicht unterkriegen lässt. Ja, der Weg ist lang und an manchen Tagen schwer. Aber du wirst nicht aufgeben. Du weigerst dich, ein Leben zu führen, das meinem Willen nicht entspricht. Im Angesicht von Widrigkeiten wirst du siegen.*

Ich war erstaunt. *Traust du mir so viel zu, Herr?*

Die Wahrheit von 1. Korinther 15,57-58 bekam für mich plötzlich eine ganz neue Bedeutung.

> *Wir danken Gott, der uns durch Jesus Christus, unseren Herrn, den Sieg über die Sünde und den Tod gibt! Deshalb bleibt fest und unerschütterlich im Glauben, liebe Freunde, und setzt euch mit aller Kraft für das Werk des Herrn ein, denn ihr wisst ja, dass nichts, was ihr für den Herrn tut, vergeblich ist.*

Gott erfüllte mich mit Hoffnung. Er glaubte an mich. Der Schöpfer des Universums, der Lebensspender, der eine, der über das Wasser ging, der jede Krankheit heilte, er glaubte an *mich*!

Bei diesen Worten durchströmte mich Zuversicht. Das änderte alles. Als ich auf das Flüstern des Heiligen Geistes hörte, fand ich eine Gemeinschaft, die Leben in einer Fülle schenkte, wie ich es niemals erwartet hätte. Für den Schöpfer des Lebens gab es kein »Unmöglich«.

Ich dachte an mein Gebet vor ein paar Monaten zurück: *Jesus, wenn es auf der ganzen Erde keinen Mann gibt, der in der Lage ist, mein Leben, so, wie es jetzt ist, mit mir zu teilen, bin ich damit einverstanden, dass es für immer nur eine Beziehung zwischen dir und mir sein soll. Aber wenn es einen Mann gibt, dann bringe mir nur* einen. *Ich habe keine Lust darauf, verschiedene Männer auf Dates zu treffen.* Ich konnte nicht anders, als vergnügt zu lachen. Gott hatte mich frei gemacht, sodass ich mich selber aufrichtiger lieben konnte, und das wiederum hatte mich fähig gemacht, andere zu lieben: meine Kinder, diesen Mann, der in mein Leben getreten war, und auch seine Kinder. Und aufgrund von Gottes Wirken seit der Tragödie kannte ich das Ende der Geschichte: Jesus siegt immer. Seine Liebe bleibt.

Je mehr wir unsere feste Beziehung als Familie lebten, umso besser erkannte ich, wie rechtschaffen und bewusst Dan handelte. Er fand nicht nur einen Weg zu meinem Herzen und zum Herzen meiner Kinder, sondern hatte auch eine enge Beziehung zu Gott. Es lag auf der Hand, dass er Zeit mit Jesus verbrachte, denn er gab die Liebe von Jesus an uns weiter. Ich staunte über alles, was er erlebt hatte, als Gott ihn darauf vorbereitet hatte, alles zu sein, was wir brauchten. Zwar dankte ich nicht für das Leid und die Nöte, die er hatte durchmachen müssen, doch ich bewunderte, wie er das alles bewältigt hatte. Weil er sich Gott hingegeben hatte, hatte Gott das alles als Vorbereitung für diese Zeit, für uns, benutzen können. Ich erinnerte mich an den Sprung, zu dem Gott mich vor ein paar

Monaten aufgefordert hatte: mich an meinem Leben zu freuen. *Ich freue mich an meinem Leben, Herr, wirklich, und ich freue mich an allem, was du mit meinem Leben gemacht hast.*

In den ersten Wochen unserer Beziehung, inmitten unserer Kinder auf Kegelbahnen und in Pizzerias oder wenn wir im Kreis auf dem Boden bei Brettspielen saßen, war es leicht, zu erkennen, dass es leicht sein würde, das Leben an der Seite von Dan zu lieben. Obwohl er elf Jahre älter als ich war, steckte er voll überschäumender jugendlicher Energie und war fitter als ich. Er war im Herzen noch ein Kind und konnte kindlich staunen. Er sah die Welt als halb volles Glas, nicht als halb leeres. Ich auch, und hier passten wir sehr gut zusammen.

In Dan sah ich alles, worum ich Gott bei Charlie gebeten hatte. Es raubte mir fast den Atem, als mir bewusst wurde, dass Gott jedes meiner Gebete erhörte, die auf meiner Gebetsliste für Charlie gestanden hatten: eine tiefere Beziehung zu Gott, die Fähigkeit, seine Gedanken und Gefühle zu erkennen und sie mit Gott und mir zu verarbeiten, eine tiefe Lebensfreude, die sich über die Verluste des Lebens emporschwingen konnte. Nicht eines dieser Gebete blieb unerhört. Die Antworten waren nicht so gekommen, wie ich es ursprünglich erhofft oder erwartet hatte, doch sie kamen jetzt in Dan. Ehrfürchtig stand ich vor dem Wirken Gottes und erkannte, dass ich jahrelang für Dan gebetet hatte, ohne es zu wissen. Nie hätte ich gewollt, dass dies so geschah. Ich hatte gebetet, dass Charlie, mein Mann, diese Erfüllung erfahren möge. Jahrelang hatte ich Gott angefleht und ihn um das gebeten, was ich für seinen Willen für unsere Familie hielt. Doch Gott, der immer unsere Zukunft im Blick hat, wenn er an uns arbeitet, hatte bereits einen Plan, wie er diese Gebete einlösen würde.

Es war kein unbedeutender Plan. Die Erfüllung dieser Gebete erforderte die Neuausrichtung von allem, was ich kannte. Dabei klammerte ich mich fest daran, dass Gott mich als seine geliebte und gewollte Tochter, an der er Freude empfand, geschaffen hatte.

Dies war die eigentliche Liebesgeschichte. Es war nicht nur ein Plan; es war ein Kuss. Der Kuss des Himmels.

Nachdem ich den Kuss des Himmels erlebt hatte, freute ich mich auf den ersten Kuss der Liebe und war davon überzeugt, dass er mehr als tausend Worte vermitteln konnte. Ich wartete und glaubte, dass er mir vollständig den Atem verschlagen würde.

Der Korb

Unserem fünfjährigen gelben Labrador-Retriever Dale fehlte sein Herr. Er war Charlies Hund von dem Augenblick an, als wir ihn in unserem fünften Ehejahr als Welpe nach Hause gebracht hatten. Dale war auf einem nahe gelegenen Amisch-Bauernhof zur Welt gekommen, spielte gerne draußen und versäumte vor allem keine Gelegenheit, eine von Nachbars Katzen zu jagen, wenn sie sich in unseren Garten wagte. Doch in den vier Monaten seit Charlies Tod hatte Dale etwas von seiner verspielten Ausgelassenheit verloren.

Abends ließ ich Dale oft draußen auf unserer eingezäunten Terrasse, was ihm gefiel und mir die Gelegenheit gab, die Kinder in aller Ruhe fürs Schlafengehen fertig zu machen. An einem Abend Mitte Januar, als die Kinder im Bett waren, öffnete ich die Tür, um Dale wieder ins Haus zu lassen, und zu meiner Überraschung war er nicht da. Ich zog meinen Wintermantel an, ging im Garten herum und rief seinen Namen. Ein komisches Gefühl machte sich in meiner Magengrube breit. Er kam nicht. Es begann, leicht zu schneien.

Früher hatte ein Ruf von Charlie genügt, und Dale kam sofort angaloppiert. Wenn ich Dale rief, kam er nicht immer, aber er hatte bisher nie den Garten verlassen, sondern war höchstens mal schnell über den Terrassenzaun gesprungen, um eine Katze der Nachbarn zu jagen. Obwohl er immer sofort wieder zurückkehrte, war er seit Charlies Tod öfter über den Zaun gesprungen. Ich fragte mich deshalb schon, ob er nach ihm suchte. Normalerweise war Charlie am Abend zur Arbeit gegangen, genau zu der Zeit, in der Dale draußen sein wollte.

Ich ging wieder ins Haus. *Herr, bitte bring Dale zurück*, betete ich. *Wir vier brauchen sein ausgelassenes Herumtollen in diesem Haus.* In den folgenden zwei Stunden ging ich alle zehn bis fünfzehn Minuten aus dem Haus, rief seinen Namen und suchte nach ihm. Im Neuschnee sah ich keine Spuren. Ich schüttete etwas Trockenfutter in seinen Metallnapf und klapperte damit, in der Hoffnung, dass das Geräusch ihn nach Hause lockte.

Gegen elf Uhr öffnete ich die Tür noch einmal, um ihn zu rufen. Da fand ich ihn blutend und verletzt auf der Fußmatte liegen. Auf den ersten Blick dachte ich, er sei tot. Er lag völlig regungslos in einer Blutlache, sein Bauch war aufgerissen. Es sah so aus, als sei er angefahren worden. Ich geriet in Panik, kniete mich nieder und streichelte seinen Kopf. Wie erleichtert war ich, als ich seine Wärme spürte! Er hob den Kopf und sah mich mit solch traurigen Augen an, dass es mir wehtat. Er gab keinen Ton von sich, nicht einmal ein Wimmern.

»Ist ja gut«, versuchte ich, ihn zu beruhigen. »Ich hole eine Decke.« Ich eilte ins Wohnzimmer und griff nach der Decke, die auf dem Sofa lag, deckte ihn zu und rannte zum Telefon. Ich rief meine Eltern an. Meine Mutter nahm ab. An ihrer Stimme erkannte ich, dass ich sie aufgeweckt hatte.

»Dale ist angefahren worden«, platzte ich ohne vorherige Begrüßung heraus. »Kann jemand von euch kommen und bei den Kindern bleiben? Sie schlafen, und ich will sie nicht alleine lassen.«

»Wir kommen gleich«, antwortete meine Mutter.

Dann rief ich meinen Nachbarn an. »Ich glaube, Dale ist angefahren worden«, sagte ich und meine Stimme begann, zu zittern. »Könntest du kommen und uns in die Tierklinik fahren?«

Zehn Minuten später waren meine Eltern da, ebenso der Nachbar, der meinem Vater half, Dale auf seinen Pick-up zu legen.

Als wir durch die Dunkelheit flitzten, rief ich im Stillen zu Gott: *Warum? Warum das und warum jetzt? Ich will nicht, dass Dale auch stirbt.* Ich hoffte, dass die Verletzungen nicht so schlimm waren, wie sie aussahen, befürchtete aber das Schlimmste. *Jesus, rette ihn! Wir können Dale jetzt nicht verlieren. Er ist alles, was wir von Charlie noch haben!*

Die dreißigminütige Fahrt zur Klinik kam mir wie Stunden vor. Als Dale endlich auf dem Untersuchungstisch lag, streichelte ich seinen Kopf. Doch seine Augen übermittelten mir eine Botschaft, die ich nicht ertragen konnte. Er hatte Schmerzen, und sein Leben schwand aus den Augen. Ich ließ den Tränen freien Lauf, sie fielen auf ihn und hinterließen winzige Flecken auf dem sterilen Metalltisch. Der Tierarzt schickte mich in den Wartesaal, kehrte aber bald mit betrübten Augen zurück.

»Mrs Roberts, Dale ist angefahren worden, und er ist sehr schwer verletzt. Ich habe getan, was ich konnte, um die Wunde zu reinigen und ihm die Schmerzen zu erleichtern. Sie haben jetzt zwei Möglichkeiten. Wir könnten versuchen, ihn mit einer sofortigen Operation die Nacht durch am Leben zu erhalten. Sollte er die Nacht überleben, braucht er noch mehr Operationen, wenn wir ihm die Möglichkeit zur Wiederherstellung geben wollen. Aber seine Verletzungen sind sehr schwer, und seine Chancen sind gering. Die andere Möglichkeit ist, ihn gehen zu lassen. Ich könnte ihn jetzt einschläfern und sein Leiden beenden.«

Ich wollte Dale nicht verlieren. Charlies Hund war ein Stück Vergangenheit, das in die Gegenwart hineinreichte.

Durch Tränen zwang ich mich zum Sprechen. »Wenn es Ihr Hund wäre, was würden Sie tun?«

»Ich würde ihn gehen lassen. Dale müsste große Qualen aushalten, um zu überleben, mehrere Operationen und eine schmerzhafte Wiederherstellung.« Das hatte ich nicht hören wollen. Obwohl ich mir wünschte, dass er überlebte, und obwohl ich wusste, dass er den Kindern fehlen würde, konnte ich ihn nicht zwingen, solche Qualen zu ertragen. Die beste Entscheidung war, ihn gehen zu lassen, ihn von den Qualen seines Körpers zu befreien.

Innerhalb von Minuten schlief Dale für immer friedlich ein.

An die Fahrt nach Hause erinnere ich mich kaum, außer, dass ich ständig weinte und mich vergebens bemühte, herauszufinden, wie ich diesen Verlust den Kindern erklären konnte. Ich erinnerte mich an Gottes Worte, als ich ihn gebeten hatte, den Verlust von Charlie »in Ordnung zu bringen«. Er hatte gesagt: *Ich werde es nicht in Ordnung bringen. Ich werde es wiedergutmachen.* Wie würde Gott den Verlust von Dale wiedergutmachen?

Natürlich wusste ich, dass es jeden Tag vorkommt, dass eine Familie ein Haustier verliert. Ich bin sicher, dass der Tierarzt, der Dale behandelte, ein Dutzend ähnlicher Geschichten aus den letzten Wochen erzählen könnte. Schwer für uns war der geballte Verlust, den wir erlebten; die Kinder und ich brauchten etwas Vertrautes, Wirkliches und Kuscheliges zum Halten, etwas Lebendiges, das uns daran erinnerte, dass das Leben weiterging. Dale hatte diese Rolle wunderbar ausgefüllt – bis jetzt. Sein Verlust würde eine Lücke hinterlassen, die größer war als die Leere, die normalerweise entsteht, wenn ein Haustier nicht mehr da ist.

In den frühen Morgenstunden kam ich nach Hause und wusste, dass ich in dieser Nacht nicht viel schlafen würde. Ich lag untröstlich im Bett und schrie zu Gott, der uns liebte, aber doch zuließ, dass das Leid dieser Welt uns traf. *Warum? Alles, was uns von Charlie geblieben ist, gleitet uns aus den Händen, auch wenn wir mit aller Kraft versuchen, es festzuhalten. Was soll ich den Kindern sagen? Wie können sie diesen Verlust verkraften, nachdem sie schon ihren Papa verloren haben?* Gott sah mein Herz; er kannte meinen Schmerz. Vor ihm konnte ich alles offen aussprechen.

Als ich ihm meinen Kummer vor die Füße legte, tat ich, was ich seit Charlies Tod gelernt hatte. Ich betete Gott an. Ich verstand nicht, warum er diesen Verlust zugelassen hatte, aber ich hatte das Licht seiner Gegenwart in den vergangenen vier Monaten erfahren und wusste, dass er da war. Noch während ich ihn anbetete, füllte er mich mit Vertrauen. Überraschenderweise schlief ich ein.

Wenige Stunden später klingelte der Wecker. Mein Kissen war noch feucht von Tränen. Ich beschloss, dass ich den Kindern erst nach der Schule von Dale erzählen würde, falls sie nicht nach ihm fragten. Dann hätten wir den Abend, um uns gemeinsam wieder zu fangen.

Mein Magen krampfte sich zusammen, und innerlich schrie ich dauernd zu Gott: *Herr, bitte hilf, dass sie heute Morgen nicht nach dem Hund fragen!* Wir hatten sechzig Minuten, bis es Zeit war, zum Bus zu gehen. Ich hatte den Eindruck, dass die Uhr gegen mich arbeitete, dass die Zeit stillstand. Ich tat mein Bestes, um die Kinder zu beschäftigen, wusste aber, dass ich Fragen über den Hund nicht verhindern konnte. Normalerweise war es gar nicht so leicht, Dale davon abzuhalten, uns in unserer morgendlichen Routine zu stören, denn er war stets so voller Energie, begrüßte immer freudig den neuen Tag und jeden von uns. Bestimmt würden sie fragen, warum er nicht da war. Doch ich betete weiter.

Als es Zeit wurde, wegzugehen, atmete ich leichter und hoffte weiterhin, dass Gott uns an diesem Morgen schützen und meine Gebete erhören würde. Wir gingen zu Fuß zur Bushaltestelle. Bald war es geschafft. Ich bemühte mich, meine Tränen zurückzuhalten, war aber fest entschlossen, mich nicht gehen zu lassen. Gott wusste, dass ich mich nur mit seiner Hilfe zusammenreißen und die Aufmerksamkeit der Kinder auf andere Dinge lenken konnte.

Endlich kam der Bus; Abigail und Bryce waren unterwegs zur Schule. *Danke, Jesus*, betete ich, als ich mit Carson im Arm nach Hause ging. Tränen rannen mir übers Gesicht. Ich betrat das Haus, setzte Carson ab, schloss die Tür und lehnte mich an sie, als ob ich verhindern wollte, dass die Traurigkeit der Welt durch sie hereinbrach. Dieses neue Problem belastete mich unverhältnismäßig – es ging ja nur um den Verlust eines Tieres. Doch meine seelische Kraft wurde in letzter Zeit überstrapaziert. *Vater, du musst jetzt etwas tun. Alleine werde ich damit nicht fertig.*

Gott antwortete auf höchst unerwartete Weise. Nur Sekunden später klopfte es an der Tür. Ich wusste, dass mein Gesicht vom Weinen noch fleckig war. So wollte ich einen unerwarteten Besuch nicht begrüßen. Aber ich hatte keine Zeit, die Spuren zu beseitigen, und öffnete einfach die Tür.

Die herzliche Stimme einer Freundin begrüßte mich: »Marie, ich bin so froh, dass du zu Hause bist!« Christine und ihr Mann waren die Pastoren der Kirche, in der sich unsere Gebetsgruppe traf. Sie trat mit den Worten ein: »Es tut mir leid, dass ich dir das nicht schon lange gebracht habe. Jemand hat diesen Korb für dich vor mehreren Tagen in der Kirche abgegeben. Mein Sohn hatte Windpocken. Deshalb konnte ich ihn dir erst bringen, als es ihm wieder besser ging.« Sie hielt mir einen Korb entgegen.

Christine schien meine verquollenen Augen nicht zu bemerken. Ich führte sie in die Küche und öffnete den Korb. Zu meinem Erstaunen lagen drei Plüschhunde in dem Korb, zusammen mit einem liebevollen Briefchen von einer Fremden und einer Dose Schokoladekekse.

Ich war überwältigt. »Ich muss dir etwas sagen«, stieß ich hervor. »Gestern Abend ist unser Hund überfahren worden. Heute früh ist er gestorben.«

»Oh, Marie. Nein!«

»Ich habe es den Kindern noch nicht gesagt. Aber ich kann es kaum glauben, wie Gott es eingerichtet hat, dass du dieses Geschenk nicht früher gebracht hast, sondern genau im richtigen Augenblick. Wenn du diese drei Stoffhunde letzte Woche gebracht hättest, wäre es nett gewesen, aber es hätte nicht so viel bedeutet wie jetzt. Kurz bevor du an die Tür geklopft hast, habe ich zu Gott geschrien, dass er etwas tun soll, und augenblicklich warst du da.

Wenn ich den Kindern sage, dass ihr Hund tot ist, kann ich ihnen erzählen, dass Gott gewusst hat, dass es geschieht, und dass er uns alle so sehr liebt, dass er uns etwas geschickt hat, damit es weniger wehtut. Und weißt du was? Das Tolle ist nicht nur das, was in dem Korb ist. Gott liebt uns so sehr, dass er den Korb genau an dem Tag geschickt hat, an dem wir ihn brauchen.« Freudentränen mischten sich jetzt mit den Trauertränen.

Christine war zunächst sprachlos, dass Gott sie benutzt hatte, um mein Gebet zu erhören. Doch schließlich sprach sie Worte des Mitgefühls und des Trostes aus, umarmte mich und ging nach Hause, um es ihrem Mann zu erzählen.

Kaum war sie gegangen, rief ich Dan an. Wir hatten am Abend zuvor miteinander gesprochen, als ich nach Dale gesucht hatte, aber seither nicht mehr. Ich konnte es kaum erwarten, ihm zu erzählen, wie wunderbar Gott mitten in diesem Verlust für uns sorgte. Ich erwartete, seinen Anrufbeantworter zu hören, doch er nahm persönlich ab, denn er hatte an diesem Tag frei. Ich berichtete ihm, was in den vergangenen elf Stunden passiert war, von dem schockierenden Verlust bis zur Gnade Gottes.

Seine Stimme klang erstaunt: »Marie, Gott hat dein Gebet auf der Stelle erhört, um dir zu zeigen, dass er da ist und dich durch diese schwierige Zeit hindurchträgt.« Er fragte, ob ich mit Carson zu ihm kommen wollte, damit wir den Nachmittag gemeinsam verbrachten. Dankbar nahm ich die Einladung an, damit ich nicht alleine sein musste. Meine Mutter hatte schon angeboten, an diesem Nachmittag Bryce zu sich zu nehmen. Ein paar Stunden später war ich bei ihm, und wir verbrachten den Nachmittag zusammen mit seiner Tochter Nicole und ihrer Freundin und lachten viel miteinander. Unerwartete Freude verscheuchte die Schwere in meinem Herzen, als mir bewusst wurde, dass Gott mir seine guten Gaben nicht nur in Form von Plüschhunden und Schokoladekeksen schenkte, sondern mich auch mit einem lieben Mann und zwei unbeschwerten Teenagern beglückte.

Als ich mir überlegte, wie ich diese traurige Nachricht den Kindern beibringen sollte, erwartete ich, dass Gott ihren Abend so rettete, wie er meinen Nachmittag gerettet hatte. Wir erledigten die Hausaufgaben direkt nach der Schule und aßen etwas früher als sonst zu Abend. Die Kinder fragten immer noch nicht nach Dale, was mich verwunderte. Ich bat sie, sich zu mir ins Wohnzimmer zu setzen.

»Heute habe ich für euch eine schlechte Nachricht und eine gute Nachricht«, begann ich.

Abigail und Bryce erstarrten. Sie schauten mir in die Augen. Ich war sicher, dass sie an den Moment dachten, als ich ihnen gesagt hatte, dass ihr Vater tot sei.

»Gestern Abend, als ihr geschlafen habt, ist Dale wohl auf die Straße gerannt. Er ist von einem Auto angefahren und sehr schwer verletzt worden.«

»Nein!«, schrie Bryce.

»Nicht Dale!«, rief Abigail. »Wo ist er?«

Mein Herz tat mir weh, und ich konnte die Tränen nicht zurückhalten. Ich berichtete ihnen über die Fahrt zum Tierarzt und die schwierige Entscheidung, Dale gehen zu lassen.

Abigail, Bryce und Carson brachen in Tränen aus. Ich weinte mit ihnen, wir hielten einander eng umschlungen und wiegten uns gegenseitig.

Während wir weinten, überkam mich ein unerwartetes Gefühl: Ich empfand Erleichterung. Ich war erleichtert, dass sie ungeniert weinten. Das war eine normale, gesunde Reaktion auf den Verlust eines Haustiers. Doch es war noch mehr. Alle vier weinten wir hemmungslos miteinander, und das hatte eine reinigende Wirkung.

Nach einiger Zeit, als ihr Schluchzen etwas nachließ, ergriff ich wieder das Wort. »Aber jetzt muss ich euch die gute Nachricht sagen, und ihr werdet so erstaunt sein wie ich! Noch bevor das mit Dale geschehen ist, hat Gott gewusst, dass es passiert, und er hat sich einen Plan ausgedacht, damit wir nicht so traurig sind. Wartet mal. Ich muss euch etwas zeigen.«

Ich befreite mich aus ihren Umarmungen, ging in mein Zimmer und kam mit dem Korb zurück. Ich setzte mich wieder auf die Couch, und meine drei Kinder drängten sich an mich. Langsam hob ich den Deckel und nahm die drei Plüschhunde heraus, die sofort umarmt und gedrückt wurden. Gottes Trost, in braunes und weißes Fell gekleidet, umschloss unsere Herzen.

»Gott hatte schon einen besonderen Plan vorbereitet«, erklärte ich. »Vor einer Woche hat er einer Dame, die wir nicht einmal kennen, gesagt, sie soll drei Hunde kaufen und sie mit Schokoladekeksen in einen Korb legen. Dann hat er ihr gesagt, dass sie den Korb in Christines Kirche abgeben und Christine bitten soll, uns den Korb zu bringen. Christine hat bis heute Morgen den Korb bei sich zu Hause behalten, und obwohl sie keine Ahnung hatte, was mit Dale passiert war, hat Gott es so eingerichtet, dass sie den Korb heute zu uns gebracht hat. Und wisst ihr was? Als ihr im Schulbus wart, habe ich geweint und gebetet, dass Gott uns hilft, weil wir alle so traurig sein werden, und genau in diesem Augenblick hat Christine an die Tür geklopft und hat mir diesen Korb gegeben! Gott hat diese besondere Überraschung geplant, damit wir nicht vergessen, dass er bei uns ist. Es ist ihm nicht egal, wenn wir traurig sind, und er liebt uns, auch in unseren schmerzlichsten Zeiten.«

Das Herz ging mir auf, und ich bekam einen Kloß im Hals, als ich beobachtete, wie jedes Kind sein Gesicht in das braun-weiße Fell drückte und fest seinen neuen Hund umarmte. Ich dankte meinem Vater im Himmel, dass er mir die Gelegenheit gegeben hatte, ihnen seine zärtliche Fürsorge für sie nahezubringen. Obwohl wir alle wegen Dale traurig waren, ließ die Freundlichkeit anderer Menschen Gottes helles Licht in unser Leben scheinen, genau jetzt, hier auf der Couch.

An jenem Abend aßen wir die Kekse als Betthupferl und kuschelten uns auf der Couch aneinander. Trauer vermischte sich mit

Liebe und Dankbarkeit inmitten von Schmerz. Als ich beobachtete, wie meine Kinder mit feuchten Augen diese Kekse vertilgten, sann ich darüber nach, wie wichtig der richtige Blickwinkel ist: Kopf hoch und die Augen nach vorne gerichtet, auch wenn sie mit Tränen gefüllt sind. Ich hielt Rückblick auf die Trauer, die wir gemeinsam durchlebt hatten. Es war wirklich atemberaubend, zu sehen, wie Gott es uns ermöglicht hatte, Leben und Verlust miteinander im Gleichgewicht zu halten, indem wir echte Gefühle ausdrückten und gleichzeitig Gottes zärtliches Handeln feiern konnten.

Unser Hund, Charlies Hund, war gegangen. Ohne Dales spielerisches Wesen war Charlies Abwesenheit noch deutlicher zu spüren. Die Stille wurde lauter. Nach unserem Riesenverlust vor vier Monaten ließ dieser neue Verlust den Schmerz bei mir und den Kindern neu aufleben. Doch wir kannten nicht nur Leid, sondern auch große Freude. Ich hatte den Eindruck, als würde das Empfinden von Leid uns befähigen, auch Freude intensiver zu erleben, und umgekehrt. Ich fühlte den Schmerz über Dales Verlust zutiefst, aber die Zärtlichkeit von Gottes Mitgefühl genauso stark.

~

In den folgenden Tagen streckte ich mich nach dem aus, was Gott mir unaufhörlich schenkte: nach der Liebe von Jesus in Form von Dan. Weitere Unternehmungen als Familie brachten uns sieben näher zueinander. Dan und ich staunten, wie reibungslos alle Beziehungen wuchsen. Doch wir brauchten Zeit für uns beide allein, um das Fundament für eine Einheit zu schaffen, für das Band, das uns schließlich einmal als Mann und Frau vereinen würde.

An einem Freitagabend, nicht lange nach dem Verlust von Dale, luden meine Freundin Deanna und ihr Mann Sean die Kinder zu sich ein, damit Dan und ich einen Abend alleine verbringen konnten. Zu meiner Überraschung sagte er, dass er kochen wolle, und versprach, dass es nichts aus einer Schachtel oder Dose sein würde. Ich gestehe, dass ich früher schon einmal heimlich den Inhalt seines Küchenschrankes inspiziert hatte und deshalb vorsichtig optimistisch, jedoch unsicher war, ob er unter dem Begriff »ohne Fertigprodukte« das Gleiche verstand wie ich.

Ich war nervös wie ein Teenager, als ich mich für den Abend anzog, durchsuchte meinen Schrank nach genau dem richtigen Look: salopp, aber originell, nicht zu einfach, aber auch nicht zu fein. Da Dan kochte, hatten wir abgemacht, dass ich allein zu seiner Wohnung fuhr. Ich kam gegen sechs Uhr abends an und stand vor der Tür, bereit, zu klingeln. Ich lachte mich fast selbst aus, weil ich Schmetterlinge im Bauch hatte. Schließlich drückte ich auf den Knopf.

Dan öffnete die Tür, seine Augen strahlten glücklich, und er ließ mich eintreten. Überall flackerten Kerzen: auf dem Esstisch, auf der Arbeitsplatte der Küche, auf den Couchtischen im Wohnzimmer. Im Hintergrund spielte Jazzmusik. Er begrüßte mich mit einer herzlichen Umarmung, und schon bald, als Dan das Essen auftrug, plauderten wir wie immer: über unsere Woche, über die Kinder, die Freundlichkeit unserer Freunde, uns einen Abend zu zweit zu ermöglichen.

Dans Kreation, *Shepherd's Pie*, war besser, als ich erwartet hatte! Beim Essen erwähnte er, dass die Musik, die wir hörten, eine Zusammenstellung seiner Lieblingsstücke war, die er extra für unser Essen erstellt hatte. Musik, Kerzen, Abendessen … Wird er mich heute Abend küssen?

Für mich hat ein Kuss eine ernsthafte Bedeutung in einer Beziehung. Ein Kuss ist nicht einfach eine belanglose Zärtlichkeit, die freizügig verteilt wird, sondern etwas, das für den einen reserviert ist, mit dem ich Hoffnungen und Träume teile, für den Mann, den Gott für mich auserwählt hat. Ich hatte schon auf unseren ersten Kuss gewartet und hoffte fest, dass Gott ihn gebrauchte, um zu meinem Innersten zu sprechen. Ich glaubte, dass unser Kuss mir entweder bestätigen würde, dass Dan der Richtige war oder mich warnen würde, falls ich mich geirrt hätte und Dan nicht der Mann wäre, den Gott für mich bestimmt hatte. Nennen Sie mich eine hoffnungslose Romantikerin, die an Märchenküsse glaubt – Sie haben recht!

Nach dem Essen legte Dan eine andere CD ein. »Diese CD habe ich auch zusammengestellt, Marie.« Er trat zu mir an den Esstisch, streckte die Hand aus und schockierte mich mit seiner nächsten Frage. »Darf ich bitten?«, fragte er zärtlich.

Ich schluckte und war plötzlich völlig durcheinander. »Ich kann nicht tanzen!«, protestierte ich und schauderte zurück, denn ich sah mich wieder als schüchternes und unbeholfenes Mädchen.

Dan verzog keine Miene. »Marie, *jeder* kann tanzen«, versuchte er, mich sanft zu überreden.

»Nein, nicht jeder! Dan, du begreifst nicht. Ich kann wirklich nicht tanzen. Ich habe noch nie getanzt.«

Er schaute mich kurz überrascht an, dann meinte er leise: »Du musst nur meiner Führung folgen. Ich verspreche dir, dass es einfach ist. Wir machen nur die Grundschritte. Ich führe, und du folgst.«

Es war eine Einladung, die ich nicht ablehnen konnte. Außerdem konnte ich sehen, dass er sich mit einem Nein nicht zufriedengeben würde. Er nahm meine Hand und zog mich zu sich heran. Wir standen einander gegenüber, er legte meine Hände auf seine Schultern und seine Hände auf meine Hüfte. Sie fühlten sich warm und stark an. Die romantische Musik setzte meine Füße in Bewegung. Ich war nervös, entspannte mich aber allmählich, als er mich ohne Katastrophe sanft über den Boden seines Wohnzimmers führte. »Siehst du, du kannst es«, sagte er und lächelte. Ich fühlte mich wohl in seinen Armen, es war schön, durch das Zimmer zu schweben.

Um uns herum spielte die Musik, doch wir schwiegen. Durch meinen Kopf rasten viele Worte, doch keines kam mir über die Lippen. Dans Schweigen war ungewöhnlich, da er eigentlich immer etwas zu sagen hatte. Wir bewegten uns einfach im Einklang miteinander, unsere Wangen berührten sich leicht.

Als das dritte Lied begann, schaute ich ihm in die Augen. Sie schienen zu leuchten, warm und einladend. Das Leuchten erwärmte mich. Dan kam näher; ich bewegte mich nicht. Wir schlossen die Augen, und unsere Lippen berührten sich. Es verschlug mir den Atem. Ich weiß nicht, was ich erhofft hatte, doch dies übertraf alle meine Erwartungen. Mein Herz loderte auf wie noch nie zuvor.

In diesem Augenblick waren alle Fragen, alle Zweifel und alle innere Unruhe für mich wie weggeblasen. Ich wusste, dass Dan der eine war. Ich verspürte Friede und Bestätigung, war bereit, das Datum festzusetzen und das Kleid zu bestellen!

Als der Kuss vorbei war, rutschten mir die Worte »Ich liebe dich« über die Lippen, bevor ich auch nur einen Moment über ihre Wirkung nachdenken konnte! Über meine Unerschrockenheit war ich mehr als erstaunt. Ich spürte die Röte in mir aufsteigen. Zwar hatte ich nicht geplant, diese Worte zu sagen, aber ich stand von ganzem Herzen hinter ihnen. Ich erlebte ein spannendes Abenteuer mit Jesus! Ich wollte seine Pläne ausführen, zumindest, soweit ich sie verstand. Ich war bereit, in den Wind hinauszurennen und, ohne lange zu fackeln, in alles einzuwilligen, was er für unsere Familien auf Lager hatte.

Armer Dan. Wunderbarer Dan. Offensichtlich hatte er den Abend perfekt geplant, bis hin zu dem Kuss. Doch auf das Ergebnis war er nicht vorbereitet gewesen! Er sah verblüfft aus, es hatte ihm die Sprache verschlagen, und er schien unsicher zu sein. Ehrlich gesagt, fand ich genau das hinreißend!

»Ich liebe dich auch«, sagte er ruhig. Dann nahm er mich bei der Hand und führte mich zur Couch.

»Marie, ich freue mich an jedem Schritt in unserer Beziehung. Aber ich glaube, es ist wirklich wichtig, dass wir nichts überstürzen. Wir beide haben von Gott etwas über unsere Zukunft erfahren, aber wir kennen seinen Zeitplan noch nicht. Du brauchst Zeit, um heil zu werden, und ich muss dir diese Zeit lassen, auch wenn du glaubst, dass du sie nicht brauchst. Und wir beide wollen sicher sein, dass die Kinder bereit sind, bevor wir den nächsten Schritt tun. Das Letzte, was ich will, ist, dass wir vorschnell handeln. Verstehst du das?« Dan schaute mir zärtlich in die Augen. Ich verstand ihn und wusste, dass ich mich darauf verlassen konnte, dass er nach Gottes perfektem Zeitplan suchte.

Danach hatten wir ein tief gehendes Gespräch. Dan sah unsere Beziehung als Prozess, der sich entwickelte. Er freute sich an jeder Entdeckung auf dem malerischen Weg zu unserem Ziel. Ich war davon überzeugt, dass Gott zu uns beiden sprach und dass wir nach seinem Willen handelten und in die Richtung gingen, in die er uns führte, und aufgrund dieser Überzeugung war ich bereit, sofort zum Traualtar zu eilen. Die Melodie, die in mir erklang und vermutlich einem schnelleren Rhythmus folgte, brauchte den gleichmäßigen Taktschlag von Dans bedächtigem Marsch. Keine der beiden Vorgehensweisen hatte Vorrang oder war bedeutender als die andere. Wir entdeckten einander so, wie wir wirklich waren. Wir mussten noch so viel übereinander lernen: Vorstellungen, die im Vertrauen verstanden und ausgetauscht, und Vorlieben, die erkundet werden mussten.

So, wie ich versuchte, den Mann kennenzulernen, den Gott in meine Welt gestellt hatte, machte es Dan Freude, mich zu entdecken. Es war, als wären wir mit einem großen Suchspiel beschäftigt. Mir gefielen sogar die Gespräche über unsere Meinungsverschiedenheiten. Keiner von uns bestand darauf, »recht zu haben«. Wir versuchten nur, verstanden zu werden. Jede Offenbarung führte zu einem weiteren Verständnis. Ein neues Abenteuer entfaltete sich vor unseren Augen.

Am Ende unseres Abends schwebte ich fast zu meinem Auto. Wir waren offen miteinander gewesen, hatten nichts verborgen, einander nichts vorgespiegelt oder -gespielt. Ich war sicher, dass Gott wollte, dass wir heirateten, aber ich vertraute darauf, dass er Dan den richtigen Zeitpunkt offenbaren würde. Erstaunlicherweise war ich damit völlig zufrieden. Ich spürte, dass wir in der

Sicherheit von Gottes Armen geborgen waren und dass wir das genießen und wertschätzen konnten.

Mein Gott hatte genau im richtigen Augenblick einen Korb mit weichen Plüschhunden bei mir abliefern lassen. Wenn er dem Kummer einer Familie über den Verlust eines Hundes so viel Aufmerksamkeit schenkte, wie viel mehr würde er dann auf den perfekten Zeitplan für Liebeserklärungen und Heiratsanträge achten?

~

Gottes perfekter Zeitplan wurde ein neues Thema für das tiefe Vertrauen, das Gott in meinem Herzen wachsen ließ. Ich hatte keine Ahnung, dass er mir in nur wenigen Wochen eine andere Lektion erteilen würde, um mein Vertrauen auf seinen Zeitplan zu festigen.

Dan und ich unternahmen weiterhin alles Mögliche mit unseren Kindern, verfolgten dabei zielgerichtet Pläne und suchten nach Aktivitäten, die Gemeinsamkeiten unterstützten, neue Bande knüpften und Vertrauen aufbauten. Gerne war ich mit DJ und Nicole zusammen. Gott pflegte jedes Samenkorn, das in ihrem und in meinem Herzen ausgestreut wurde. Dan investierte Zeit und Kraft in Abigail, Bryce und Carson, und sie saugten alles wie ein Schwamm auf, durstig nach der Liebe eines Mannes, der sie ernst nahm und ihnen positive Aufmerksamkeit und glückliche Momente schenkte.

Eines Tages, wenige Wochen nach dem Verlust von Dale, lag ein Päckchen in unserer Postkiste. Ich hatte die Kiste abgeholt, als die Kinder in der Schule waren, und ließ sie auf dem Küchentisch stehen. Als Abigail aus der Schule zurück war und das Päckchen sah, fragte sie, ob sie es öffnen dürfe. Ich zögerte etwas, da ich nicht wusste, was der Inhalt war. Doch ich vertraute darauf, dass Gott uns vor Schaden behütete, und erlaubte es ihr. Als sie die Klappen der Schachtel hob, strahlte sie übers ganze Gesicht. Sekunden später hielt sie ein purpurfarbenes Glücksbärchen in den Armen, das für sie geschickt worden war. Mir blieb der Mund offen stehen, als mir blitzartig eine Erinnerung in den Sinn kam. Im vergangenen Sommer, lange vor Charlies Tod, hatte Abigail mich um haargenau den gleichen purpurfarbenen Bären gebeten, als wir durch das Einkaufszentrum geschlendert waren. Ich hatte erwidert: »Ich gebe keine zwanzig Dollar für etwas aus, das dann als Staubfänger auf deinem Bett herumliegt.« Sie war ungewöhnlich enttäuscht gewesen, und ich hatte mich danach gefragt, ob ich allzu streng war, sah aber keinen Grund, meine Entscheidung zu ändern. Was geschehen ist, ist geschehen. Außer ihr, mir und Gott wusste niemand, dass sie sich diesen purpurfarbenen Bären wünschte.

Jetzt, Monate später, zeigte Gott Abigail und mir, dass er an jenem Tag in dem Geschäft dabei gewesen war und sich daran erinnerte. Ich war eine unvollkommene Mutter, die nach bestem Willen versuchte, zu erkennen, wann sie etwas geben sollte und wann nicht. Doch Gott, der vollkommene Vater, weiß genau, wann es Zeit ist, uns mit Zeichen seiner Liebe zu überschütten. Gott hatte einen fremden Menschen veranlasst, Abigail ihr purpurfarbenes Glücksbärchen zu schicken!

»Mama, schau!« Abigails Stimme überschlug sich vor Freude. »Wie ist das hierhergekommen? Wie haben sie gewusst, dass ich mir diesen Bären wünsche?«

Ich verlor völlig die Fassung. »Das hat Gott getan«, flüsterte ich mit tränenerstickter Stimme. »Wie er das mit den Plüschhunden gemacht hat. Er hat gewusst, was du auf dem Herzen hast, und er hat gewollt, dass du weißt, dass er sich um dich kümmert.« Zärtlichkeit umgab meine Tochter und mich in diesem Augenblick, als wir beide Zeuge wurden, wie Gott sich uns wieder einmal zuwandte und Menschen anrührte.

Gott, der alles weiß, was in uns vorgeht, ist so groß, dass er das kleinste Geschenk benutzte, um in unserem Herzen etwas Außerordentliches zu bewirken.

Die Frage

An einem Sonntagabend Ende Januar 2007, als wir von einem Treffen mit Dan und seinen Kindern nach Hause fuhren, meldete sich Bryce vom Rücksitz aus mit einer Frage, mit der er mich etwas überrumpelte: »Mama, kannst du Dan fragen, ob er dich heiratet?«

Ich lachte. »Nein, Bryce. Mädchen fragen Jungen so etwas nicht.«

Er hatte eine Antwort für alles. »Dann sag ihm doch einfach, er soll dich fragen, ob du ihn heiraten willst.«

Ich fand seine einfältige Weltanschauung süß, war aber dankbar, dass Dan und seine Kinder nicht in unserem Auto saßen, denn sonst wäre ich puterrot geworden. Aber das Gespräch zwischen Bryce und mir verstärkte meinen Verdacht: Auch er mochte Dan. Abigail, die viel zurückhaltender ist als Bryce, nickte lächelnd, als sie zuhörte.

Ich genoss den Moment. Eine Ehe, ein Mann, ein Vater für meine Kinder – es kam schneller, als ich gedacht hätte. Was die Kinder ausdrückten, erinnerte mich an meine Gebete: *Sie müssen ihn so lieben wie ich*, hatte ich gebetet. *Mach ihr Herz wieder offen für Liebe und Vertrauen.*

Als Mutter wollte ich jederzeit die richtige Entscheidung treffen. Ich war bei Weitem nicht vollkommen, das wusste ich.

Trotzdem hatten meine Entscheidungen, ob weise oder töricht, erhebliche Auswirkungen auf das Leben meiner Kinder. Dieser Verantwortung war ich mir ständig bewusst. Ich gestaltete unsere Gegenwart und bereitete den Weg für ihre Zukunft. Ich wollte, dass sie Vertrauen auf alles hatten, was Gott plante. Und doch gab es ein Hindernis: Sie waren verletzt worden. Das Vertrauen und die Liebe, die sie von ihrem Vater freizügig erhalten hatten, waren plötzlich zerbrochen worden. Doch ich glaubte, dass Gott wieder Hoffnung in ihr Herz zurückbrachte, genau wie in meines. Dieses Gespräch im Auto war ein kleiner beruhigender Hinweis darauf, dass zu ihrer Zukunftshoffnung auch Dan, Nicole und DJ gehörten.

Unsere Kinder freuten sich über die enger gewordene Verbindung zwischen unseren Familien. Doch andere Menschen in unserem Leben waren weit weniger begeistert. Aus Respekt vor meiner ganzen Familie, meiner Verwandtschaft und der von Charlie hatte ich Wert darauf gelegt, sie zu informieren, dass Dan und ich eine feste Beziehung begonnen hatten. Ich verstand die Warnungen, die geäußert wurden. Als Außenstehende hätte ich auch zur Vorsicht gemahnt. Es war mir klar, dass manche den Eindruck gewannen, ich raste mit Lichtgeschwindigkeit durch Ereignisse, die man in Zeitlupe angehen sollte.

Sie hatten aber nicht wie Dan und ich Gottes mächtige Gegenwart und Führung erlebt, die bei uns beiden gleichzeitig geschehen war, obwohl keiner von uns wusste, wie Gott am anderen wirkte. Und obwohl es stimmte, dass Charlie erst vor vier Monaten von uns gegangen war, hatte ich den Eindruck, dass ich in diesen Monaten doppelt so viel Schmerz und Trauer durchgemacht hatte wie die meisten Menschen in ihrem ganzen Leben, dass aber in dieser Zeit auch mein Glaube doppelt so tief geworden war wie vorher. Ständig legte ich Jesus alles zu Füßen, denn ich wusste, dass nur er mich von dem Schmerz, »mich selbst beweisen zu müssen«, befreien konnte.

Das Wort Gottes war mein Ratgeber. In Hosea 2,16-17 steht:

> *»Doch jetzt will ich ihr freundlich zureden. Ich will sie in die Wüste führen und dort zu ihrem Herzen sprechen. Von dort aus werde ich ihr ihre Weinberge zurückgeben und das Tal von Achor [Kummertal] zum Tor der Hoffnung machen.«*

Seit Charlies Tod hatte Gott mir beigebracht, mich an der Wüste fast genauso zu freuen wie an einem Berggipfel. Beide waren Teil von Gottes Liebesgeschichte in unserem Leben. Ich war sicher, dass Gott mir in Dan meine »Weinberge« zurückgab. Es hätte mich nicht erstaunen sollen, als ich sah, wie ich eine neue, dringend erforderliche innere Kraft bekam. Ich hatte immer allen alles recht machen wollen. Doch jetzt hatte es für mich Vorrang, es einfach Jesus recht zu machen.

Auf diesem Standpunkt und ohne mich in die Defensive drängen zu lassen, nahm ich die Fragen der Menschen entgegen, mit denen ich seit Jahren ein tiefes Vertrauensverhältnis hatte. Diese Menschen kamen nicht zu mir, um mir vorzuhalten, dass ich einen Fehler beginge; sie beurteilten nur vorsichtig meine Gedankengänge. Ich erkannte ihren Wunsch, mich zu schützen und zu beschirmen. Deshalb erzählte ich ihnen, was Gott in mir, in Dan und in den Kindern gewirkt hatte, und bat sie um ihre Gebete. Ich befürwortete jede Bitte um Gottes Weisheit für uns alle.

Nie vergesse ich die unbändige Freude meiner Mutter, als ich an einem Nachmittag an ihrem Küchentisch saß.

»Marie, du weißt doch, dass ich einen Bibelleseplan durcharbeite. Neulich habe ich in 1. Mose 30 die Geschichte von Rahel gelesen. Sie konnte keine Kinder bekommen, und wie es damals üblich war, hat sie ihren Mann Jakob gebeten, mit ihrer Sklavin Bilha zu schlafen. Bilha hat für Jakob und Rahel einen Sohn geboren. Rat mal, wie sie ihren Sohn genannt hat und warum. Das steht in Vers 6.«

Ich hatte keine Ahnung, worauf meine Mutter mit dieser Geschichte hinauswollte, aber sie war so aus dem Häuschen, dass ich gespannt war, was sie sagen würde.

Sie las: »›Rahel sagte: Gott hat mir zu meinem Recht verholfen! Er hat mich erhört und mir einen Sohn geschenkt. Deshalb nannte sie ihn Dan.‹ Marie, Gott will mir damit sagen, dass er Dan bestimmt hat, um für dich den Verlust von Charlie wiedergutzumachen. Der Dan in der Bibel hat Rahel die Schande weggenommen, die sie empfunden hat, und er hat wieder Freude in ihr Leben gebracht. Dans Liebe wird deine Schande wegnehmen, er wird dir wieder Recht verschaffen und erneut Freude in dein Leben bringen.«

Aus den Worten meiner Mutter, meiner praktischen, fürsorglichen, gottesfürchtigen Mutter, hörte ich die Bestätigung Gottes heraus, dass Dan und ich tatsächlich Gottes Stimme folgten. Ich würde weitermachen und unverwandt an der Freude und dem Frieden festhalten, die jeden Schritt begleiteten.

~

Der Januar verging, und es wurde Februar. Für mich vergingen die Stunden, Tage und Wochen zu langsam. Ich wollte alles beschleunigen. Ich war verliebt! Dan und ich waren uns bewusst geworden, dass wir tatsächlich vorhatten, noch in diesem Jahr zu heiraten. Deshalb mussten wir ein neues Haus finden, wo wir mit unseren Kindern neue Erinnerungen schaffen konnten. Wir begannen die Suche, sagten aber den Kindern noch nichts, denn wir wollten erst unsere Verlobung bekannt geben. Und bisher gab es noch keine offizielle Verlobung. Dan hatte eigentlich noch keinen Heiratsantrag gemacht.

Der Valentinstag rückte näher, und ich fragte mich unwillkürlich, ob ich an diesem Tag einen Ring an den Finger gesteckt bekäme. In der Zwischenzeit fanden Dan und ich Zeit für die Suche nach einem Haus. Nachdem wir zahlreiche Häuser besichtigt hatten, gefiel uns das erste am besten. Die Immobilienmaklerin rief am Freitag, dem Wochenende vor dem Valentinstag, unseren Immobilienberater an und teilte ihm mit, dass sie ein weiteres Angebot für dieses Haus erwarte. Falls wir ein Angebot machen wollten, sei dies der richtige Zeitpunkt.

Wir waren wie vor den Kopf gestoßen, denn wir hatten eine andere Zeitplanung vorgesehen. Ich hatte gewollt, dass meine Kinder bis zu den Sommerferien in ihrer jetzigen Schule bleiben konnten und dann in der nächsten Klasse in einer neuen Schule anfingen. Wollte Gott sicherstellen, dass sie sich eingelebt hatten, bevor sie die Schule wechselten? Wir baten Gott um Weisheit.

Dann beschlossen wir, ein Angebot abzugeben. Unser Immobilienberater rief am nächsten Tag an. Unser Angebot war angenommen worden!

Ein nagelneues Zuhause wartete auf unsere Familie, jede Einzelheit war von dem einen, der unsere tiefsten Bedürfnisse kannte, für uns maßgefertigt. Es war kaum fassbar.

Wir beschlossen, es unseren Kindern und unserer Familie noch nicht mitzuteilen, denn wir wollten alles in der richtigen Reihenfolge machen: zuerst die Eheschließung, dann das gemeinsame Haus.

Mir dämmerte, dass ich als liebevolle Mutter das Zuhause kannte, das ich für meine Kinder vorbereitete: ein neuer Papa, eine neue Schule, ein neues Haus, ein neues Leben. Aber *sie* wussten es noch nicht, weil für sie der richtige Zeitpunkt dafür noch nicht gekommen war. Dan und ich würden es zum richtigen Zeitpunkt bekannt geben. Wie viel besser plante unser Vater im Himmel unsere Zukunft, eine Zukunft voll guter Gaben, in der jedes Bedürfnis befriedigt und jeder Zweck erfüllt würde? Und doch wissen wir diese Dinge erst, wenn Gott beschließt, sie zur rechten Zeit zu offenbaren. Meine Kinder brauchten sich keine Sorgen um die entscheidenden Fragen der Unterkunft und der Schule zu machen.

Sie konnten sich darauf verlassen, dass ich als ihre Mutter für ihre Bedürfnisse sorgte.

An jenem Tag wurde Gott in meinem begrenzten Verstand noch größer. Mein Vertrauen auf ihn ebenfalls.

~

Dan war ein aufmerksamer Romantiker, der mich ständig mit Zeichen seiner Liebe überraschte: handgefertigte Geschenkgutscheine für das Waschen meines Autos oder das Massieren meiner Schultern, ein unerwarteter Blumenstrauß, Karten unter einem Sofakissen. Einmal ließ er den ganzen Tag lang jede Stunde eine E-Mail-Karte schicken. Deshalb hatte ich hohe Erwartungen für den kommenden Feiertag. Zu meinem Entsetzen wurde für den Valentinstag Schnee vorhergesagt. Deshalb würde Dan eventuell nicht zu mir kommen können, da ich im ländlichen Georgetown wohnte und er am Rand von Strasburg, etwa sechzehn Kilometer von mir entfernt. Es bedeutete auch Schneeschippen, eine Aufgabe, die mir als Kind zugefallen war, wenn mein Vater gearbeitet hatte, und als Erwachsene, wenn Charlie gearbeitet hatte. Die Aussicht auf Schnee passte mir gar nicht.

Mein Hirn lief ständig auf Hochtouren, dachte, plante, traf Vorkehrungen. *Wann macht er mir einen Heiratsantrag?* In der Familie war ich dafür bekannt, dass ich geheime Pläne vorzeitig zunichtemachte, weil ich zu viel nachdachte. Ich wollte, dass Dan mich überraschte, aber dazu musste ich aufhören, ständig zu sinnieren und jede Bewegung zu analysieren, doch das schien unmöglich.

Dan und ich hatten uns zu einem Eheseminar für das Wochenende nach dem Valentinstag angemeldet. Auf dem Programm standen unter anderem Veranstaltungen für verlobte und wiederverheiratete Paare. Wir hatten uns eingeschrieben, weil wir unbedingt alles tun wollten, um ein festes Fundament für unsere Ehe zu gründen. Ohne Ring am Finger wollte ich nicht teilnehmen.

Das wusste Dan, und deshalb war ich sicher, dass die entscheidende Frage noch vor dem Seminar kommen würde. Vielleicht am Valentinstag?

Wie vorhergesagt, schneite es am 14. Februar. *Das ruiniert alles,* schmollte ich. *Vermutlich sehe ich Dan den ganzen Tag nicht. Stattdessen muss ich Schnee schippen und mit den Kindern draußen spielen, was zumindest ein Lichtblick ist.*

Wie jede Mutter kleiner Kinder in einer schneereichen Gegend bestätigen kann, ist es zeitaufwendig, drei Kinder für einen Nachmittag im Schnee anzuziehen. Aber die Mühe lohnte sich. Ich genoss ihre rosigen Wangen, ihr Lachen, ihre Schneebälle, Schnee-Engel und das Rodeln. Ich hatte ein besonderes Essen mit einigen ihrer Lieblingsgerichte zur Feier des Tages der Liebe, der Liebe zu meinen drei Kindern, geplant. Ich konnte das Wetter nicht ändern und musste folglich den Tag ohne Dan verbringen. Aber ich wollte mir deswegen nicht die Freude an all dem Schönen, das vor mir lag, verderben lassen.

Doch alles wurde gut: Dan überraschte uns und fuhr mit einer Ladung Schaufeln und Streusalz vor. Im Handumdrehen hatte er die Fußwege und die Einfahrt freigeräumt. Ich war dankbar für seine Hilfe, aber enttäuscht, dass er nicht zum Abendessen bleiben konnte. Er musste vor Einbruch der Dunkelheit und vor dem erwarteten Sturm zu Hause sein, sonst wäre das Fahren zu gefährlich gewesen. Bevor er ging, gab er den Kindern Süßigkeiten und mir eine Tüte mit Pralinen der Marke Hershey's Kisses. »Denk an mich, wenn du sie heute Abend isst«, sagte er und grinste. Es war eine süße Aufmerksamkeit, und die Zweideutigkeit war Absicht. Aber es war nicht ganz das, was ich mir für den Valentinstag erhofft hatte. Ich erinnerte mich daran, dass es besser ist, mich an jedem Augenblick zu freuen und meine Erwartungen loszulassen.

Herr, du hast mich gnädig durch den Sturm des Blutbads und die Wüste danach geführt. Du hast mich aufgefordert, zu vertrauen, dein Handeln zu erwarten, Freude an jedem Augenblick zu empfinden, zuversichtlich zu sein, dass du ständig die Zukunft im Blick hast, wenn du an uns wirkst. Ja, ich verstehe, wie albern meine derzeitige Ungeduld ist, wenn ich daran denke, was du alles für mich getan hast. Hilf mir, dass ich dir auch hinsichtlich Dans Zeitplan vertraue. So betete ich und meinte es ernst.

Die praktische Umsetzung war jedoch etwas anderes. Oh, was Liebe mit uns machen kann!

~

Der Rest der Woche wurde von der Alltagsroutine aufgezehrt. Das Leben war schön – außer man erwartete eine revolutionäre Änderung in Form einer kleinen Frage.

Es wurde Freitag. Stunde um Stunde rückte das Seminar näher, und ich hatte immer noch keinen Ring. Ich war frustriert, aber entschlossen, die Frustration hinter mir zu lassen und von dem Seminar so viel wie möglich mitzunehmen.

Während unserer einstündigen Fahrt zu dem Ort der Veranstaltung herrschte völliges Schweigen. Ich wusste, dass ich etwas tun musste, um die spannungsgeladene Atmosphäre zu entschärfen und meine Enttäuschung in Schranken zu halten. Als wir auf den Parkplatz fuhren, sagte ich: »Bevor nicht alles okay ist, steige ich nicht aus dem Auto aus. Ich gehe zu keinem Eheseminar, solange ein Problem zwischen uns besteht.«

Dan antwortete: »Es ist nicht alles nach Plan gegangen. Ich kann nichts dafür. Es tut mir leid, dass ich dich enttäuscht habe.«

Seiner Aussage und dem Ton seiner Stimme entnahm ich, dass er etwas vorhatte, und ich bekam Schuldgefühle, weil ich ihn mit meiner Enttäuschung belastet hatte. Ich entschuldigte mich. Was Geduld betraf, musste ich wohl weiter an mir arbeiten.

Der Samstagabend war auf dem Seminarprogramm als »Rendezvous-Abend« vorgesehen. Das überraschte mich nicht, denn es stand schon in den allgemeinen Informationen, die wir Wochen zuvor bei der Anmeldung erhalten hatten. Die Männer wurden eindringlich aufgefordert, einen romantischen Abend mit ihrer Frau oder Verlobten zu planen. Die Seminarleiter erklärten, dass dieser Abend von liebevoller Aufrichtigkeit geprägt sein sollte. Wie ich Dan kannte, erwartete ich etwas absolut Perfektes.

Am Samstag endete das Seminarprogramm am Nachmittag gegen 17 Uhr.

»Wir fahren Richtung Lancaster«, erklärte Dan. Ich versuchte, den besonderen Ort, den er für uns ausgewählt hatte, aus ihm herauszulocken.

Und er sagte es mir. Aus der riesigen Zahl erlesener Restaurants hatte er eine Sportgaststätte in einem Einkaufszentrum ausgesucht.

Das kann nicht sein Ernst sein, dachte ich und malte mir eine fantastische Überraschung aus.

Es war tatsächlich eine Überraschung für mich. Er fuhr auf den Parkplatz der Sportgaststätte. Es war sein Ernst. Erstens bin ich nicht sportbegeistert, und zweitens hatte ich keine Lust auf ein Essen in einer lauten Umgebung, mit Fernsehern in jeder Ecke, aus denen Berichte über Hockey und andere Sportarten plärrten. Als Dan seinen Namen auf die Warteliste schrieb – man konnte nämlich nicht reservieren –, versuchte ich, das Ganze etwas wohlwollender zu betrachten, da ich wusste, dass er generell schon romantisch war. Doch als die Minuten vergingen, wurde meine Fähigkeit, gnädig zu sein, ziemlich strapaziert.

Er schlug vor, dass jeder von uns alleine ein bisschen einkaufen ginge, bis ein Tisch für uns frei würde. Er machte eine Besorgung, brachte die Tüte zum Auto und ließ mich solange alleine im Einkaufszentrum zurück. Ich hatte meiner Freundin Deanna erzählt, dass ich erwartete, dass Dan mir heute Abend einen Heiratsantrag machte, und jetzt rief ich sie von meinem Handy aus an und informierte sie über den enttäuschenden Ablauf des Abends. Sie hörte mir zu und zeigte Mitgefühl, redete mir aber gut zu, ich solle Dan guten Willen unterstellen. Das hätte ich schon den ganzen Abend lang gemacht, erklärte ich ziemlich gereizt.

Als wir endlich an unserem Tisch saßen, brachte Dan das Essen hastig hinter sich. Er fragte mich nicht einmal, ob ich eine Vorspeise oder einen Nachtisch wollte! Hatte er denn nicht kapiert, dass bei dem Seminar für heute ein besonderes Rendezvous vorgesehen war? Innerlich kochte ich. *Ein Nachtisch wäre mir lieber als das ganze Essen gewesen! Was ist sein Problem?* Eilig zahlte er die Rechnung. Als wir zum Auto kamen, wollte er mir die Tür öffnen, doch ich war schneller und kam ihm zuvor. Wenn er es so eilig hatte, würde ich ihm helfen, diesen Abend schnell zum Abschluss zu bringen.

»Möchtest du an unserem neuen Haus vorbeifahren?«, fragte Dan. Seit wir das Angebot gemacht hatten, waren wir nicht mehr dort gewesen.

»Nein«, antwortete ich. »Es liegt über fünfzehn Zentimeter Schnee, es ist alles dunkel, und wir haben die Schlüssel noch nicht.« Ich war für ein romantisches Rendezvous angezogen, nicht für ein Abenteuer im Freien!

Doch Dan gab nicht nach. Er fuhr an den Randstein, stieg aus und stapfte zum Haus. Dabei machte er frische Spuren in einer fünfzehn Zentimeter hohen, unberührten, pulverigen Pracht. Ich wartete, fragte mich, ob er noch ernst zu nehmen sei. Seine Füße steckten in schweren Männerschuhen und Socken; ich trug Ballerinas. Er drehte sich um und gab mir Zeichen, zu ihm zu kommen. Ich wartete noch ein bisschen, dann öffnete ich die Beifahrertür und versuchte, meine Füße in die Spuren, die er getreten hatte, zu setzen.

Ein paar Minuten standen wir schweigend da. Der Schnee strahlte das Licht zurück, ein zauberhaftes Funkeln vertrieb das Dunkel meiner Frustration. Dan griff nach meiner Hand. Ich fror, und er bot Wärme an. Dieser einfache Austausch brachte die restliche Kälte in mir zum Schmelzen. Gott hatte Dan geschickt, um mich zu lieben, ein unerwartetes, wundersam überreichtes Geschenk.

Plötzlich überkamen mich Schuldgefühle. In den vergangenen zwei Stunden hatte Dan versucht, einen schönen Abend zu gestalten. Er war zwar nicht so, wie ich ihn mir ausgemalt hatte, aber zumindest war er geprägt von Planung und Liebe. Ich konnte nicht sagen, dass er nicht schön und nicht beglückend war.

Als ich mich dann umdrehte und in Dans Augen schaute, fiel er auf ein Knie und zog ein samtenes Kästchen aus der Tasche. »Marie, willst du mich heiraten?«

Ich war sprachlos! Ich streckte die Arme aus, zog ihn nahe an mich heran und flüsterte: »Ja!« Er steckte mir den Ring an den Finger. Dann schüttelte er den Kopf und seufzte: »Du hast keine Ahnung, wie kompliziert das war!«

An diesem Abend, der unser Schicksal für immer bestimmte, hatte Dan Monville mich von meiner schlechtesten Seite kennengelernt. Ich bin immer noch erstaunt über seinen Mut, trotz meiner Haltung nicht lockerzulassen.

Als wir auf der Veranda standen, hielt er mich fest in den Armen und begann, zu beten. Er übergab unser Leben, unsere Familie und unsere Ehe dem Schöpfer aller Dinge. Seine Worte strömten über mich. Ich war zu Hause.

~

Auf der Fahrt nach Hause erzählte Dan seine Missgeschicke bei der Suche nach dem perfekten Ring und der Planung des perfekten Heiratsantrags. In den vergangenen Wochen hatte er verschiedene Ringe bestellt, doch immer hatte er gedacht, dass sie nicht das Richtige seien, und hatte sie zurückgeschickt. Der Ring, den er mir heute angesteckt hatte, hätte schon vor Tagen ankommen sollen. Doch aufgrund des Schneesturms hatten sich die Lieferungen verspätet. Er hätte mir den Heiratsantrag schon viel früher machen wollen, erklärte er, erleichtert, dass er mir endlich erzählen konnte, was er durchgemacht hatte. Er hatte die Sportgaststätte gewählt, weil sie in der Nähe des Schmuckgeschäfts lag, und als er mich in dem Einkaufszentrum allein zurückgelassen hatte, hatte er den Ring ins Auto gebracht.

Je mehr er erklärte und je schneller er sprach, umso hinreißender fand ich ihn. Ich lachte, war ganz aus dem Häuschen und staunte, wie viel Zeit und Liebe zum Detail er aufgewandt hatte. Er lachte mit mir.

»Und die arme Deanna!«, prustete er.

»Was ist mit ihr?« Ich konnte mir nicht vorstellen, worauf er hinauswollte.

»Wir beide haben sie heute immer wieder angerufen«, feixte er und lachte noch mehr, als er sah, wie schockiert ich dreinblickte. »Ich habe sie heute Morgen angerufen und ihr meinen Plan für den Abend erklärt. Du hast sie angerufen und hast dich beklagt, und ich habe sie gebeten, dich zu beruhigen.«

»Nein! Wirklich? Oh, Dan, sie war in alles eingeweiht? Sie hat das mit dem Ring gewusst?« Wir lachten uns krumm, als jeder dem anderen erzählte, was sie gesagt hatte.

Es war ein Abend, den ich nie vergessen werde!

Ich trug meinen Ring bei dem Seminar am folgenden Morgen, nahm ihn aber ab, als ich die Kinder später bei meinen Eltern abholte. Dan hatte am nächsten Montag frei, und die Kinder hatten keine Schule, denn es war der »Presidents' Day«*. Wir hatten ein gemeinsames Frühstück bei mir geplant. Bei dieser Gelegenheit wollten wir ihnen die Neuigkeiten mitteilen, nicht nur die Verlobung, sondern auch, dass wir ein neues Haus gekauft hatten.

Als wir es den Kindern an jenem Morgen sagten, brachen Begeisterungsstürme aus. Feuerwerke explodierten in jedem Herzen.

Immer werde ich voll Ehrfurcht vor dir stehen, betete ich.

---

* Ein Feiertag zu Ehren George Washingtons, des ersten amerikanischen Präsidenten, am dritten Montag im Februar (Anm. d. Übers.).

Sieben Kerzen

Ich atmete tief durch und wählte die Nummer von einem von Charlies Brüdern. Es war mir wichtig, dass Charlies nächste Angehörige von mir über meine Verlobung in Kenntnis gesetzt wurden. Ich konnte mir vorstellen, dass das nicht leicht für sie sein würde. Würden sie denken, dass ich versuchte, Charlie zu ersetzen oder ihnen ihren Anteil am Leben von Abigail, Bryce und Carson zu entreißen? Das wollte ich auf keinen Fall. Ich wollte, dass meine Kinder eine enge Beziehung zu Charlies Familie beibehielten, damit sie mehr über ihren Vater erfahren konnten und Freude an dieser Verbindung hatten.

Charlies Bruder freute sich, von mir zu hören, und ich brachte ihn ein paar Minuten lang auf den neuesten Stand, was die Kinder betraf. Schließlich erzählte ich ihm von meiner Verlobung. Ich hielt den Atem an. Die Pause, die auf meine Ankündigung folgte, kam mir sehr lange vor, und mir wurde bewusst, wie sehr ich mich vor seiner Missbilligung fürchtete.

Schließlich seufzte er. »Marie, wenn du einen Silberstreifen am dunklen Himmel gefunden hast, dann solltest du danach greifen, wenn es nach mir geht.«

»Danke.« Ich war so erleichtert, dass ich dieses Wort kaum über die Lippen brachte.

Mein Anruf bei Charlies Großeltern bot eine Riesenüberraschung. Da sie den Winter im warmen Florida verbrachten, hatte ich sie seit der Disney-Kreuzfahrt an Weihnachten nicht mehr gesehen. So schonend wie möglich brachte ich seiner Großmutter die Sache mit Dan bei.

»Marie«, antwortete sie beschwichtigend. »Weißt du, was mein Mann auf der Kreuzfahrt zu mir gesagt hat? Er hat gesagt: ›Ich hoffe wirklich, dass Marie von Gott bald einen neuen Mann bekommt. Der Druck, die Kinder alleine zu erziehen, lastet so schwer auf ihr.‹«

Charlies Großeltern hatten gehofft, dass Gott mir einen neuen Mann schickte? Mit einer solchen Antwort hätte ich nie gerechnet.

Meine Eltern nahmen Dan mit offenen Armen und Herzen auf, wie auch viele unserer Freunde und Angehörigen. Andere jedoch ließen verlauten, dass sie unsere Nachricht nicht guthießen. Dan und ich hatten damit gerechnet, dass wir zur Vorsicht ermahnt werden würden und man sich besorgt äußern würde. Das war der Fall, aber wir hörten keine Einwände, die wir nicht schon selber in Erwägung gezogen hatten!

Marie, du meinst, dass Gott dir gesagt hat, du sollst Dan heiraten. Das ist vermutlich mehr Wunschdenken als das Reden des Herrn.

Dan, ist sie die richtige Frau? Vielleicht. Aber es ist nicht der richtige Zeitpunkt. Warum so schnell? Sie braucht mehr Zeit zum Heilwerden.

Marie, außer mit Charlie und Dan warst du nie wirklich mit anderen Männern befreundet. Möglicherweise klammerst du dich an den ersten Mann, der dir Aufmerksamkeit schenkt, und verwechselst das mit Liebe. Lass dir Zeit. Lerne andere Männer kennen, und triff eine Entscheidung, wenn du etwas mehr Erfahrung hast.

Dan, es kann sein, dass Marie nur auf finanzielle Unterstützung und auf einen Vater für ihre Kinder aus ist. Sei vorsichtig. Du kennst sie eigentlich gar nicht richtig.

Marie, deine Einsamkeit und Sehnsucht nach Trost und Geborgenheit trüben unter Umständen dein Urteilsvermögen.

Dan, du kannst dich nicht darauf verlassen, dass Marie so schnell nach einem solch traumatischen Ereignis in der Lage ist, eine wichtige Entscheidung zu treffen.

Marie, es könnte sein, dass Dan dein Sicherheitsbedürfnis ausnützt, um eine Lücke in seinem Leben zu füllen. Du musst ihn eine Zeit lang auf die Probe stellen.

Wenn solche Bedenken von Nahestehenden und zuverlässigen Freunden vorgebracht wurden, hörten wir ihnen aufmerksam zu und berichteten von Gottes Führung. Wir beteten einzeln und miteinander, dass Gott unseren Zeitplan bestimmen würde, und vertrauten darauf, dass er es tat. Nach unserer Verlobung setzten wir noch kein Datum fest. Wir wollten einen Schritt nach dem anderen tun und auf Gott warten.

Wir trafen jedoch einige wenige Menschen, die unsere Pläne vehement ablehnten. Zu solchen Zeiten war ich froh, dass ich Freundinnen wie Dara hatte.

Dara war die Frau, die mir in der Woche nach dem Amoklauf geschrieben hatte. Sie berichtete, dass sie wie ich von heute auf morgen als junge Witwe mit kleinen Kindern dagestanden hatte. Dara und ich setzten unseren Briefwechsel fort, und sie wurde eine wunderbare Vertrauensperson. Sie konnte mitfühlen, wie das Leben als alleinerziehende Mutter war, und wurde zu einer weisen, erfahrenen Ratgeberin, als Dan und ich eine feste Beziehung begannen.

Als sie vor Jahren den Mann kennengelernt hatte, den sie später heiratete, war sie sich auch zeitweise wie ein frisch verknallter Teenager vorgekommen, deren Gefühle an einem Tag himmelhoch schossen und sie am Tag danach in tiefe Zweifel stürzten. Das Wissen, dass Dara diese Höhen und Tiefen durchgestanden hatte und jetzt schon seit Jahren glücklich verheiratet war, gab mir den Mut, sachlich zu bleiben und meinen Sinn für Humor nicht zu verlieren.

Eines Tages öffnete ich mein E-Mail-Postfach und lächelte, als ich Daras Namen las. Ich hatte ihr vor Kurzem geschrieben, wie sehr es mich verletzt hatte, als mir jemand unmissverständlich mitgeteilt hatte, dass meine Beziehung mit Dan unverantwortlich sei, weil ich nur an mich und nicht an meine Kinder denken würde. Diese Anschuldigung tat besonders weh, weil ich meinte, dass diese Person mich eigentlich besser kennen müsste. Ich stellte meine Kinder an erste Stelle, genau wie Dan es tat, und wir sahen es als Gottes Bestätigung, dass unsere Kinder gerne beieinander waren und bereits begonnen hatten, sich wie eine Familie zu fühlen.

Ich öffnete Daras Antwort.

Marie, du hast dich an Gott geklammert und bist toll über die Runden gekommen. Gott kennt dein Herz ... Du bist seine Freundin, seine wahre Freundin, denn du hast dich nicht gegen ihn aufgelehnt, du hast ihn nicht angeklagt, weil er dir Leid geschickt hat, sondern hast Gott mitten im Leid geliebt ... und das ist das Großartigste, was wir tun können. Weißt du, wenn jemand einen Verlust erleidet, dann möchte ich ihm gerne das zurückgeben, was er verloren hat, nur »großartiger«. Stimmt's? Und ich glaube, Gott denkt genau das Gleiche, wenn er dich anschaut.

Dara hatte mich immer aufgefordert, mich auf Gottes Weisheit und nicht auf meine eigene auszurichten, und vor allem nicht auf das, was die Leute in meinem Umfeld dachten. Sie hatte recht. In seiner Großzügigkeit hatte Gott mein Trauma gegen das »großartigere« Geschenk von Dan Monville ausgetauscht. Ich musste mich meinem alten Ich widersetzen, das es allen recht machen wollte, und mich darüber freuen, dass Gottes Weg für mich so unkonventionell war, dass es immer Leute gab, die meinten, dass sie besser wüssten als ich, was das Beste für meine Zukunft war.

~

Ende Februar begannen Dan und ich mit den Vorbereitungen für die Hochzeit. Als wir Gottes Führung bezüglich des rechten Zeitpunktes erkannten, besprachen wir mehrere mögliche Daten, und wie viele andere Paare legten wir uns auf den 07. 07. 2007 fest.

Als feststand, dass meine Kinder bis zum Ende des Schuljahrs weiterhin in ihre jetzige Schule gehen konnten, beschlossen wir, dass Abigail, Bryce, Carson und ich Mitte März in unser neues Haus ziehen würden.

Es gab drei berührende Ereignisse kurz vor unserem Auszug aus unserem Haus auf Opas Grundstück in Georgetown, und sie wurden zu schönen Erinnerungen an die Beendigung dieses Kapitels in unserem Leben.

Das erste geschah an einem schneereichen Tag im Februar. Als wir aufwachten, war alles von einer dicken Schneedecke eingehüllt. Die Kinder konnten es gar nicht erwarten, ihre Schneeanzüge anzuziehen. Ich war weniger begeistert, weil ich wusste, dass ich Schnee schippen musste, was nicht gerade meine Lieblingsbeschäftigung war.

Beim Frühstück hörten wir etwas, was sich wie ein Traktor auf unserer Einfahrt anhörte. Wir eilten alle zum Fenster. Zu unserem Erstaunen sahen wir, dass ein Nachbar unsere Einfahrt frei räumte. Für mich war das eine der vielen freundlichen Gesten meiner Nachbarn in Georgetown.

Das zweite geschah am Tag des Umzugs. Wieder lag Schnee, und wir entdeckten, dass der Umzugswagen abgefahrene Reifen hatte! Können Sie sich vorstellen, wie ergriffen wir waren, als ein amischer Nachbar mit einem Minibagger ankam und im Nu unsere Einfahrt frei machte? Sofort musste ich an die Amisch-Männer denken, die meinen Vater am Tag des Blutbads umarmt und gesagt hatten: »Ihr gehört zu unserem Wohnort, ihr seid unsere Nachbarn. Daran ändert diese Tragödie nichts.« Dieser freundliche Amisch-Nachbar kam und diente der Witwe und den Kindern von Charlie Roberts. Ein weiteres Bild der Gnade, das in unser Leben gezeichnet wurde.

Das dritte Ereignis, das am selben Tag geschah, war genauso außergewöhnlich. Als wir umherhasteten und unsere letzten Habseligkeiten in Kisten verpackten, klopfte es an der Tür. Als ich öffnete, stand eine Amisch-Frau mit einem wunderbaren Lächeln und einem Korb vor mir.

»Ich wollte Ihnen sagen, dass Sie uns fehlen werden«, sagte sie. »Ich habe gedacht, dass Sie sich an einem solch hektischen Tag vielleicht über etwas Brot und Kekse freuen.« Wir erfuhren immer noch Liebe von den Amisch, und wir nahmen mit einem lachenden und einem weinenden Auge Abschied.

Als wir an jenem Tag Georgetown verließen, wusste ich, dass ich Georgetown nicht hinter mir ließ. Ich trug es in mir und trage es immer noch. Diesen guten Menschen werde ich mich immer verbunden fühlen.

~

Das Gefühl eines Neuanfangs machte uns fast schwindelig vor Aufregung. Mit fiebriger Geschäftigkeit packten wir Kisten aus, hängten Bilder auf und gaben unserem neuen Lebensbereich unsere persönliche Note. Dan, Nicole und DJ, die nach der Hochzeit einziehen wollten, halfen uns dabei. Dan und ich staunten immer wieder, wie problemlos die Kinder miteinander arbeiteten, ja, sich bereits wie eine Familie verhielten.

Obwohl uns vieles von Georgetown fehlte, hatte unser neues Zuhause in Lampeter einige klare Vorteile. Fremde hielten nicht nach der »Frau des Amokläufers« Ausschau. Vorbei waren die Fragen, die mir manchmal gestellt wurden und von denen ich eine Gänsehaut bekam, wie etwa: »Wie können Sie nachts schlafen, wo Sie doch wissen, was Ihr Mann in der Schule angerichtet hat?« oder: »Hatte Charlie eine Lebensversicherung? Gilt sie sogar für diese Art Tod?«

Und wie erleichtert war ich, dass die Kinder draußen spielen konnten, ohne dass ich befürchten musste, dass Menschen aufkreuzten, die noch Monate nach der Tragödie versuchten, uns aufzuspüren. Ich war froh, dass ich nicht mehr sehen musste, wie Leute langsam an meinem Haus vorbeifuhren, mit dem Finger zeigten und gafften.

Die vielen unbekannten Autos, die in meiner Einfahrt wendeten, fehlten mir ganz bestimmt nicht. Ich hatte das als so störend empfunden, dass ich an manchen Tagen die Vorhänge zugezogen lassen musste, obwohl ich das Sonnenlicht liebte.

Doch wie er es oft tut, benutzte Gott diese Erfahrungen zu einem bestimmten Zweck: Sie boten die Möglichkeit, mit jedem der Kinder über die Tragödie zu sprechen und darüber, wie wir uns davon erholten. Ich verstand nur allzu gut, dass Kummer manchmal unter der Oberfläche verschwindet und an der Seele zehrt. Deshalb ist es am besten, dafür zu sorgen, dass er nicht im Verborgenen bleibt. Ich betete inständig um Weisheit, damit ich in meinen Kindern die Glaubensanlagen fördern konnte, die ihnen halfen, mit ihrer Trauer umzugehen.

Als Antwort darauf forderte Gott mich auf, mit ihnen auf »Schatzsuche« zu gehen: Ich schlug ihnen vor, mit mir die Gegenwart Christi ausfindig zu machen. Wir fanden ihn in Geschenken von Menschen, die wir nie gesehen hatten, in den Karten, die jeden

Tag in der Postkiste auf uns warteten, in Freundlichkeiten, die uns erwiesen wurden, und in der Schönheit der Natur. Und das Wichtigste: Wir fanden ihn in der Liebe zueinander.

~

Kurz vor Ostern hatten die Medien von meiner Verlobung Wind bekommen. Die Schlagzeile in der Zeitung lautete: »Die Frau des Amokläufers plant Wiederheirat«. Ich war am Boden zerstört. In den Augen der Medien war ich nur »die Frau des Amokläufers«. Doch ich hatte einen Namen, ein Herz, das schlug und blutete, und Hoffnungen und Träume, die nichts mit den Ereignissen zu tun hatten, für die ich nichts konnte.

Der Artikel enthielt zahlreiche Einzelheiten, einschließlich Dans Namen und der Vorhersage, dass unsere Hochzeit im Juli oder möglicherweise im Oktober stattfinden würde. Der Verfasser gab auch einen Rückblick auf die letzten Monate in meinem Leben.

Als Dan und ich diesen Artikel lasen, wussten wir, dass wir das Datum für die Hochzeit ändern mussten. Ich hatte keine Lust, auf der Titelseite der Zeitschrift zu prangen und wollte nicht, dass Reporter bei unserer Hochzeitsfeier angestürmt kamen. Ich wollte nur wie jeder andere normale Mensch heiraten, weitab vom Rampenlicht der Medien.

Gottes Zeitplan ist perfekt. Wieder griff er großartig ein. Ein Fremder schenkte unserer Familie eine Osterreise in das *Walt Disney World Resort*, einschließlich Flug, Hotelzimmer, Mahlzeiten und Eintrittskarten. Dank Gottes Fürsorge war ich also nicht zu Hause, als die Zeitungsartikel über die Verlobung erschienen und Reporter vor meiner Tür nach mehr Informationen verlangten. Die Osterreise wurde für die ganze Familie ein Bilderbuch-Beispiel für Gottes Fürsorge in jeder Lage. Was für ein Fund für unsere Familien-Schatzsuche!

Dan und ich änderten unsere Hochzeitspläne, um unsere Privatsphäre vor den Medien zu schützen. Wir riefen fünfundachtzig unserer engsten Freunde und Verwandten an, baten sie, den 25. Mai für eine abendliche Feier vorzumerken, und teilten mit, dass wir den Ort erst zwei Tag zuvor bekannt geben würden. Es gab keine schriftlichen Einladungen oder gedruckte Programme. Wir trafen alle Entscheidungen mit der Absicht, den Bund zu ehren, den Gott uns geschenkt hatte, und die Medien aus der Feier auszuschließen. Wir beschlossen, dass die Trauung um 17.30 Uhr in den hübschen *Mulberry Art Studios* stattfinden sollte, und gestalteten sorgfältig eine Hochzeitsfeier, in der die Schönheit von Gottes Größe in unser aller Leben gefeiert werden würde. Ich bat Charlies Vater, mich zusammen mit meinem Vater zum Traualter zu führen, und freute mich aufrichtig, dass er damit einverstanden war, sodass auch Charlies Familie Teil dieser Feier werden würde. Wir würden gemeinsam sieben Personen zu einer gottgewollten Familie vereinen.

Für Dan und mich brachte diese Ehe nicht nur die Zusage vielfacher Segnungen in den kommenden Jahren, sondern sie schrieb auch die Worte »Wiedergutmachung und Wiederherstellung« über unsere Vergangenheit. Unsere größte Erwartung war, dass die Güte Gottes neu in unser Leben kommen würde. Jeder von uns hatte seine eigene Vergangenheit, die ganz anders war als die des Partners. Die verschwenderische Liebe unseres Vaters im Himmel zu seiner Tochter und zu seinem Sohn hatte das Herzeleid der Vergangenheit umgeschrieben. Ich stand staunend vor der unendlichen Liebe eines Gottes, der Zerbrochenheit in neues Leben verwandelt.

Am Tag der Hochzeit sagte Abigail zu mir: »Gott hat so viel Gutes getan, dass das Schlimme nicht mehr so schlimm aussieht.« Sie hatte recht.

An jenem Tag brannten sieben Kerzen am Altar. Jede für sich alleine war klein, aber nachdem jeder von uns seine Kerze an den Docht der großen weißen Kerze gehalten hatte, leuchteten ihre Flammen zusammen hell auf.

Frei werden

Wir alle lieben Geschichten mit Happy End. Gottes Liebesgeschichte für Menschen, die an Jesus Christus glauben, verspricht genau das, aber erst, wenn wir im Himmel vor ihm stehen. Bis es so weit ist, schreibt Gott weitere Kapitel. Wie leicht sind wir so sehr in der Gegenwart verfangen, dass wir erwarten, dass das »Jetzt« die Erfüllung aller unserer Hoffnungen ist.

Der Gang vor den Traualtar, mit dem wir an unserer Hochzeit aus zwei Familien eine machten, war nicht das Ende meiner Geschichte. Es war der Beginn eines neuen Kapitels. Ich freute mich an der Erkenntnis, die Gott mir in der Woche nach dem Blutbad geschenkt hatte, nämlich, dass er ständig die Zukunft im Blick hat, wenn er an uns wirkt. Was hielt die Zukunft für mich bereit?

Mir war noch nicht bewusst, dass Gott mich und mein Selbstbild durch die Erfahrungen der vorhergehenden Monate so verändert und umgestaltet hatte, dass ich eine völlig neue Lebensanschauung hatte. Gott hatte es jedoch nicht eilig, mich darauf hinzuweisen. Er wusste, dass ich Zeit brauchte und zunächst in der Freude an meiner neuen Familie zur Ruhe kommen musste.

In den ersten Monaten unserer Ehe war es für Dan und mich wichtig, ein liebevolles und geborgenes Familienleben zu schaffen, in dem wir alle weiterhin heil werden und zusammenwachsen konnten. Wir standen vor den gleichen Herausforderungen wie normale Familien: Stundenpläne und Aktivitäten abstimmen, die Pflichten des Haushalts erledigen und mit fünf Kindern Zeit für die Entwicklung unserer Beziehung als Mann und Frau finden. Mit viel Humor überstanden wir manche Schwierigkeiten. Erstaunlich leicht fielen uns die Anpassungen, die bei der Verbindung von zwei Familien erforderlich waren. Mai bis August vergingen wie im Flug bei der Anpassung an ein neues Haus, neue Geschwister, neue Routinen, neue Nachbarn. Für uns sieben war es ein lustiges Abenteuer, in unserem neuen Leben zur Normalität zu finden. Vermutlich kam es uns so leicht vor, weil ein gelegentlicher Sturm vergleichsweise unbedeutend scheint, wenn man einen Tsunami überstanden hat.

Ende August holte uns die Wirklichkeit ein.

»Wissen alle Kinder in meiner Klasse, was mein Papa gemacht hat?« Ich merkte, dass diese Frage Bryce schon länger beschäftigte. »Mögen sie mich trotzdem, wenn sie es wissen?«

Wir hatten gerade den Schulbedarf eingekauft und waren auf dem Heimweg. Bei Fahrten im Auto äußerte Bryce öfter, was ihn beschäftigte.

Ich dachte eine Zeit lang über die Fragen nach, die ich mir schon selbst gestellt hatte. Ich spürte eine schwere Last auf meinen Schultern. Ich wollte meine Kinder vor den Folgen von Charlies Taten schützen. Doch dieser Aufgabe war nur Gott gewachsen, sie überstieg meine Fähigkeiten als Mutter. Ich konnte für sie beten und sie bestmöglich auf die Herausforderungen, die vor ihnen standen, vorbereiten. Doch der Rest lag in Gottes Hand.

»Wie würdest du dich verhalten, wenn ein Freund von dir so etwas erlebt hätte wie du?«, fragte ich ihn. »Versetze dich doch einmal in einen anderen hinein. Wenn einer deiner Klassenkameraden eine Tragödie in der Familie erlebt hätte, dann würdest du ihm doch helfen wollen, oder? Du möchtest doch, dass es deinen Freunden gut geht. Ein echter Freund tut das jedenfalls.«

Dieses Gespräch mit Bryce war eigentlich die Fortsetzung eines vermutlich lebenslangen Gesprächs über die Einbeziehung dieser Tragödie in unser Leben und unsere Beziehungen.

Der erste Jahrestag des Blutbads stand bedrohlich vor der Tür. Da wieder mehr Anrufe von den Medien kamen, wussten wir, dass Nickel Mines und Georgetown wieder von Reportern überschwemmt wurden. Uns wurde geraten, am Jahrestag die Stadt zu verlassen, damit die Presse nicht in unsere Privatsphäre eindrang. Wieder lehnte ich jede Bitte von Journalisten ab. Ich wusste, dass die Medien unsere entsetzlichen Erlebnisse in ein paar kurzen Fernsehreportagen oder reißerischen Schlagzeilen zusammenfassen würden, und das wollte ich meiner Familie nicht zumuten. Wozu würde es dienen? Das Heilwerden meiner Kinder hatte für mich Vorrang, und ich glaubte nicht, dass ein Gespräch mit Journalisten diesem Ziel förderlich sein könnte.

Deshalb planten wir eine einwöchige Kreuzfahrt zu den Bermudainseln mit unserer siebenköpfigen Familie, Dans Mutter, Charlies Eltern und einigen seiner Verwandten. Ich freute mich riesig, dass Charlies Eltern mit uns gehen konnten, damit wir unsere Familie mit Liebe von allen Seiten verbinden konnten.

Bis vor einem Jahr hatte ich nur mal einen Rundflug in einem Flugzeug gemacht. Aufgrund der Arbeit meines Vaters hatten wir nicht jedes Jahr in den Urlaub fahren können. Nach dem Amoklauf schien Gott die verlorene Zeit und die versäumten Gelegenheiten wettzumachen!

Obwohl wir von zu Hause weg waren, beschlich mich ein banges Gefühl, als der Jahrestag näher rückte. Als der 2. Oktober anbrach, war ich ein nervliches Wrack. Beim Frühstück konnte ich die Tränen zurückhalten, ebenso, als wir von Bord gingen und auf einen Bus zum nahe gelegenen Strand warteten. Kaum saß ich jedoch im Bus, verlor ich die mühsam aufrechterhaltene Beherrschung. Während meine Kinder glücklich miteinander plauderten und Dan mit großen Augen das kristallblaue Wasser bewunderte und den Blick nicht von der herrlichen Landschaft abwenden konnte, wandte ich mein Gesicht dem Fenster zu und hoffte, dass niemand die Tränen sah, die mir übers Gesicht liefen. Der Schmerz, der in den Winkeln meiner Seele gelauert hatte, drängte an die Oberfläche.

Der Gedanke an die Kinder, Mütter und Väter der Amisch-Gemeinde, die an diesem Jahrestag mit ihrem Verlust konfrontiert wurden, zerriss mir das Herz. Niederschmetternde Traurigkeit über Charlies Entscheidungen, Scham, weil ich in keiner Weise irgendetwas vorausgeahnt hatte, und Angst um das innere Wohlbefinden meiner Kinder stürzten über mich herein. Vergeblich versuchte ich, mich zu beherrschen. Dann wurde mir klar, dass ich einfach zulassen musste, dass die Tränen die festsitzende Trauer aus mir herauswuschen. Anstatt die Trauer zu unterdrücken, musste ich sie herauslassen, sie Gott hinlegen und mich für seine reinigende Kraft öffnen.

»Marie, bist du auf Charlie wütend?« Diese Frage war mir oft von Nahestehenden und den Lebensberaterinnen gestellt worden. Heute Morgen hörte ich sie wieder.

»Nein, ich bin nicht wütend. Ich kann nicht sagen, dass ich nie Wut verspürt habe. Aber wenn solche Gefühle hochkommen, bringe ich sie Gott hin. Er ist der Tröster. Charlie ist durch Wut zu seinen Gewalttaten angestachelt worden. Deshalb ist es undenkbar, dass ich zulasse, dass sie auch in meinem Leben Wurzel fasst. Meine Kinder brauchen eine mitfühlende, unerschütterliche Mutter, keine wütende, und ich will ihnen alles geben, was sie brauchen.«

Ich erinnerte mich, dass sogar kurz nach dem Amoklauf nur wenige Male Wut in mir aufgestiegen war. In diesen kurzen Augenblicken war ich wütend, weil Charlie unschuldigen Kindern das Leben, den Amisch-Familien ihre kostbaren Kinder und meinen Kindern ihren Vater genommen hatte, dass er mich im Stich ließ und ich für das alles alleine geradestehen musste. Doch Jesus hat diese Zeiten innerer Unruhe immer mit seiner Freundlichkeit besiegt. Er hat mich weitergeführt, zu einem Punkt, der nicht von Wut, sondern von großem Kummer und Schmerz in meinem Herzen geprägt war. Ich konnte sein Leiden im Garten Gethsemane auf einmal anders sehen, denn er hat freiwillig die Lasten anderer auf sich genommen. Je mehr ich den Schmerz zuließ, umso mehr tröstete mich Gott, wie nur er es kann. Deshalb sagte ich den Lebensberaterinnen und meiner Familie ehrlich, dass ich keine Wut verspürte.

Heute stellte ich mir dieselbe Frage und erkannte, dass die Antwort gleich geblieben war. Trauer und Schmerz erfüllten mich an diesem ersten Jahrestag, aber keine Wut.

Später, als meine Familie an einem traumhaften Strand in den Wellen planschte, ging ich in mich und dachte an die Weisheit von 2. Korinther 1,3-7, die ich ausprobiert habe und die sich als wahr erwiesen hat:

> *Gepriesen sei Gott, der Vater von Jesus Christus, unserem Herrn. Er ist der Ursprung aller Barmherzigkeit und der Gott, der uns tröstet. In allen Schwierigkeiten tröstet er uns, damit wir andere trösten können. Wenn andere Menschen in Schwierigkeiten geraten, können wir ihnen den gleichen Trost spenden, wie Gott ihn uns geschenkt hat. Ihr dürft darauf vertrauen: Je mehr wir für Christus leiden, desto mehr lässt uns Gott durch Christus Trost zuteilwerden. Wenn wir also von Kummer und Sorgen niedergedrückt sind, so ist es zu eurem Besten und zu eurer Rettung! Denn Gott spricht uns Mut zu, damit wir euch ermutigen können. Dann könnt ihr geduldig das Gleiche ertragen, das auch wir durchmachen. Denn wir sind sicher, dass ihr zwar leiden müsst, aber auch von Gott getröstet werdet.*

Wir leben in einer gefallenen Welt, die einen Retter braucht. Kriege, Krankheiten, Grausamkeit, Naturkatastrophen und von Menschen verursachte Katastrophen machen mich traurig, und ich glaube, sie schmerzen auch Gott. Gott war nicht der Ursprung der Sünde. Er ist vielmehr der Ursprung der Erlösung von dieser Sünde. Daran hat die Tragödie des Amoklaufs nicht gerüttelt. Jesus hat mich nicht zur Wut aufgefordert, sondern zur Teilnahme an seinem Leiden und zur Erfahrung seiner heilenden Gegenwart und erlösenden Kraft. Mein Leben ist ein schönes Zeugnis dafür, dass eine solche Umwandlung geschehen kann. Nach dem Amoklauf hätte ich das nicht für möglich gehalten, aber es ist die Wahrheit.

Ich gab mich dieser neuen Schönheit hin, war dankbar für die Beweise von Gottes Trost in unserem Leben und beobachtete, wie Dan und unsere Kinder miteinander in den Wellen spielten. In nur einem Jahr waren wir so weit gekommen.

~

An jenem Tag versuchte ich, nicht auf die Uhr zu schauen, konnte aber nicht dagegen ankämpfen.

8:15 *Charlie und ich begleiteten die Kinder zur Bushaltestelle.*
8:40 *Ich gab ihm einen Abschiedskuss, als er aus dem Haus ging – zur Arbeit, wie ich dachte.*
11:00 *Sein Anruf.*

Dann die Polizei, meine Flucht zu meinen Eltern, unsere Ankunft bei Tante Linda.

Wie ein Film ohne Ton lief der Tag vor meinem inneren Auge ab. War ich dazu verdammt, für immer »die Frau des Amokläufers« zu sein?

Dann kamen die Erneuerung und ein anderer Blickwinkel. So ist es immer mit Jesus. An diesem Jahrestag erkannte ich deutlicher den Schmerz, den ich immer noch mit mir herumtrug. Er zeigte sich in ängstlichen Gedanken um meine Kinder und in Selbstzweifeln über meinen Platz in der Welt.

Die wahrscheinlich wichtigste Entdeckung während dieser Zeit des Nachsinnens war ein Flüstern tief in meinem Inneren, als ich über Gottes Rettung staunte. Er war inmitten meiner Krise auf dramatische Weise zu mir gekommen, aber warum gerade zu mir? Er hatte etwas Außergewöhnliches getan – für mich. Ich kam mir so unwürdig vor. Mir wurde klar, dass in mir noch tiefe Verletzungen waren, dass mehr Heilung erforderlich war. Ich musste herausfinden, als welche Person Gott mich geschaffen hatte; ich wollte unbedingt wissen, was Gott mit meinem Leben vorhatte. Dazu musste ich seiner Liebe noch mehr vertrauen. Ich sehnte mich nach seinen Worten der Wahrheit, damit sie die verurteilenden und anklagenden Rufe, die ich immer noch hörte, übertönten. Diese Erkenntnis war für mich weder beängstigend noch entmutigend, sondern spornte mich an, zusammen mit Dan in Gottes Wort zu bleiben und auf lange Sicht Heilung anzustreben.

Vor meinem inneren Auge sah ich jedes Bild der Gnade und jede Lektion, die ich im vergangenen Jahr gelernt hatte, vorüberziehen. Dabei landete ich nicht in Verzweiflung, sondern in Anbetung. Wie sonst hätte ich reagieren können? Jesus hatte meinem Herzen Heilung und unserer Familie Wiederherstellung geschenkt.

Er hatte mir einen faszinierenden Mann gegeben, der unsere Kinder bedingungslos liebte. Aus uns vieren war eine lebhafte siebenköpfige Familie geworden. Ich hatte Umarmungen im Hof erfahren, die Mauer der Gnade, den Gabenbaum, einen Korb mit Hunden und zahllose weitere Liebesbeweise aus meiner Umgebung – dazu noch Berge von Karten. Mitten im Leid war mein Herz voller Freude, und ich war verblüfft, wie liebevoll Gott in unserem Leben vieles wiedergutmacht.

Als ob diese Bilder von Gottes Licht in der Dunkelheit noch nicht genug wären, schenkte er uns noch drei greifbare Symbole seiner Liebe. Sie befinden sich in dem blühenden Garten, der unser Haus umgibt.

Das erste ist ein Rosenstock. Als wir aus dem Haus, in dem ich mit Charlie gewohnt hatte, auszogen, habe ich sorgfältig die drei Rosenstöcke ausgegraben, die Charlie mir geschenkt hat. Dabei habe ich mir große Mühe gegeben, das Wurzelwerk nicht zu beschädigen. Dan und ich haben sie gemeinsam in den Garten unseres neuen Hauses eingepflanzt. Jetzt, Jahre später, hat nur ein Rosenstock überlebt, ein lebendiger Zeuge unserer Geschichte. Er ist ursprünglich im Boden von Georgetown verwurzelt gewesen, seine Dornen künden von dem Schmerz, den wir ertragen haben, und jedes Jahr weisen seine neuen Blüten darauf hin, dass Gott aus dem Tod neues Leben entstehen lässt. Jeden Sommer, wenn seine duftenden pfirsichfarbenen Blüten erscheinen, schneide ich die erste schöne ab und stelle sie in einer Vase auf Abigails Kommode. Danach freuen wir uns den ganzen Sommer lang gemeinsam an den Blüten. Eine bittersüße Erinnerung an die vergangene Liebe, die immer wieder von Neuem in unserem Leben gegenwärtig ist.

Das zweite Symbol war ein Geschenk zur Einweihung unseres neuen Hauses, das wir von der Amisch-Familie erhalten haben, die ich zum Besuch von Rosannas Familie ins Krankenhaus gefahren hatte. Zu den zahlreichen Fertigkeiten der Amisch gehört auch das Bauen von Schuppen. Kurz nach unserem Einzug in unser neues Haus brachten sie einen handgemachten Schuppen als Geschenk. Mein Jüngster nannte ihn liebevoll »unseren Stall« und wollte ihn sofort mit Kühen und Schafen füllen. Die Kinder des Erbauers kamen an jenem Tag auch mit und sprangen mit meinen Kindern auf unserem Trampolin herum. Ich bin sicher, dass man ihr lautes Lachen bis in den Himmel hören konnte. Das war ein Geschenk, das völlig ungeplant und unverhofft kam.

Heute ist es ein Symbol der Gnade mit einer außergewöhnlichen Funktion: ein Lagerschuppen als Andenken an die von Gott hergestellte Verbindung zwischen einer Amisch-Familie und meiner Familie.

Das dritte Symbol dafür, dass Gott den Tod durch Leben austauscht, ist viel aktiver und lebhafter als die ersten beiden.

An einem Tag Anfang Februar besuchten meine Eltern, Dan, ich und meine drei Kinder eine Amisch-Familie, die von der Tragödie in der Schule schwer betroffen worden war. Wir plauderten den Nachmittag über in ihrem Wohnzimmer, und dann durften wir ihre Scheune und den Stall besichtigen. Dort fanden wir einen Wurf winziger, rosiger neugeborener Hundewelpen, die sich an ihre Mutter kuschelten. Als meine Kinder in die Box spähten und nur noch »Ah« und »Oh« riefen, erwähnte der Bauer, dass sie aus einem früheren Wurf zwei Welpen hatten, die alt genug zum Verkauf waren. Das war alles, was die Kinder, die wie Charlie Hundenarren waren, hören mussten! Die jungen Hunde wurden ihnen gezeigt, und im Nu hob Bryce den einen und Abigail den anderen auf. Beide bettelten um einen Hund.

Der eine Labrador, den wir bereits gehabt hatten, schien mir genug, und ich hatte nicht vor, neue Tiere anzuschaffen. Sie hielten die Hunde im Arm, als wir umhergingen und die Pferde und Kühe anschauten, während unsere Gastgeber den Kindern das Melkgeschirr und die Fütterung erklärten. Dabei kamen mir die Erinnerungen an die Jahre in den Sinn, in denen ich neben meinem Vater in seinem Milchsammelwagen saß und wir auf die Amisch-Bauernhöfe auf seiner Route fuhren. Ich dachte an Charlies Traum, Milchfahrer zu werden, und wie sehr ihm seine Arbeit gefallen hatte. Es waren glückliche Erinnerungen.

Als wir uns zum Aufbruch fertig machten, begann das Betteln von Neuem.

»Bitte, wir tun alles!«, riefen die Kinder und hielten immer noch die kleinen Hunde im Arm.

Abigail erklärte: »Ich helfe im Haushalt.«
Bryce versprach: »Ich führe ihn aus.«
Carson fiel ein: »Ich auch!«
Dan grinste mich an. Er wusste, wie es enden würde.
»Man kann sich nicht so schnell entscheiden, ob man einen kleinen Hund mit nach Hause nimmt«, bestimmte ich. »Papa und ich müssen erst darüber beten.«
Ein paar Tage später, am Valentinstag, überraschten wir sie mit einem der kleinen Hunde. Abigail nannte das Hundemädchen Eden, und sie wurde schnell zum Familienmitglied.
Heute springt Eden durch unseren Garten und überhäuft jedes Familienmitglied mit grenzenlosen Liebesbezeugungen. Sie ist nicht perfekt und fordert uns oft heraus. Doch sie ist eine weitere Erinnerung an Gottes unaufhörlichen heiligen Tausch und seine Wiedergutmachung in unserem Leben. Die Worte von Jesaja 51,3 erklären den Zweck von Eden:

Der Herr tröstet Zion und alle seine Trümmerfelder. Er macht sie Eden gleich und verwandelt seine Steppe in den Garten des Herrn. Dort werden Jubel und Freude herrschen. Lobpreis und Gesang erklingen darin.

Wie passend, dass Eden auf einem Milchviehbetrieb der Amisch auf die Welt kam. Sie war ein neues Leben aus einer Familie, die von den Todesfällen vom 2. Oktober 2006 betroffen war.

~

Angesichts all meiner Erlebnisse seit dem Blutbad gehört vielleicht Folgendes zu dem Schönsten in den folgenden eineinhalb Jahren mit meiner neuen Familie: Es gab nichts Weltbewegendes oder Dramatisches! Meine Familie wuchs weiter: Die Kinder wuchsen an Körpergröße und wir alle an innerer Spannkraft.

Das Leben in diesen Tagen verlief langsam und ruhig, und meine Wurzeln hatten die Möglichkeit, sich tief in den reichen Boden meiner neuen Heimat einzusenken.

Dan war Gottes Werkzeug bei meinem Heilwerden, eine unerschütterliche Quelle von Ermutigung und Bestätigung, gegründet auf die Bibel und die Liebe zu Gott. Dan sah mehr in mir, als ich je von mir zu glauben gewagt hätte. Wenn der richtige Zeitpunkt kam, benutzte Gott Dan, um mich aus meiner Komfortzone und meinen Träumen herauszulocken.

An einem Tag im Frühling 2008 kam Dan zur Tür herein und atmete erleichtert auf. »Nicole wird allmählich sicherer beim Autofahren.«

Ich lachte. »Oder du wirst ein zuversichtlicherer Beifahrer?«

Er lächelte unsicher. »So wird's wohl sein.«

Ich fragte: »Was erleben wir wohl zuerst? Nicoles Führerschein oder dass Carson sauber wird?« Dan erklärte, dass das Ergebnis offen sei. Sauberkeitserziehung und Fahrstunden gehören zur Bandbreite des Heranwachsens – von der Kindheit bis zum Jugendalter, und ich war von jeder Entwicklungsstufe begeistert. *Nach dem Amoklauf hätte ich mir nie träumen lassen, dass unser Leben so erfüllt sein wird*, dachte ich.

Ein paar Tage später erzählte ich Dan von einem einwöchigen Lobpreiskurs, der von der Lobpreisleiterin und Liedermacherin Rita Springer geleitet wurde. Ich dachte, dass eine Woche Lobpreis und Anbetung meiner langfristigen Heilung förderlich sein könnten. Als ich Dan davon erzählte, konnte ich nicht sehen, wie ich als Ehefrau und Mutter von fünf Kindern daran hätte teilnehmen können. Doch Dan ließ ein Nein als Antwort nicht gelten. Vier Monate später machte ich mich auf den Weg zu einer Woche, die mein Leben veränderte.

Dan und die Kinder brachten mich zum Flughafen; ich wusste nicht, wie ich es über mich bringen sollte, sie zu verlassen. Abgesehen von meinen Flitterwochen mit Dan, war ich noch nie eine ganze Woche von meinen Kindern weg gewesen. Ich saß am Flughafen, wartete darauf, dass ich die Maschine besteigen konnte, und kämpfte mit den Tränen. Aber irgendwo über den Wolken zwischen Pennsylvania und North Carolina trat eine Änderung ein. Ich befasste mich weniger mit all dem, was ich zu Hause versäumte, und begann, mich auf das zu freuen, was Gott in den nächsten sieben Tagen für mich auf Lager hatte. Als ich die anderen Frauen, die an dem Kurs teilnahmen, kennenlernte – es waren etwa ein Dutzend –, war ich gespannt, aber auch ziemlich nervös. Wie würden sie reagieren, wenn ich meine Vergangenheit offenbarte?

Das Essen am ersten Abend war geprägt von peinlichen Vorstellungen, da jede über ihr Leben plauderte – Ehemann, Kinder, Familiendynamik. Diese Frauen wussten nichts über mich und meine Geschichte, und als ich ihren Fragen auswich, erkannte ich, wie ich mich seit der Tragödie von Fremden abgeschottet hatte. Als ich von unserer siebenköpfigen Patchwork-Familie erzählte, kam die typische Frage auf: »Sind Sie geschieden?« Meine Antwort »Nein, mein erster Mann ist gestorben« führte zu noch mehr Fragen, und ich fand keine einfache Antwort, außer: »Vielleicht kann ich im Lauf der Woche mehr darüber erzählen.«

Ich wusste, dass das Unvermeidliche nicht zu umgehen war.

Doch diese Frauen wurden meine neuen Freundinnen. Ihre Liebe zu Gott und ihre Fürsorge füreinander waren echt. Nach zwei Tagen beschloss ich, dass ich ihnen von meinem Leben erzählen *wollte*. Das war ein ganz neues Gefühl für mich, das zweifellos durch ihre Freundschaft geweckt wurde. Sie mochten mich so, wie ich war, obwohl sie überhaupt nichts über mich wussten. Ich hatte Bryce ermutigt, keine Angst zu haben, dass die Geschichte seiner Familie neue Freundschaften verhindern würde, und ich wusste, dass das bei diesem Kurs auch für mich galt.

Ich wollte offen sein. Deshalb fragte ich Rita trotz meiner Nervosität, ob ich am nächsten Tag etwas über mich erzählen könnte.

Am folgenden Nachmittag stellte Rita mich vor: »Marie möchte gerne erzählen, wie Gott an ihr gewirkt hat.«

Mein Mund wurde trocken, doch ich stand auf und ging im Seminarraum nach vorne. Mein Herz klopfte, aber ich sagte mir, dass ich in einem geschützten Raum war. Ich stand vor den Frauen, öffnete den Mund, war mir aber nicht sicher, wie ich beginnen sollte. Deshalb kam ich unmittelbar und ohne Umschweife zur Sache.

»Mein erster Mann war der Amokläufer, der das Blutbad in der Amisch-Schule verübt hat.«

Ein paar Augenblicke lang stand ich schweigend da und beobachtete fragend ihre Gesichter. Ich sah nur Mitgefühl. Keine Abscheu oder Anschuldigung. Ihre freundlichen Augen baten mich, mehr zu erzählen, und das tat ich. Während ich sprach, wurde ich von dem Stigma, das mit dem Etikett »die Frau des Amokläufers« verbunden war, frei. Der Schatten, den ich mit mir trug, um meine Identität zu verheimlichen, hob sich, und ich sprach von meiner Erfahrung mit Gottes unermesslicher Gnade nach dem Blutbad. An jenem Tag ahnte ich zum ersten Mal etwas von der neuen Identität, die Gott in mir schuf. Ich legte die schweren Gewänder von Charlies Entscheidungen ab und erhielt ein luxuriöses Kleid der Liebe und Annahme. Ich fühlte mich leichter.

Als ich mit meiner Geschichte fertig war, traten die Frauen nach vorne, stellten sich im Kreis um mich, legten mir die Hände auf und beteten mit Vollmacht. Sie sprachen mir den heilenden Balsam Christi für jede Verletzung und jeden verborgenen Winkel meiner Seele zu. Die Gegenwart von Jesus war spürbar im Raum. Ich konnte mich nicht bewegen und wollte es auch gar nicht. Die Liebe, dir mir entgegengebracht wurde, und die Wahrheit, die ich sah, führten zu einem Erwachen tief in meinem Inneren. Das Etikett war verschwunden.

In den nächsten Tagen sah ich mich selbst klarer. Obwohl »die Frau des Amokläufers« nicht meine ureigene Identität war, war dieses Ereignis doch Teil meines Lebens, das Gott gebrauchen wollte. Gott begann, in mir einen Traum zu wecken, wie er mich zusätzlich zu meiner Rolle als Ehefrau und Mutter gebrauchen konnte. Etwas wurde in mir entzündet, aber es war noch keine Feuersbrunst – noch nicht.

In dem Kurs bekamen wir die Aufgabe, etwas zu schreiben. Ich brachte meine tiefsten Gedanken zu Papier wie nie zuvor und legte Gott das tiefe Leid in meinem Herzen hin. Ich wusste nicht, was er damit tun würde, aber ich wusste, dass sein Trost meine Verletzungen verwandelte.

Als ich nach diesem Kurs nach Hause kam, entstand in mir der Wunsch, meine Gedanken zu äußern. Wie ich bei Tante Linda durch das Malen Neues über mich erfahren hatte, stellte ich nun fest, wie hilfreich es für mich war, wenn ich Worte zu Papier brachte.

Ich spürte, dass Gott mir sagte: *Ich habe eine Geschichte in dein Herz geschrieben. Sie muss freigesetzt werden.*

Gott hatte bereits begonnen, Türen für mich zu öffnen, damit ich über sein Wirken in unserem Leben erzählen konnte. Kirchliche Gruppen vor Ort riefen mich an und baten mich, bei Veranstaltungen für Frauen, Sonntagabendgottesdiensten und Festessen zu sprechen. Ich lehnte diese Einladungen nicht ab, sondern freute mich darauf, zu erzählen, wie wunderbar Gott in meine Zerrissenheit hineingekommen war, Licht in meine Dunkelheit gebracht und Hoffnung entzündet hatte. Er hatte es für mich getan und würde es auch für andere tun.

Eines Tages wurde ich eingeladen, bei einer örtlichen Veranstaltung, einem Gemeindetag, zu sprechen, der in der Solanco-Highschool, meiner ehemaligen Schule, stattfand. Als ich daran dachte, wie ich als Mädchen vor zehn Jahren durch diese Hallen gegangen war, wurde mir bewusst, wie drastisch ich mich verändert hatte. Die Marie von damals hätte es nie gewagt, alleine auf einem Podium zu stehen. Doch jetzt war ich bereit dazu. Es war das erste Mal, dass ich meine Geschichte bei einer Gemeindeveranstaltung erzählte, die für die allgemeine Öffentlichkeit zugänglich war, und ich fragte mich, wie die Menschen reagieren würden.

Zu meiner Überraschung erhielt ich einige Tage vor der Veranstaltung einen Anruf von einer Person, die meine Familie kannte. Diese Person zweifelte an der Richtigkeit meiner Entscheidung, offen über unser Leben zu sprechen, denn sie war der Meinung, dies diene nicht dem Wohl meiner Kinder. Ich war der Meinung gewesen, dass Gott mir klargemacht hatte, dieses Angebot anzunehmen. Doch dieser Einwand zog mich in einen Strudel von Selbstzweifeln. Erschüttert und verunsichert legte ich auf und betete: *Herr, habe ich dich falsch verstanden? Ich habe gedacht, du willst, dass ich der Welt erzähle, was du für uns getan hast. Schade ich meinen Kindern, wenn ich diese Einladung annehme?*

Gott war freundlich. Eine halbe Stunde später klingelte das Telefon wieder. Es war ein von Gott veranlasster Anruf von einem Amisch, der ein Kind in der Schule verloren hatte. »Marie, wir haben gerade gehört, dass du berichten wirst, was Gott seit dem Amoklauf in deinem Leben getan hat. Meine Frau, meine Kinder und ich werden kommen, und wir werden ein paar andere Leute aus unserer Gemeinschaft mitbringen. Wir wollen dich unterstützen.« Ich fasste wieder Mut. Gott hatte seine Führung bestätigt. Er gab mir den Auftrag, zu sprechen.

Bevor ich an jenem Abend das Podium betrat, sahen Dan und ich, wie einige amische Paare mit ihren Kindern den Zuhörerraum betraten. Wir gingen auf sie zu und begrüßten sie. »Dan und Marie«, sagte einer der Männer. »Wir wollen euch sagen, dass wir euch und eure Familie unterstützen. Ihr seid tapfer, weil ihr eure Geschichte erzählt. Das wird vielen Hoffnung machen.«

Ich stand auf der Bühne, von hellen Lichtern angestrahlt. »Ich heiße Marie Roberts Monville. Ich bin gekommen, um Ihnen heute Abend von dem Licht zu erzählen, das Gott mir in meine

Dunkelheit geschickt hat.« Als ich sprach, empfand ich einen übernatürlichen Frieden und hatte überhaupt keine Angst. Es war, als säße ich an einem Tisch einem Freund gegenüber.

~

Herbst 2011: der fünfte Jahrestag des Amoklaufs. Es kamen wieder unzählige Anfragen der Medien. Seltsamerweise spürte ich zum ersten Mal ein stilles Drängen Gottes, sorgfältig meine Antwort abzuwägen, anstatt automatisch abzulehnen. Gottes Botschaft aus dem einwöchigen Lobpreiskurs kam mir immer wieder in den Sinn: *Ich habe eine Geschichte in dein Herz geschrieben. Sie muss freigesetzt werden.*

Die Zeitung *Lancaster Sunday News* plante, dem fünften Jahrestag der Tragödie einen ganzen Artikel zu widmen. Ich wurde um ein Interview gebeten. Ich betete: *Herr, wenn ich an die Öffentlichkeit trete und über die Erlebnisse unserer Familie spreche, was geschieht dann mit meinen Kindern? Ich will nicht, dass sie bloßgestellt und verletzt werden.* Noch während ich betete, änderte sich mein Blickwinkel. Irgendwann merkte ich, dass ich Gott eine andere Frage stellte: *Herr, ich höre dich. Zeige mir, wie Leben in meinen Kindern freigesetzt wird, wenn ich erzähle, wie du in unserem Leben wirkst.*

Jetzt sah ich einen großartigen Zweck im Erzählen meiner Geschichte. Ich fürchtete mich nicht mehr.

Dem Reporter von *Lancaster* antwortete ich: »Ein Interview möchte ich nicht geben. Aber wenn Sie damit einverstanden sind, eine schriftliche Erklärung von mir vollständig zu veröffentlichen, dann schicke ich Ihnen ein paar Absätze.«

Sie willigten ein.

Es wurde Zeit, mit dem Schreiben zu beginnen.

Seither schreibe ich und berichte immer wieder von den großen Taten Gottes. Es erfüllt mich mit Freude, wenn ich erzähle, wie

Gottes Licht in die Dunkelheit des Blutbads in der Amisch-Schule gedrungen ist.

Bis ich einen anderen entsetzlichen Anruf bekam und Dunkelheit drohte, das Licht zu verschlingen.

Vater des Lichts

»Marie, ich bin mit deinem Vater im Krankenhaus.« Die Stimme meiner Mutter klang besorgt. »Wir waren heute Nachmittag bei einem Kardiologen, und er hat sich Sorgen über Papas häufige Lungenentzündungen gemacht. Er hat ein Notfall-CT angeordnet. Der Arzt hat einen Herd in der linken Lunge entdeckt. Dein Vater wird jetzt stationär aufgenommen.«

Innerlich schrie ich: *Nein, das darf nicht sein.* Ich fuhr sofort zum Krankenhaus, um bei meinen Eltern zu sein.

Dann kam die Diagnose: Lungenkrebs. Der Tumor hatte die Größe einer Pflaume. Chemotherapie- und Bestrahlungszyklen begannen, der größte Kampf seines Lebens. Ich geriet in Panik. Würde ich einen weiteren Angehörigen verlieren? Meine Mutter brauchte ihren Mann. Meine Kinder brauchten ihren Opa. Und ich brauchte meinen Vater.

Ich saß im Krankenhauszimmer meines Vaters, und ganz besondere Erinnerungen kamen mir in den Sinn. Mein Vater, wie er mich als kleines Mädchen ins Führerhaus seines Lkws hob, wie er Charlie beibrachte, einen Lastwagen zu steuern, wie er Bravo rief, als Carson seinen ersten Fisch gefangen hatte, wie er als Beifahrer auf dem Rasentraktor saß, als Abigail fuhr, wie er Bryce und DJ Bälle zuwarf, wie er Nicole behutsam Liebe entgegenbrachte, wie er es mit mir getan hatte. Ich konnte immer noch sehen, wie mein Vater Dan mit offenen Armen als Sohn angenommen hatte.

Ergreifende Augenblicke der zuverlässigen Gegenwart meines Vaters während der Tragödie waren ebenfalls in mein Gedächtnis eingebrannt. Mein Vater, wie er die Koffer in mein Auto lud, als ich aus meinem Haus floh, wie er in den Armen eines Amisch-Mannes weinte, wie er neben mir im Auto Kraft und Unerschütterlichkeit ausstrahlte, wie er meinen Kindern bei Tante Linda Liebe erwies, wie er Bryce an der Hand hielt, als wir an Charlies Beerdigung die Kirche betraten, wie er am Grab von Charlie neben mir stand.

Wieder einmal war ich mit Kummer konfrontiert und erkannte, dass er sich wahrscheinlich bald auf meine Zukunft auswirken würde. Ich wollte diesen Kummer nicht, ich wollte nicht, dass mein Vater leiden musste. Ich wollte auch nicht, dass meine Mutter und meine Familie sich durch den Schmerz von noch mehr Verlust schleppen mussten.

Doch an dieser einfachen Wahrheit ist nicht zu rütteln: Kummer ist Teil dieses Lebens.

In den nächsten fünf Monaten kämpfte mein Vater mit Bestrahlungen und Chemotherapie gegen den Krebs. Unsere Familie stand ihm zur Seite. Wir waren für ihn und füreinander da, so gut, wie jeder konnte.

»Mama, bringen wir Opa einen Milchshake. Was mag er lieber, Himbeere, Pfirsich oder Vanille?« Bryce aß gerne Eiscreme und hoffte, dass es genau das war, was sein Großvater brauchte. Ich rief dann meinen Vater an und erkundigte mich, worauf er heute Lust hatte. Die Behandlungen änderten seinen Geschmackssinn, und das Essen wurde zu einer täglichen Herausforderung.

Wir besuchten ihn oft. »Marie, bitte bete für mich«, sagte mein Vater häufig. »Wenn du über mir betest, geschieht etwas Besonderes in mir.« Gebet war wohl das beste Geschenk, das wir ihm geben konnten, und es war mir eine Ehre, Worte der Liebe und des Lebens für den Mann zu beten, der mir beides geschenkt hatte.

Wir bemühten uns nach besten Kräften, die Zeit miteinander zu genießen. Mein Vater zeigte stolz das Obst und Gemüse, das im Garten heranreifte, und hänselte meine Mutter wegen der Rekordernte an Tomaten, die auf sie zukam und mit der sie kaum fertig werden würde. Manchmal schauten wir abends gemeinsam etwas im Fernsehen an oder sprachen über die Leute, die er beim Arzt kennengelernt hatte. Es ging ihm nahe, dass es manchen wirklich schlecht ging.

Im September 2012, fünf Monate nach der ersten Diagnose, zeigten die Untersuchungen an der Stelle, an der der Krebs gewesen war, nur einen verschrumpelten Hohlraum. Welche Erleichterung! Wir lobten Gott gemeinsam und allein, und ich weinte vor Freude und Dank.

Jetzt, wo das Schwerste hinter ihm lag, konnte er beginnen, seinen Körper und sein Leben wieder aufzubauen. Meine Eltern planten einen Kurzurlaub Mitte Oktober in Rehoboth Beach. Mein Vater war nach seiner qualvollen Behandlung noch recht schwach, genoss aber das Zusammensein mit meiner Mutter. Sie schickten uns SMS mit Bildern von ihren Fahrten mit dem Pendelbus vom Hotel zur Strandpromenade, riefen uns an und erzählten von ihrer Reise. Sie waren glücklich, verliebt und dankbar für diese geschenkte Zeit. Ich sah ihre Beziehung mit anderen Augen und freute mich darüber, wie sie einander mit Liebe und Freude überhäuften. Es war eine Freude, zu sehen, dass meine Eltern nach vierzig Jahren Ehe so verliebt waren!

Die Freude war nur von kurzer Dauer. Ende November zeigten die Untersuchungsergebnisse, dass der Krebs zurückgekommen war. Dieses Mal gab es keine Hoffnung auf Heilung, wenn nicht ein Wunder geschah.

~

»Marie, es tut mir leid, dass ich dir das am Telefon sagen muss«, erklärte meine Mutter. Ich konnte mir nicht vorstellen, dass es persönlich leichter gewesen wäre. »Der Arzt hat gesagt, dass dein Vater nur noch wenige Monate zu leben hat.«

Damit wollte ich mich nicht abfinden. Mein Vater liebte das Leben und würde nicht so leicht aufgeben. Wir würden gemeinsam kämpfen. Wir würden die verbleibende Zeit mit meinem Vater voll ausnutzen und nie aufhören, zu beten und an ein Wunder zu glauben.

»Marie, könntest du etwas für mich tun?«, fragte mein Vater einmal Anfang Dezember, als nur wir beide zusammen waren. Ich war auf Besuch bei ihm im Krankenhaus, da sich sein Zustand verschlechtert hatte und er zusätzlich zu dem Krebs eine Lungenentzündung und eine Blutvergiftung bekommen hatte. »Könntest du für mich etwas einkaufen? Ich habe ein paar Ideen, was ich deiner Mutter zu Weihnachten schenken möchte.«

Wir hatten unseren Spaß, als wir seine Liste durchgingen, und ich freute mich, dass ich an seinen Weihnachtsgeheimnissen für meine Mutter beteiligt war. Ich hoffte, es würde nicht mein letztes Weihnachtsfest mit ihm sein.

Bei einem anderen Besuch bat mein Vater: »Dan, kannst du mir ein paar Spiele auf deinem iPad beibringen?« Ich hörte, wie sie beide während der »Unterrichtsstunde« lachten, und vermutete, dass sie eher über die Herausforderungen des Lebens mit ihrer Frau klagten – ein Verdacht, der sich bestätigte, als ich sie ertappte, wie sie einander verschwörerisch zunickten und flüsterten: »Ich weiß *genau*, was du meinst!«

Mein Vater versuchte nicht nur, glückliche Erinnerungen zu schaffen. Er nahm auch schwierige Gespräche in Angriff und bereitete uns auf das vor, was wir tun sollten, falls er seinen Kampf verlor. »Wenn ich nicht mehr hier herauskomme, kann dann deine Mutter bei euch wohnen?«, fragte er.

»Wir werden ihr alles geben, was sie braucht«, antwortete ich.

»Ich will, dass Dan meinen Transporter bekommt«, fuhr er fort. »Er braucht ein verlässlicheres Fahrzeug, und Bryce braucht mehr Platz für seine Sportausrüstung, wenn er zum Training geht. Und außerdem braucht ihr etwas, um für Carson Baumaterial zu befördern.« (Carson plante immer irgendein Bauvorhaben im Keller. Er und mein Vater hatten zusammen daran gearbeitet und Nägel in alte Holzstücke geklopft.) »Und, Marie, ich will, dass du meine Schneefräse bekommst.«

Ist das nicht typisch für ihn?, dachte ich. Er weiß, wie ungern ich Schnee schippe. Er ist immer darauf bedacht, seinem kleinen Mädchen etwas Gutes zu tun. Mir brach das Herz, und ich sagte mir, dass ich stark sein musste und ausnahmsweise nicht weinen durfte.

»Papa, es ist toll, wie lieb du unsere Familie hast. Aber jetzt konzentriere dich darauf, wieder gesund zu werden.« Ich versuchte, optimistisch zu klingen. Sein Körper verfiel, aber sein Herz sprühte vor Leben.

~

Auch wenn man mit dem Tod rechnet, ist der Schmerz nicht geringer, wenn er eintritt.

Am 24. Dezember 2012 um acht Uhr morgens schied mein Vater aus dem Erdenleben und wurde in den Himmel aufgenommen.

Mein Vater wusste, wie man Liebe zeigt. Aufgrund der Freundlichkeit, mit der er sprach, seiner durchdachten Pläne für unsere Familie, seiner zuverlässigen Kraft und der Tiefe seiner Liebe hinterließ er meiner Familie ein reiches Vermächtnis. Als es ihm körperlich am schlechtesten ging, strahlte er seine Liebe am besten aus, und ich war nie zuvor stolzer, ihn Vater zu nennen.

Er war erst einundsechzig Jahre alt, als er uns verließ. Es war viel zu früh. Ich war nicht bereit, ihn gehen zu lassen.

Trauer ergriff von mir Besitz, und an manchen Tagen will ich nicht einmal nach dem Schönen Ausschau halten, das im Leid verborgen liegt. Aus unerfindlichen Gründen findet es trotzdem immer zu mir. Sanft wird mein Blick in eine andere Richtung gewandt, sodass ich nicht ein einziges Gnadenzeichen Gottes verpasse.

Den Abend vor dem Tod meines Vaters verbrachten Dan und ich mit meinen Eltern. Ich schlich ins Zimmer, als meine Mutter gerade nicht da war, und gab meinem Vater die eingewickelten Päckchen, eines nach dem anderen. Er schrieb ihren Namen auf jedes Anhängeschildchen, und ich legte die Päckchen unter den Weihnachtsbaum. Ich dachte an meine Teenagerjahre zurück, als mein Vater aufgrund seiner Wahnsinns-Arbeitszeiten oft keine Zeit zum Einkaufen hatte und mich manchmal bat, für meine Mutter Geschenke zu kaufen oder eine Karte auszusuchen. Damals stöhnte ich innerlich über seine Bitten. Dieses Mal war es eine reine Freude für mich, seine Hände und Füße der Liebe zu sein. War nicht mein Vater für mich die Hände und Füße von Jesus gewesen?

Der Kreis hatte sich geschlossen.

In meiner frischen Trauer ließ ich mich in die Arme eines verständnisvollen Gottes fallen, den ich unbedingt als Vater besser verstehen wollte.

O Vater der Vaterlosen, schrie ich, *das Leben ohne meinen Vater ist zu schwer für mich. Deshalb warte ich auf dich, wie schon früher einmal. Ich stehe mit erhobenen Händen und gesenktem Kopf da und heiße den einen willkommen, der väterlich für mich sorgt.*

Gott antwortete.

Und ich sage: Ich will das erleiden, die Änderungen, welche die rechte Hand des Höchsten getroffen hat. Ich will gedenken an die Taten des Herrn; ja, ich gedenke an deine Wunder aus alter

Zeit, und ich sinne nach über alle deine Werke und erwäge deine großen Taten.

(Psalm 77,11-13; S)

Ja, ich will mich immer wieder an Gottes Taten erinnern.

~

Wenn ich jetzt meine Geschichte erzähle, mache ich ein kühnes Versprechen:

Auch wenn Ihre Lebensumstände noch so tragisch sind: Ihr Leben ist keine Tragödie. Es ist eine Liebesgeschichte. Und wenn Sie glauben, dass in Ihrer Liebesgeschichte alle Lichter erloschen sind: Ein Licht scheint immer noch.

Sie haben gesehen, wie Gott in seiner reichen Gnade mit seinem Licht in meine dunkelsten Stunden eingedrungen ist. Immer und immer wieder ist er durch meinen Schmerz zu mir gekommen, hat mir seine Gegenwart offenbart und mir neue Hoffnung geschenkt.

Das tut er immer noch.

Mein Vater ist gegangen. Gott hat die Dunkelheit nicht aus der Welt geschafft, aber er dringt durch sie hindurch. Ich muss nur in der Erwartung leben, ihn am Werk zu sehen.

Gott hat nicht alle meine Hoffnungen erfüllt. Doch er fordert mich auf, Freude am Augenblick zu haben und darauf zu vertrauen, dass er die Zukunft im Blick hat, wenn er an uns wirkt.

Er hat die Tragödie nicht *in Ordnung gebracht*. Er hat sie *wiedergutgemacht*. Ich glaube jetzt und für immer an die Wiedergutmachung und bin davon überzeugt, dass in Christus nichts vergeblich ist, sondern dass alles in geistlichen Gewinn verwandelt wird.

Er hat den Verlust nicht *verhindert*, nicht bei Elise oder Isabella, nicht bei den amischen Mädchen in der Schule und nicht bei

Charlie oder meinem Vater. Doch er *trägt* mich auf wunderbare Weise durch.

Solange wir hier auf der Erde leben, erspart uns Gott nicht immer Einsamkeit, Leid oder Stürme. Deshalb frage ich Sie: Wie oft sehen wir sein Licht nicht, weil wir nicht danach Ausschau halten?

Wie oft wenden wir uns von dem winzigen Funken ab, der seine Gegenwart offenbart, weil wir die Augen fest verschließen und darauf bestehen, dass Gott die Dunkelheit beseitigen soll?

Was ist der Inhalt Ihrer Geschichte? Misshandlung, Ungerechtigkeit, Schmerz, Leid, Trauer oder das Schlimmste, das Menschen einander antun können?

Oder handelt es sich um eine Liebesgeschichte von Gott, dem Schöpfer, der durchträgt, eingreift, wiedergutmacht und wiederherstellt?

Leben Sie Ihre Liebesgeschichte! Machen Sie Vergebung zu einem Teil Ihres Lebens. Fliehen Sie unter den Schutz seiner Flügel. Treten Sie hinter die Mauer der Gnade. Leben Sie in der Erwartung, Gott am Werk zu sehen. Lassen Sie sich in seinen unergründlichen Willen fallen.

Nehmen Sie das Geschenk der Liebe an. Werden Sie frei, damit Sie auf seinen Ruf antworten können.

Erzählen Sie der Welt Ihre Liebesgeschichte.

Und wenn die Lichter wieder ausgehen, werden Sie sehen: Ein Licht scheint immer noch.

Dank

Dan: Deine Liebe weckt ungeahnte Kräfte in mir, deine Freundschaft beruhigt meine Seele, dein Leben in der Nachfolge Gottes erhellt die Dunkelheit. Für mich bist du wie Jesus auf Erden: Du verkörperst selbstlose Liebe und Wiedergutmachung.

Abigail: Du bist in jeder Hinsicht stark und unglaublich schön. Du bist die Verkörperung einer Zusage und mein wahr gewordener Traum, und das ist erst der Anfang.

Bryce: Du rennst und springst und nimmst bewusst das Reich Gottes in dich auf. Du bist genau das, was die Welt braucht.

Carson: Du fliegst zu Orten, an denen ich noch nie war, und du siehst die Welt von einem Standpunkt aus, den ich nicht verstehe. Du öffnest mir die Augen, sodass ich Gott ganz neu sehe.

DJ: Du bist voll tiefer Geheimnisse und Überraschungen, und wer dein Freund ist, spürt deine warme, herzliche Freundlichkeit. Du bist ein Geschenk.

Nicole: Du bist ein Geheimtipp; lachend, unkompliziert, das Leben feiernd; du schützt und verteidigst andere; du erhellst den Weg für die, die deinem Tanz folgen. Mach weiter so!

Vater und Mutter: Ohne eure Liebe wäre ich nichts. Die Mischung von Papas ruhiger Zärtlichkeit und Mamas direkter Kühnheit hat mir Flügel verliehen, hat mich selbstständig gemacht und mir ermöglicht, meinen Weg zu finden. Mama, ich bin dankbar, dass wir gemeinsam diesen Weg gehen. Papa, aus Millionen verschiedenen Gründen fehlst du mir immer mehr, und jeden Tag entdecke ich neu, warum ich dich immer so wertgeschätzt habe.

Ken und Kristin: Ihr wisst, was in uns vorgeht, auch wenn wir kein Wort gesagt haben; ihr versteht Spaß; ihr seid wirklich Teil der Familie. Danke, dass ihr euer Leben mit uns teilt.

Vicki und Ethan: Der Weg vor euch ist nicht leicht, verspricht aber, ein großes Abenteuer für euch zu werden. Ich begleite euch in Gedanken.

Der Familie Roberts: Ein einzigartiger Weg auf der Suche nach Licht in der Dunkelheit wurde euch aufgezwungen; ich wünsche euch, dass ihr seht, wie Jesus neue Kapitel in eurer Liebesgeschichte schreibt.

Kelli und Shawn, Jennie und Chris, Elise, Fred und Leann: Ihr habt mich ermutigt, wenn ich am Ende war, ihr habt mich ermuntert, wenn ich niedergeschlagen war, und habt jeden Sieg gefeiert. Ihr seid die besten Diener des Königs und meine getreuen Freunde.

Dean und Lindsey: Ihr schenkt vorbehaltlos und ohne lange zu überlegen. Ich bin neugierig, wie Gott euch alles, was ihr gesät habt, ernten lässt.

Russ, Kimi und Abby: Treu unterstützt ihr unsere Familie, auch im Leid. Ihr seid Freunde für immer!

Hannah: Deine Nachrichten kamen immer zur rechten Zeit! Deine Liebe und Freundlichkeit gibt neuen Lebensmut.

Joe und Joan und den Frauen von *Power Hour*: Eure Freundschaft ist wie ein Blick in den Himmel!

Kate: Deine Liebe ist ein wertvolles Geschenk. Danke für dein offenes Ohr und deine fürsorgende Liebe!

Dara: Du lebst die Liebe von Jesus einfach und echt. Du weißt, wie du mein Innerstes ansprechen kannst, und du hast mir die Augen geöffnet, sodass ich Gott ganz neu sehen konnte. Du hast die erstaunliche Gabe, die Verletzungen anderer Menschen zu spüren und göttliche Heilung zu bringen. Du bist ein Geschenk für dein Umfeld.

Deanna: Deine Familie hat nicht nur an unserer Seite gestanden, ihr seid mit uns in den Abgrund hinuntergestiegen und habt uns auf dem langen Weg heraus Sicherheit verliehen. Du hast unsere Last mitgetragen und dich an unseren schönen Erlebnissen gefreut. Für deine Freundschaft bin ich ewig dankbar.

Dawn: Deine Bereitschaft, dich Gott hinzugeben, ist mitreißend. Deine Worte bringen Hoffnung und Licht in die Dunkelheit und sprechen von der tiefen Liebe Gottes zu den Menschen.

Pastor Dave, Pastor Herb und der *Christ Community Church*: Dank euch ist meine Familie von der behutsamen Kraft von Jesus umgeben.

Rita und meinen Schwestern von DIVE: Ihr habt mich dazu bewogen, aus meinem Schneckenhaus herauszukommen, ihr habt neue Träume in mir entzündet und ein unleugbares Vertrauen geweckt. DIVE war der Katalysator für den Rest meines Lebens, und ich bin dankbar, dass unsere Freundschaft damit nicht zu Ende war.

Michelle: Das Meer kann unsere Freundschaft nicht trennen; deine Stimme ist der Ausdruck eines reinen Herzens, und deine Liebesfähigkeit weist auf Jesus hin.

Anita: Du hast alles in die Wege geleitet; danke, dass du Jesus gehorcht und eine Tür geöffnet hast.

Wes: Es ist mir eine Ehre, dich Freund zu nennen, und ein Vorrecht, dich als Literaturagent zu haben. Du hast mich außerordentlich ermutigt, und ich bin für diese gottgewollte Freundschaft dankbar.

Cindy: Vom ersten Moment an wusste ich, dass du mich verstehst. Es war eine Freude, mit dir zusammenzuarbeiten. Du strahlst die Liebe von Jesus aus.

Dave: Die Partnerschaft zwischen dir und Cindy ist wunderbar; ihr ergänzt euch perfekt. Ich bin dankbar für eure Weisheit und die Zeit und Kraft, die ihr in meine Geschichte investiert habt.

Dem Team von Zondervan: Es ist eine Ehre, mit Menschen zusammenzuarbeiten, die die Liebe Gottes wahrhaftig leben. Sandy, du hast an die Botschaft hinter jeder Seite geglaubt und hast gesehen, dass andere dadurch angeregt werden, ihre eigenen Liebesgeschichten zu schreiben. Für deine freundliche Ermutigung bin ich immer dankbar. Alicia und Heather, eure Leidenschaft, die Welt mit der Liebe Gottes zu erreichen, lässt mich von unbegrenzten Möglichkeiten träumen. Curt, deine Kreativität ist verblüffend; deine Einbandgestaltung hat meine Hoffnungen übertroffen. Bob, danke, dass du so großartig auf jede Einzelheit im Manuskript und bei der Herstellung geachtet hast. Katherine Lloyd und Sarah Johnson, aufgrund Ihrer Fachkenntnisse im Innendesign wurde sichergestellt, dass jede Seite ansprechend wurde. Ich weiß, dass es noch viele andere gibt, deren Namen ich nicht kenne, die aber ihren Teil dazu beitrugen, dass meine Botschaft der Welt gebracht wurde. Ich danke Ihnen allen.

Dank auch den zahllosen Menschen, die unserer Familie Liebe erwiesen haben. Ich schätze jede Aufmerksamkeit hoch.

Jesus: Ohne dich wäre das alles nicht möglich!

Kimberly Williams-Paisley,
Tammy Blanchard, Matt Letscher

Wie auch wir vergeben – Amish Grace

Nach einer wahren Begebenheit

DVD, 88 Minuten, FSK ab 12 Jahre
Nr. 210.218

Großartig besetzter Film nach einer wahren Begebenheit: 2006 schockierte ein Amoklauf in einer Schule der Amish die Welt. Einfühlsam greift der Film das Ereignis auf und zeigt anhand des Kampfs einer trauernden Mutter, wie schwer und wie befreiend Vergebung sein kann.

Damaris Kofmehl

Die Mörderin

Die Geschichte der Naomi Harvey

Paperback, 13,5 x 20,5 cm, 320 Seiten
Nr. 395.533,
ISBN 978-3-7751-5533-5

Es ist der 9. Januar 1980. Pastorin Naomi Harvey ist eine friedfertige und herzliche Frau. Als sich eine Reihe von schrecklichen Vorfällen als Mordanschläge gegen sie entpuppen und sie dabei auch noch zwei ihrer Kinder verliert, kommt es schließlich zur Katastrophe.

Bitte fragen Sie in Ihrer Buchhandlung nach dieser DVD und diesem Buch!
Oder schreiben Sie an: SCM Hänssler, D-71087 Holzgerlingen;
E-Mail: info@scm-haenssler.de; Internet: www.scm-haenssler.de